不负家国

民营企业家访谈录

中共上海市杨浦区委统一战线工作部
上海市杨浦区工商业联合会 编

上海人民出版社

本书编委会

主　任：董鑫旺

编　委：（按姓氏笔画为序）

王　宇　王莲青　刘　勇　许　丹　孙　宇

李长毅　陈　敏　季昕华　郑　蕾　郑佐华

高尚书　曾　冰

序

本书编委会

民营经济是我们党长期执政、团结带领全国人民实现"两个一百年"奋斗目标和中华民族伟大复兴中国梦的重要力量。改革开放以来，我国民营经济从小到大、由弱到强，为国民经济作出了"56789"的贡献。民营经济创造了 50% 以上的税收、60% 以上的国内生产总值、70% 以上的技术创新成果、80% 以上的城镇劳动力就业、90% 以上的企业数量。民营经济在推动发展、改善民生、促进创新、深化改革、扩大开放等各方面都发挥了不可替代的重要作用。

上海，这座襟海带江、舟车辏集、人烟浩穰、工商鼎盛的伟大城市，其民营经济一直跟随着时代的脉搏而跳动，始终折射出"海纳百川、追求卓越、开明睿智、大气谦和"的城市精神。时至今日，民营经济已经成为上海经济的重要支柱，已经成为稳就业、促增收的重要基础，更为推进上海"五个中心"（国际经济、金融、贸易、航运和科技创新）建设和"三大任务"（推进自贸试验区临港新片区建设、设立科创板并试点注册制、推动长三角一体化发展）的完成发挥了举足轻重的作用。

上海杨浦，素以百年工业而闻名于世，是中国近代工业发源地之一，各行各业的大批工厂在这片土地上兴盛壮大，成为上海近代工业发展最早、最集中的地带，开创了中国工业的多个"第一"，打响了上海牌手表、凤凰牌自行车、永久牌自行车、民光被单、梅林罐头等令人自豪的国货品牌，留下了"中国近代工业文明长廊"的历史荣光。曾经的杨树浦，国外资本、民族资本不断涌入，私营、公私合营、国营企业争相崛起，工厂密布，商行林立，产销两旺，缔造了中国近代工商业的繁华盛景，也奠定了杨浦民营经济的产业基础和深厚底蕴。

进入新世纪，在杨浦创新转型的进程中，民营经济更是发挥了不可替代的重要作用。截至 2022 年年底，全区民营企业总数超过 5.3 万家，占全区企业总数近九成，贡献区级税收占比近八成，注册资本占比近七成。哔哩哔哩、优刻得、声网等一批新兴产业领军企业在杨浦稳健发展，抖音、美团等数字经济龙头企业纷纷选择入驻杨浦竞相发展，人工智能、工业互联网、云服务、数字文化等为代表的在线新经济先导企业快速发展，以现代设计、新能源和智能网联汽车、科技服务、生命健康、节能环保等为代表的优势企业持续发展，这些都让杨浦的民营企业呈现出既铺天盖地、又顶天立地之势，成为助推杨浦经济繁荣的重要引擎。

近年来，在杨浦民营企业活力迸发、显优呈强的同时，涌现出一批又一批杰出的民营企业家，绘就了一幅星光灿烂的英才图谱。他们当中，有的是从学校毕业之后就开启了创新创业的征程，如上海脉策数据科技有限公司董事长高路拓，一走出同济大学校园，便和几个同学在环同济知识经济圈创立了自己的企业，如今又在大创智园区一显身手，在杨浦这块热土上不断书写开拓奋进的亮丽篇章；有的跳出传统行业拥抱新的时代浪潮，如上海瑞世财富投资管理有限公司创始合伙人吴剑军，在二十出头、精力最为旺盛的黄金时期，辞去一家央企研究所团委书记一职，毅然踏上了创业追梦之旅，成功实现从实业创业者向全新投资人的身份转型；还有的从国企改革中发现了蕴藏的商机，闯海弄潮，创办企业，如上海电院电力电子实业有限公司董事长应彭华，大胆地顺应原工作单位上海闸北电厂的改革浪潮，和母校上海电力学院合作创立了上海电院电气设备有限公司，成为一名从老电厂走出来的民营企业家。这些民营企业家虽然创业路径各有不同，但都有缘杨浦、根植杨浦、乐业杨浦、奉献杨浦，始终与杨浦的创新发展同频共振，与百万杨浦人民心心相印，他们既是杨浦建设进程的见证者，也是参与者、奋斗者。

上海市杨浦区工商业联合会（总商会）作为党领导的以民营企业和民营经济人士为主体的人民团体和商会组织，近年来，秉持初心与使命，围绕"打造沪商精神、做大沪商气派、服务经济建设、培养年轻一代、激发基层活力"等重点课题，精选了从 50 后到 80 后四个年代一批杨浦民营经济代表人士进行专题访谈，他们绝大多数为民营企业家。通过他们深情讲述创业初心、回顾成长经历、畅谈奋斗前景，呈现在我们面前的，是民营企业在党的支持关怀下蓬勃发展的时代画卷，是新时代沪商"爱国、敬业、诚信、进取"的精神面貌，是民营企业家服务人民、回馈社会、赤诚报国的真挚情怀。

杨浦民营经济代表人士的奋斗故事虽然各异，但有着一些显著的共同特点，那就是坚定不移听党话、跟党走，使企业发展、个人追求与党的主张保持一致；坚持敬业为本，保持战略定力，聚焦主业，坚守实业，以工匠精神做优做强企业；坚持遵纪守法办企业，在讲诚信守法度中完善自我，做懂经营、守诚信的沪商典范；坚守义利兼顾、以义为先的传统美德，自觉履行应尽的社会责任。

印象尤为深刻的是，所有受访人士讲述了一个共同的感悟，那就是杨浦区委、区政府长期以来全力为民营经济提供宜商惠企的政策环境、公正透明的法治环境、公平竞争的市场环境、尊商亲商的社会环境，通过不断迭代升级优化营商环境行动方案，因时因势出台多轮助企惠企政策措施，着力当好服务企业的"金牌店小二"和"最佳合伙人"，为杨浦民营企业茁壮成长提供了生态沃土。

党的二十大擘画了全面建设社会主义现代化国家的宏伟蓝图，明确了以中国式现代化全面推进中华民族伟大复兴的中心任务，鲜明作出"促进民营经济发展壮大"的重要决策。2023年3月6日，习近平总书记在看望参加全国政协十四届一次会议的民建、工商联界委员时强调，党中央始终坚持"两个毫不动摇"（即毫不动摇巩固和发展公有制经济，毫不动摇鼓励、支持、引导非公有制经济发展）、"三个没有变"（即非公有制经济在我国经济社会发展中的地位和作用没有变，我们毫不动摇鼓励、支持、引导非公有制经济发展的方针政策没有变，我们致力于为非公有制经济发展营造良好环境和提供更多机会的方针政策没有变），始终把民营企业和民营企业家当作自己人。这些重要论述，为实现民营经济健康发展注入强大信心和动力，也为我们推动民营经济高质量发展指明了前进方向，提供了根本遵循。

2023年7月19日发布的《中共中央 国务院关于促进民营经济发展壮大的意见》（以下简称《意见》），对促进民营经济发展壮大作出了新的重大部署，充分体现了以习近平同志为核心的党中央对民营经济的高度重视和对民营经济人士的深切关怀。《意见》要求："培育尊重民营经济创新创业的舆论环境。加强对优秀企业家先进事迹、加快建设世界一流企业的宣传报道，凝聚崇尚创新创业正能量，增强企业家的荣誉感和社会价值感。"《不负家国——民营企业家访谈录》一书的编辑出版，正是我们学习贯彻党中央、国务院《意见》精神的具体举措，是在着力讲好民营企业和企业家故事，营造全社会关心支持民营经济发展的氛围方面作的一次积极尝试。

当前，杨浦正在朝着到"十四五"末"初步建成全球创新关键要素汇集区、全面建成上海科创中心核心功能承载区、率先建成数字经济主导产业引领区、基本建成开放创新重大平台集聚区"的"四个区"目标奋勇前进，重点推进杨浦滨江、大创智、大创谷、环同济四大功能区建设，全面升级形成"一廊一带"新布局，打造全域创新的"杨浦科创带"，推动杨浦实现"一年一个样、三年大变样"，这为民营企业在杨浦的发展提供了更多机遇，创造了更好条件。杨浦区委、区政府已向广大企业郑重承诺：只要符合高质量发展方向的，再好的资源杨浦都舍得投入；只要愿意和我们杨浦共同成长的，再长的时间我们都将全心陪伴；只要能为企业排忧解难的，再大的困难我们也要坚决克服。我们坚信，站在"两个一百年"奋斗目标的历史交汇点上，站在百年未有之大变局的时代节点上，杨浦广大民营企业一定会励精图治，勇毅前行，积极融入中国式现代化建设和区域经济发展全局，专注推进创新发展，自觉履行社会责任，担当共同富裕使命，携手开创新时代民营经济高质量发展的新局面。

征途漫漫，薪火相传。期盼在杨浦这片创新创业的热土上，涌现出更多的优秀民营企业家，涌现出更多的高质量发展实干家，涌现出更多的新时代奉献者！

是为序。

2023 年 10 月

目 录

徐士龙：从泥土中创造奇迹的人

人物简介：徐士龙，男，1958年1月生，汉族，民进会员，毕业于江苏电视大学。上海港湾基础建设（集团）股份有限公司创始人、董事长。第十四届全国政协委员，上海市第十六届人大代表，第十三届上海市政协委员。中国软土地基改良技术委员会会长、中国发明协会名誉副理事长、民进中央企业家联谊会副会长、上海民进企业家联谊会名誉会长、民进上海市委科技委员会副主任。获首届中国发明协会会士、2020年上海市劳动模范（先进工作者）、首届上海统一战线岗位建功"十大楷模"等荣誉。

徐士龙近照

中等身材的徐士龙，一口浓浓的江阴口音，从外表来看一点也看不出有什么与众不同。他被誉为"中国软地基处理第一人"，一个"从泥土中创造奇迹的人"。他深耕软地基处理行业二十余载，秉持"中国原创、服务全球"理念，将上海港湾基础建设（集团）股份有限公司（以下简称港湾集团）打造成一家集勘察、设计、施工、监测、研发等于一体的软地基处理行业龙头企业、科技标兵企业。他凭借自身的创新精神和坚韧意志，奋力书写了一部从自学成才到拥有多项国家专利的民间发明家、从白手起家到拥有亿万资产同时为社会创造巨大财富的民营企业家的人生传奇，带领集团走出了一条把中国原创技术推向全球，树立中国制造、中国创造、中国服务的民族品牌的康庄大道。

攻关：历经苦寒，迎来春天

俗话说，"基础不牢，地动山摇"，要把海滩边原本的沼泽地、淤泥滩通过加固处理变成硬地基，还要在这基础上铺路搭桥、建楼造房，历来是一个世界性的技术难题。1997 年，具有丰富的港口设计建设经验的徐士龙被任命为江阴市港口开发公司总经理。作为一名长期从事软地基加固处理相关业务的国企老总，他敏锐地察觉到，当时国内外普遍采用的以注入水泥为主要方式的软地基加固传统工法技术有着明显的局限性——不仅工期长、施工成本较高，而且环保性差，亟需一场技术革新。徐士龙预测，在土地资源十分紧缺的情况下，这场技术革新将孕育出广阔的市场前景。事实上，他的技术革新设想已在理论上成立，但迫切需要大量试验予以验证。不少同行和项目方都急切地追问他这一技术革新是否有进展，什么时候可以实际应用。这场需要全身心投入的革新时时令他寝食难安、心潮不宁。2000 年，经过反复权衡，他痛下决心，毅然扔掉国企高管的"金饭碗"，来到上海创业，一心从事软地基加固处理新技术的研发。

创业，远比他想象的要艰苦。那时的徐士龙，除了有一张大专文凭和为数不多的积蓄，剩下的只有满腔的豪情和坚强的毅力了。无经费、无场地、无设备，他和合作伙伴以及一支 17 个人的工作团队筚路蓝缕、迎难而上。一年下来，试验没有取得令人满意的效果，他们还欠下了 500 多万元的外债。合作伙伴感到无望和难以承受，最终选择了退出。回想起当时，徐士龙不无感慨："别人可以走，我没有退路，是我提出来要做，也是我借的钱。"他不灰心、不抱怨、不放弃，始终坚信这场技术攻关一定会带他走出低谷、步入坦途。在荒凉的海滩边，他搭起帐篷，以工棚为研究室，以工地为试验场；他翻遍国内外资料，走访了同济大学等多所高校的专家教授；在无数次的数据推演、设备改进、工艺调整、实地试验中，他带领团队屡败屡战，最后逐一攻克。

功夫不负有心人，徐士龙终于迎来了属于自己的春天，经过 600 多个日日夜夜的艰苦努力，先后投资将近千万元，徐士龙成功研发出软地基加固处理新技术——快速"高真空击密法"。"我这个发明，不用添加任何材料，用真空制造压力差，把软土分子间不易流动的水挤出来，使软土硬化，可以做建筑地基。"徐士龙打了个比方说，这项新技术就是通过施加"正压"，结合真空"负压"，形成超过一个大气压的压力差，让软土的分子结构发生变化，使水得以排出，通俗地讲就是把"嫩豆腐"变成"老豆腐"，再让"老豆腐"变成"豆腐干"。它不仅解决了传统技术无法克服的难点，而且具有节省工期、造价低廉、低碳环保等传统方法无法比拟的优势，所创造的经济和社会效益难以估量。

破局：背水一战，大获全胜

一个更大的命题随即摆到了徐士龙面前——如何将自己的发明成果尽快产业化。他没有选择等待，而是主动出击。技术研发成功后，徐士龙开始向各大工程项目和工程设计院积极推广。但是，对于这一超前的新技术，很多人抱怀疑态度，不敢轻易接受。此时的徐士龙只能背水一战，"当时我的最高负债已达 3000 万元，我的想法就是要赶快还债"，他笑道。

上海外高桥港区软地基加固处理项目成了他的"翻身仗"。由于项目难度极大，之前接手项目的几家公司都因为没有达到要求而先后退出。工期紧迫，焦急万分的项目负责人面对专程找上门、当时尚名不见经传的徐士龙"工期缩短一半、造价节省三分之一、质量可控和施工环保"的承诺，决定放手一搏，答应让他一试。这一试，竟让徐士龙的四大承诺变为令人折服的现实，从此一炮打响。

"高真空击密法"开始大步走入上海市场，徐士龙和他研发的技术在业界声名鹊起。2003 年，上海浦东机场二号跑道改扩建工程是一个"向大海要机场"的方案，跑道建在濒临海滩的软土上，其地基的加固处理事关重大，工程的竞争相当激烈。徐士龙独有的技术以其造价低、工期短，特别是在七个对比试验方案中以六个技术指标中五个第一的绝对优势，成功胜出。建成后的二号跑道与一号跑道相比，节省立方石料 174 万元，节约建设资金近亿元。在使用一年多后，上海科委组织专家进行鉴定，给出的评价是"国内第一，远远超过设计标准"。

2001 年，中国民众的专利意识相比以往显著增强，徐士龙对此尤其清醒。考虑到拥有专利对自己今后的产业开发来说举足轻重，他不失时机地提出专利申请。2003 年，徐士龙的快速"高真空击密法"软地基处理方法获得国家专利。《中国发明与专利》2008 年第 11 期上一篇文章这样写道：这是一项被专家评审为"国内首创、国际领先"的专利技术；这是一项应用面积超过 5000 万平方米，仅上海地区就节约资金超过 20 亿元的专利技术；这是一项开创岩土界技术输出海外、成功收取专利费先河的专利技术；这是一项打破了"饱和软土不宜强夯"等软地基施工规范的专利技术。徐士龙"专利先行"的强烈意识，为他以后走出国门、走向世界创造了十分有利的条件。

出圈：创新民族，走向世界

每个走进徐士龙办公室的人，都会被墙上"创新民族"四个大字吸引。"这是请一位书法家朋友写的，是我对自己的一种激励吧。"徐士龙说。以往，我国建筑行业"走出去"一般以劳务输出为主，鲜有技术输出。为了改变这一局面，把中国原创技术推向全球，努力提升中国建筑企业在价值链和产业链中的地位，树立中国制造、中国创造、中国服务的民族品牌成了徐士龙的愿景。

新技术发明并成功产业化后的短短数年里，徐士龙从上海出发走向全国，参与建设宁波港、渤海港、环太湖等 300 多个国内沿海大项目工程。自 2009 年起，港湾集团开始走向世界，积极布局海外市场，在 20 多个国家和地区注册技术专利，参与新加坡樟宜机场、迪拜世界岛等重大港口、机场、电站项目的软土硬化、围海造地工程，技术服务涉及越南、印尼、马来西亚、新加坡、阿联酋等 20 多个国家近千个项目。其中印尼 PIK 新城位于印度尼西亚首都雅加达北部，6 年完成造地 60 平方公里，新建了新唐人街，港湾集团绿色环保、造价低廉的核心造岛技术，获得高度好评。拉古纳湖是菲律宾马尼拉的"母亲湖"，提供马尼拉 80% 的食用鱼、几乎百分百的饮用水。由于常年没有清污，湖底淤泥成灾，湖面长满水藻。港湾集团计划运用软土硬化技术，将湖中挖出的淤泥硬化后，在新造土地上建设一座 50 平方公里的新城。同时，通过清污，使得拉古纳湖实现了鱼更肥、水更清，生态环境质量得到明显改善。徐士龙表示，这是港湾集团近年来在海外的重点项目之一，正在加速推进。"我们在'走出去'的过程中，通过一系列项目建设，带动了当地经济的发展，创造了当地人的就业机会，真正赢得了当地民众的信任和支持。因为他们亲眼看到，中国企业确实是来帮助解决实际问题的。"徐士龙自豪地说。

在走向海外的过程中，中国的原创技术与国外的政策、标准相衔接是一个重大课题，而徐士龙的技术也需要一个专业团队更细致、更精准地研究不同土壤、气候、环境下的解决方案。2005 年，徐士龙把上海港湾软地基设计研究院落户在高校集聚、有着"学院区"和"学府中心"之称的杨浦，和杨浦结下"不解之缘"。他广招人才，大量硕士生、博士生进入了研究院；他广开言路，邀请同济大学、浙江大学等知名高校的专家学者来院论证方案。研究院的科研团队不断完善核心技术，追求理论突破与实践创新，为公司的持续健康发展奠定了坚实基础。对于科创的重视和完善，对于人才的珍视和培养，对于法律的理解和尊重，令徐士龙从一位发明家成功转型为一名大型跨国企业董事长，以豪迈的姿态阔步走向世界舞台。

2012 年，徐士龙收获三枚极具分量的国际"金牌"——世界发明联合会颁发的"鲍格胥发明奖"、联合国世界知识产权组织颁发的"最佳发明金奖"、世界发明协会颁发的最高荣誉"绿色发明荣誉奖"。其中"鲍格胥发明奖"对他来说最有分量，也最受鼓舞，不仅因为他是中国首位、全球第十位获此殊荣的发明者，更因为一个起步时被看作"个体户"的民营企业家，经过十几年的不懈奋斗，终于让他的原创发明为世界所认可。

目前，海外市场占港湾集团业务比例已超过 80%，尤其在"一带一路"领域已有不少拓展项目。下一步，港湾集团将继续立足上海，加强研发，与更多国家建立合作关系。"中国原创服务全球，争取要让中国的原创技术走向世界，能够为全球的港口、机场、工业园区、电站服务，这么一个想法，想慢慢地一步步实

徐士龙（左六）获首届中国发明协会会士证书

施。"徐士龙从容不迫地说。

2023 年 7 月，徐士龙再获殊荣，荣获首届上海统一战线岗位建功"十大楷模"称号。徐士龙等十大楷模，是新时代上海党外人士弘扬爱国奋斗精神、立足岗位建功立业的优秀代表，是服务经济社会发展、以中国式现代化推进中华民族伟大复兴的杰出榜样，可谓实至名归。我们完全有理由相信，徐士龙这位"点土成金"、志存高远的发明家与企业家，在探索科技创新、打造民族品牌、提供全球服务的未来征程中，将以更大的手笔，挥写出更新更美的篇章。

丁美凤：精心烹调老上海的 "新味道"

人物简介： 丁美凤，女，1957年11月生，汉族，中共党员，毕业于空军政治学院。上海市泰晤士西餐有限责任公司总经理。上海市第十二届人大代表，上海市杨浦区第十四届人大代表，第十、十三届杨浦区政协委员。获全国三八红旗手、全国内贸部劳动模范、上海市劳动模范、上海市优秀党员、上海市三八红旗手等荣誉称号。入选杨浦区第六批拔尖人才（经营管理类）。

丁美凤近照

改革开放期间，上海商业吹响了转型的号角。站在三岔路口，眼见风云变幻，作为长丰饮食店店长的丁美凤，作出了人生中极具转折性的一个选择。

让饭店员工有"饭"吃

20 世纪 80 年代中期，在市场经济大潮冲击下，上海的餐饮业面临着生死存亡的严峻考验，传统饮食店经营亏损，职工收入每况愈下，长丰饮食店同样岌岌可危。"是坐以待毙还是主动出击？我们都很明白，机遇和挑战是并存的。"当时年仅 30 岁的店长丁美凤在经过深思熟虑之后，作出了决定："还是要变，以变来应万变！"

但是如何"变"呢？上海开埠以后，西餐文化随之传入，吃西餐成了一种时尚。当时上海红房子西餐厅开得红红火火，受此启发，将这个小吃店改造成西餐厅的念头在丁美凤脑海中萌芽。怀揣这个想法，丁美凤开始在杨浦区进行调研。跑遍整个杨浦，丁美凤发现全区的西餐业还处于一片空白。于是她前往商业局咨询，得到的回复却是"居民区做西餐业是不可能成功的"，又找了许多专家学者求教，得出的结论也是"做西餐必输无疑"。但是，打拼餐饮业的经历让她练就出敏锐的商业眼光，再加上当时血气方刚，带着一种"初生牛犊不怕虎"的锐意，丁美凤最终还是决定相信自己：做西餐！

"要让三十多名员工'有饭吃'，将小吃店改造成西餐厅势在必行。"拿定主意之后，丁美凤开始寻找西餐厨师。她一个又一个地去上门拜访，基本上每天都是一早就出门，直到深夜才回家，通过"滚雪球"的方法，终于找到了当时赫赫有名但已退休的西餐厨师徐震东。一开始，徐震东并没有答应担任大厨，丁美凤千方百计寻找各方关系反复劝说，徐震东终于被这个年轻姑娘的执着韧劲所打动，答应重新出山。

杨浦也有了西餐社

"英国伦敦可以有泰晤士河，上海杨浦同样可以有泰晤士西餐社。"1987 年，在丁美凤的带领下，泰晤士西餐社成立了。历经三十多年的风雨，如今的泰晤士西餐社依旧保留着 20 世纪 80 年代的装修风貌，复古的色调、典雅的墙纸和泛旧的石英钟，将来客带回浪漫而富有韵味的老上海，吸引了许多老年人和年轻人来这里打卡怀旧。

泰晤士西餐社位于控江路的林荫道深处，自 1987 年开始，一直坚守在这个不起眼的老居民区，三十多年来主要做熟客和老街坊生意。它始终保留着海派西餐最纯正的味道，承载着许多 80 后的儿时记忆，也见证着丁美凤一路走来的风风雨雨。她温和地笑着说："几十年了，对这里太有感情了，只要走到这条路上，闻到淡淡的手磨咖啡的清香，我们一起开创西餐社的情景就会浮现在眼前。"

印象中，最为艰难的还是刚开业的那段时期。她回忆说："我们一连亏损了三个月，到了六个月的时候，舆论更加汹涌，有些人嘲讽地把泰晤士形容为'太误事''瘫掉的泰晤士'。大家的压力可想而知，我是彻夜难眠。"艰难时刻，员工中没有一人选择离开。到了 2002 年，泰晤士西餐社转制为民营企业，68 名员工没有一人下岗，一起携手走到了今天。丁美凤感叹道："因为当初转开西餐社，就是想让员工都过上好日子，现在也是一样。"

遥想当年，广大顾客乃至社会各界曾纷纷向泰晤士西餐社施以援手，泰晤士

泰晤士西餐社外景

西餐社则不忘感恩，始终以亲民的价格、精心的制作、优质的服务回馈顾客和社会。特色产品焗蜗牛曾获得上海西餐比赛大奖，开业后的那段时间，焗蜗牛卖5元一只，如今三十多年过去了，价格只涨到9元。泰晤士西餐社还积极承担社会责任，安置残障人士就业。一开始连鞋带都不会系的几个残障人士，在大家的关心指导下，逐渐掌握了基本的生活技能，现在已经能为外卖餐点熟练地打包了。

老上海的"新味道"

在一片居民区中，"泰晤士西餐社"的招牌引人注目，很难想象它的前身是一家经营日渐惨淡的国营小吃店。从"长丰饮食店"到"泰晤士西餐社"，它一直随着时代洪流大步向前，情怀仍在，创新不断。丁美凤满怀深情地说："这家店激发和孕育了我的工匠精神，我希望能够将它办成一家百年老店，创造出纯正的海派西餐的味道。"她深知，开店容易守店难，创新是泰晤士西餐社的生命。习惯了本帮口味的顾客们并不能直接接受西餐，因此，西餐社一直坚持做本土化西餐。1995年丁美凤前往美国餐饮业考察后，发现美国的中餐全部是经过改良的，她认为上海的西餐同样可以改良。例如，传统的法式焗蜗牛很油腻，不符合上海人口味，西餐社对此进行改造，做成红烩蜗牛，口味更清新，肉质更嫩滑。而本来作为牛排配菜的紫甘蓝，改用泡菜的方式制作后，酸酸甜甜，别有一番风味。"有很多客人特意跑来吃紫甘蓝，后来我们就索性把它从配菜变成了一道能单点的主菜。"丁美凤说。

西餐社每年要淘汰菜单上30%的滞销菜品，开发30%的新菜式；每隔几个月，就要推出新的菜品、西点、饮品；内部的布局、装饰每隔一两年就要更新，在保有传统韵味的同时，增添别样的趣味和新鲜感。除了老顾客以外，西餐社还吸引了不少年轻白领、回国留学生和外籍人士光顾，他们大都会成为回头客。在外卖盛行的当下，泰晤士西餐社的西点同样可以通过外卖购得。在坚持手工制作的基础上，西餐社着力改革餐点包装，美化产品形象。

如今，上海的西餐厅星罗棋布，更迭速度之快令人有恍如隔世之感。在时代的变迁中，丁美凤带领泰晤士西餐社全体员工摸爬滚打坚持至今，难能可贵。他们在传承与创新的并进中，成功地为广大市民提供了老上海的"新味道"。

周强：探索物业管理新途径

人物简介：周强，男，1968 年 4 月生，汉族，中共党员，毕业于澳门科技大学，工商管理硕士。上海延吉物业管理有限公司董事长、总经理。上海市杨浦区第十五、十六、十七届人大代表。杨浦区工商联副主席、延吉新村街道商会会长。获 2020 年上海市物业管理行业协会领军人物奖。

周强近照

身为上海延吉物业管理有限公司（以下简称延吉物业）董事长、总经理的周强，最早是从电梯驾驶员岗位做起的。1987年从上海房地产管理职校毕业后，周强等一批应届生被分到杨浦区房地局下属延吉房管所当电梯驾驶员或资料员。不久多数人辞职不干了，只有周强留了下来，他坚信，是金子总会发光。经过两年锻炼，周强的表现得到了领导肯定，被选入区房地局团委从事组织工作，从干事一路做到副书记。1996年周强重返延吉房管所担任党支部副书记，1999年正式出任延吉物业董事长兼总经理，此后一干就是二十多年。他带领公司历经了体制改革、行业更迭、互联网升级换代等接踵而至的种种挑战，心无旁骛，知难而进，干出了出色业绩。

力排障碍搞改革

1993年开始，上海逐步引入"物业"概念，小区封闭管理，业主缴纳物业费，物业负责管理和提供服务。延吉房管所先是于1993年注册为延吉物业管理有限责任公司，于2004年又在保留19%国有股份的基础上，从国有企业转为民营企业。随后，物业管理行业进入全新转型升级时代，业务概念、管理模式都发生了重要转变。为了应对市场化竞争，提高公司运作效率，原来的国营单位人员管理机制亟待改进。周强大胆地率领公司进行了两次岗位改革，建立全新员工考核激励机制，奖励"干得好的"，鞭策"混日子的"。改革，往往伴随着不小阻力，有时来自上级，有时来自群众，不被理解在所难免，周强甚至为此遭到过投诉和举报。但他力排障碍，推行改革，同时也积极吸收合理建议，对改革方案不断加以完善，终于使得公司的管理逐步走上正轨。

原先，物业一直被视为简单劳动，员工工资长期处于较低水平，队伍很不稳定。随着城市生活的日益丰富、公共服务的日趋精细，物业管理体系面临着更加严格的要求，还需要与日新月异的互联网技术紧密结合，这些都对公司的人才储备及其素质提出严峻考验。为了带头提升自我，周强先后赴华东师范大学、上海社会科学院进修，又到澳门科技大学深造并获得工商管理硕士学位。周强介绍："公司对各种人才的需求都很大，比如小型地产开发、酒店管理，比如软件开发维护、市场营销等各领域。这几年我们想方设法把项目做得多一点，把管理做得好一点，以此吸引人才，提高待遇，稳定队伍。"延吉物业最初员工仅 100 多人，现在已经发展到近 3000 人。

另辟蹊径谋发展

"我是较早的物业人，我和我的团队希望通过努力，尽量把服务做得好一点，让老百姓的满意度高一点，争取打造出行业领先的物业管理模式。"周强说。公司提出了"微笑服务""礼貌接待"等方针，明确急修业务"半小时到现场"。在全力守好基本业务板块的基础上，周强率领延吉物业另辟蹊径，把不断开拓业务疆界当作重中之重。2016 年推出养老服务，覆盖老年人生活照料、医疗护理、精神慰藉、紧急救援等方面需求，积极探索物业与养老相结合的模式。2020 年，延吉物业在应急维修服务的基础上，结合数字技术，筹备推出"生活舱"互联网服务平台，逐步推进养老助老、保洁家政、绿化园艺、智能饮水、餐饮配送等各类服务升级，满足业主的日常生活和消费需求。

经过二十多年的发展，延吉物业管理面积已经扩展到 115 个项目 642.15 万平方米，其中上海项目 71 个，外地项目 44 个。业务范围覆盖售后公房、商品住宅、政府保障房、公租房、写字楼、公众物业、政府办公楼、科技园区、高校、医院、高速公路服务区等各类板块。公司先后获得"上海市文明单位""全国文明单位""中国物业管理行业综合实力百强企业"等荣誉称号。

心有挚爱送温暖

疫情期间，物业成为"离危险最近的岗位"之一。周强带领全体延吉物业工作人员积极落实疫情防控各项责任和要求，用实际行动打响一场科学、高效的疫情防控阻击战。为搞好环境清洁消杀，他组织在岗人员进行线上环境消杀培训，并建立动态排摸预防性消杀楼栋的工作制度；为解决小区"最后 100 米"的物资配送问题，他要求公司全体工作人员在守好辖区防护大门的同时，全力保障居民群众的生活物资配送到位；为最大限度减少疫情对居民群众生活的影响，他安排应急维修平台 24 小时全天候服务，以最快速度、最高效率解决居民群众的困难。

周强（右一）参加延吉街道人大代表进社区活动

其间，周强也感受到企业与民众之间友好互助的温情，"很多业主拿出自己的口罩来送给我们保安，还有不少老人家送来锦旗感谢我们帮忙解决问题"。

在企业经营管理之外，周强还承担了各种社会服务工作，在更大的范围里发光发热。他牵头联合几家企业共同成立慈善基金，将每年盈利中的一部分用于帮扶社会贫困人员；他与公司所在街道联手参与"蓝天下的至爱"等公益活动，并不定期给街道内的独居老年人送去关怀，为家庭困难的学生提供实习就业机会；对于公司内部的困难家庭，为其子女提供优惠读书条件。"参与公益活动对我来说，是作为一个公民或者说一个人的基本品德，要报效国家，要奉献社会，特别是在自己有这个能力的时候。"周强说。

把自己的大半辈子献给了物业管理的周强，本色不改，初心依旧，还是对这份事业充满热爱。他表示，物业公司是一个与人民群众日常生活关系最为密切的单位，将物业打造成真正受人尊重的行业，将物业人转变成最受民众欢迎的人，这就是我的奋斗目标，我将为此继续努力。

计永荣：一个善于转型的"弄潮儿"

　　人物简介： 计永荣，男，1966 年 12 月生，汉族，中共党员，毕业于同济大学函授学院。上海同湖建设工程有限公司总经理、党支部书记，上海临港检验检测园科技有限公司总经理。上海市杨浦区第十三、十四届人大代表，第十、十一、十四、十五届杨浦区政协委员。杨浦区总商会副会长。获杨浦区优秀中国特色社会主义事业建设者等荣誉称号。入选杨浦区第六、七、八批拔尖人才（经营管理类）。曾任杨浦区国内投资企业联合会会长。

计永荣近照

结缘同济开拓创业路

1986 年 7 月，计永荣背起行囊，离开泥土芬芳的故乡，步入上海同济大学函授学院，开始岩土专业的深造和项目实验，也因此与同济大学结缘。彼时，岩土工程随着国家的愈发重视而逐渐发展起来。计永荣跟随同济大学老师在上海开展了地质摸查，对于桩基建设有了深刻理解。

1992 年年底，深受邓小平南方谈话精神的感召，也是缘于同济大学的专业资源非常丰富，计永荣在杨浦区创建上海同湖建设工程有限公司（以下简称同湖公司），开启了创业历程。他结合之前所观察到的业内现状，提出了创新项目——通过桩基实验对岩土功能进行检验检测。当时，岩土工程还处于起步阶段，岩土检测设备缺乏。于是计永荣通过与上海沪东造船厂合作，自行设计制造桩基检测大型设备，走在了业内前沿。

依托同济大学的技术支持和人才输送，公司快速起步。当时相关设备建造在业内还没有形成统一标准，许多新设备都是由同济大学老师自己设计并委托工厂定制的，校企合作助推公司前进的同时，也填补了行业空缺。

1997 年，公司因相关政策与同济大学脱钩，但两者深厚的渊源让其与同济大学始终保持着千丝万缕的联系。

顺应政策踏准每一步

作为企业经营者，计永荣始终认定国家政策导向是企业前进的方向。二十多年来，他带领着企业顺应政策变化不断转型，抓住时机踏准每一步，带领同湖公司不断走向繁荣。

1992 年后，随着上海迈出大发展的步伐，同湖公司的岩土检测项目数量增多，公司蒸蒸日上。然而岩土检测的产值始终做不大，计永荣借着"大发展"的东风毅然转向岩土工程施工。1994 年，因国家宏观调控，许多企业出现资金紧张的情况。彼时的同湖公司虽然处在高速发展阶段，但也在当年年底因资金短缺而发不出工资。为了不影响工人生活，计永荣以个人名义向银行借贷 200 万元，为所有员工补齐了工资。

终于度过了这一艰难时期的计永荣开始计划转型。地下工程建设容易出现工人与机器过剩的情况，公司容易受到市场等因素影响，因此他决定从"地下"走到"地上"。恰好由于国家宏观调控，许多地方面临地下工程完工、地上房屋无人建设的窘境，计永荣便将公司重心转移至房屋承包建设。1995 年，同湖公司成功转型房地产业，先后承接浦东国际机场等十多项重大市政工程建设项目，荣获鲁班奖、工程优质奖等多项国家和市级工程质量大奖。

1997 年，东南亚经济危机造成房价暴跌。1998 年，上海取消福利房政策。嗅到机遇的计永荣有了"与其跟别人带资，不如自己直接带资"的想法，决心自己来进行房产开发建设。随着长三角地区一体化的推进，计永荣顺应政策方向，将投资开发重点转移至江苏。2004 年，计永荣在江苏常熟买下了 1000 亩地的使用权，开启常熟沿江开发区项目建设。他花了整整十年时间，从零开始，将整个常熟沿江开发区完全建设起来，使之成为城市副中心。

计永荣的转型尝试仍未结束。确认上海即将成为"进博会"举办地后，计永

上海临港检验检测园科技有限公司外景

荣积极寻求与上海市相关部门合作，斥巨资进军浦东建设临港检验检测园区项目，开辟检验检测等"四新经济（新技术、新产业、新业态、新模式）"发展新高地。2016 年，随着检验检测平台的正式启动，同湖公司成为当地第一家与政府部门合作开发平台的民营企业，平台运转和招商引资由同湖公司进行管理。如今，园区正在逐渐吸纳高新科技企业，为下一步发展蓄力。

以德为先秉持报国心

从公司初创起，计永荣便牢记党员使命，坚信"德"的重要性，遵从"他心即我心"的良知召唤，以德行回报社会、报效国家。同湖公司将以德管理融入企业运营与发展，在项目工地创办党群活动，以工程质量体现党员的先进性和品德规范，不断丰富企业文化内涵，强化企业综合实力。

多年来，作为一名党员企业家，计永荣带头积极践行"回报社会、报效国家"的理念。早在 2004 年，在计永荣的带领下，公司几度筹资，帮助解决当地渔民弃船登岸的居住难题，得到当地政府和居民的肯定，这也帮助企业与地区建立了良好关系。2014 年公司先后捐资 30 多万元，资助西藏、新疆、云南等贫困地区建设希望小学。在 2018 年开展的"万企帮万村"行动中，公司在项目、资金上给予遵义市湄潭县的贫困村大力支持，为精准扶贫作出贡献。在 2020 年抗击新冠肺炎疫情活动中，公司购买抗疫物品慰问一线防疫志愿者，还向五角场街道慈善基金会、区双拥基金会捐款，彰显计永荣作为民营企业家以德报国的情怀。同湖公司坚持多年"情系社区"公益行动，如帮扶困难老党员、助残等行为，得到了贫困地区、学校、社区居民的欢迎和好评。计永荣和他的公司还坚持二十载，真情实意回报同济大学实验项目。

在计永荣看来，所有这些，只是在诠释着一名共产党员、一个民营企业家对于"德"的理解，和对于社会责任的担当。

"两会"联合助力年轻人

1997 年，同湖公司正式成为一家产权清晰的民营企业。当时的计永荣受到杨浦区合作交流办公室的欢迎，来到了杨浦区扎根。在杨浦区政府的牵头下，非上海土生土长的企业聚集在一起，成立了杨浦区国内投资企业联合会，成为众多外来企业共同的"家"。2004 年 8 月，计永荣接任了杨浦区国内投资企业联合会会长一职。对该会来说，最主要的工作有两块：一是为企业排忧解难；二是带头做公益。这和杨浦区工商联的工作内容在一定程度上重叠，也因此，计永荣不断撮合联合会和工商联相互配合，积极引导企业，热心服务企业。

在计永荣心中，杨浦区国内投资企业联合会是他们这些外来企业最初抱团取暖的地方。"企业之间要抱在一起"，这是计永荣也是老一辈企业家一直崇尚和坚持的信念。作为该会和五角场街道商会会长，计永荣还多次慷慨拿出如兴平昌苑房地产等一些重大中标项目，与会员单位协作开发，共享投资成果。

创业始终是一件艰难的事，计永荣感叹。他表示，杨浦区工商联和杨浦区国内投资企业联合会应当大力支持勇于创新创业的年轻人，老一辈企业家应当毫不吝啬地与他们分享经验和机遇，从而感召和吸引更多的"家人"落户杨浦，共建杨浦。

顾端青：人生都是自己争取的

人物简介：顾端青，男，1958年6月生，汉族，无党派人士，毕业于上海市虹口区业余大学。上海青鹰实业股份有限公司董事长。第十届上海市杨浦区政协委员，第十一、十二、十三届杨浦区政协常委。中国建筑节能协会副会长、上海市装饰装修行业协会副会长。获第二届上海市优秀中国特色社会主义事业建设者、杨浦区优秀中国特色社会主义事业建设者、杨浦区先进生产（工作）者等荣誉称号。入选杨浦区第六、七、八批拔尖人才（经营管理类）。曾任上海市工商联执委、杨浦区总商会副会长。

顾端青近照

扬起自己那片帆

出生于 1958 年的顾端青，乘着改革开放的春风，一步一个脚印登上了时代发展的巨轮。

小时家境贫寒，出生便遇上"三年困难时期"，缺乏营养的他个子不高，但目光却格外坚定。无论是在校读书还是下乡务农，顾端青始终保持着乐观向上的心态："人不要去抱怨社会，而是要去适应社会——不是随波逐流，而是要在社会中找到自己的定位。"

怀揣着"人生都是自己争取的"的信念，身材矮小且不擅农活的顾端青走上了另一条路。他坚持做好自己力所能及的事情，而他最为擅长的事情便是静下心来学习、钻研。苍天不负有心人，他对考上的师范学校不感兴趣，恰逢农场连队向工厂转变，需要技术人才，于是他被选中了。为了达到岗位要求，他开始废寝忘食地自学机械设计、金属力学、材料学、机械制图等专业知识。当别人都在谈恋爱、逛公园的时候，他把所有精力都放在学习和工作上，埋头钻研各种技术。"有人觉得'我做了那么多是吃亏的'，其实是不对的——你获取的经验和能力都来自你的实践，如果不做，嘴巴讲得再好，没有实践来检验，都是无用的。"

顾端青通过不懈地努力获得了领导的赏识，带着一身本领回到上海读大专。彼时恰逢上海建筑五金协会开办新厂，受到邀请的顾端青就开始了一边读书、一边工作的生活。回忆起这段日子，顾端青并不觉得辛苦，在他看来，学习重要的是要打好基础，无论是高等数学、理论物理还是建筑制图，只要根基稳固，都有其互通之处。独特的学习方法为他节约下大量的时间，可以去广交好友、交流见识，也让他树立了全局观念，将目光放得更远。

1989 年，上海建筑五金协会的窗帘厂开张不到半年，便因政策原因关转，顾端青便花了三万多元将工厂买下来，自己持续经营，通过努力撑过了最初异常艰难的那段时间。顾端青的初衷很简单：不为赚钱，只想把这已经开始的事情做好。由于他具备自身从事产品研发的经历和优势，以及广泛交友带给他的市场视野，从 20 世纪 90 年代开始，顾端青创办了其投入一生的上海青鹰遮阳技术发展有限公司（以下简称青鹰公司），开始带头引入国际品牌，采用德国技术，与美国公司合作，将先进优质的产品引入中国市场，带动了行业的共同发展。

2005 年，国家提出成立行业协会，顾端青凭借非凡的实力和资历，成为中国建筑业协会建筑节能分会的建筑遮阳理事会第一任理事长，将自己那片风帆在时代浪潮中高高扬起。

一心一意搞技术

改革开放初期，百废待兴，顾端青作为这一时期成长起来的最早一批企业家，参与了国家建设部制定最初遮阳行业标准的工作。第一轮标准的制定是打基础、搭框架的关键环节，顾端青拒绝了"众人拾柴火焰高"的简单思路，在行业内普遍缺乏专业能人的情况下，他独挑大梁，完成了第一轮遮阳行业标准的制定。

这与顾端青领导企业的思路是一致的，在他看来，"一家企业如果靠关系，或者靠不正当手段，获得的好处都只是暂时的，关键一定要有一个有真东西的主心骨"。技术研发，就是顾端青的"真东西"。1998 年，作为文化地标性建筑的上海大剧院开始建设，该建筑是当时中国最大的单体玻璃建筑体。怎么设计和制作该建筑的遮阳，是设计过程中遇到的新难题。该建筑需要满足歌剧、交响乐、室内乐、话剧等各类大型演出的要求，还有如何调试混响设施又是个新的考验。那时正值壮年的顾端青带领他的团队接下了这一艰巨任务，经过艰苦努力，最终交出了令人满意的成果。困难带给他挑战，也带给他机遇，借此机会，顾端青和他的青鹰公司更是声名远播。后来的南京文化艺术中心、济南人民会堂等混响设施和中央电视台、上海虹桥火车站、南京禄口机场等大型遮阳项目，都是由顾端青带领的团队完成的。

作为开路者，顾端青和他的企业成为当时的"行业教科书"，但他仍然觉得自己只是个"搞技术的"。聊天时，他随手拿起办公桌上一块样材展示道："这块材料是用稻谷壳做的，仿木材料，性能非常优越，用的是德国科学家的发明，我一看就觉得好，要是能把这种环保材料用在节能门窗型材上来，这不又是一个很好的产业吗？"提到新技术，上了年纪的顾端青眼中仍会闪出兴趣的光芒："我老板做得不大，但是我比较'正'，事业体现你的能量，事业成功则体现你的人品。"顾端青笃信，"做点自己喜欢的事情，做好、做精，就是最大的成功了"。

采用稻谷壳仿木材料建设的样板楼

回望来路终无悔

一方水土养一方人，顾端青是土生土长的上海人，家乡的环境哺育着他，也成就了他。

在顾端青的评价中，上海的政府和干部作风都很"正"，这让他能够放下心来创业。除此之外，上海的海派文化也为他带来了济达四方的资源与人脉。市场经济变幻莫测，规律很难把握，唯有广结善缘、携手共进，才能在市场的风雨和动荡中依然站稳脚跟，成为大浪淘沙后的赢家。更重要的是，上海快速发展起来的竞争市场教会了他"打铁还需自身硬"的道理，"在自己的行业里吃透、走到最前面，这是最重要的"。

回望来路，顾端青不愿谈困难，只愿谈坚持。在他看来，"困难肯定都很多的，没有哪一个更难，只有一次次的努力、一次次的克服"。人生在世，过去的事让它过去，唯有学会放下，才会拥有继续向前的勇气。

谈起自己的人生智慧，顾端青的话云淡风轻却又掷地有声："成功和失败，没有哪个一定好的，每个人的人生都是成功有一些，失败也有一些，这样活着才有意思。"

顾端青告诫现在的年轻人："不要觉得一个人能造成时势，做成一件事，往往是因为社会需要，而某人恰好抓住了时机。只有了解这个世界，才能抓住机会，从而利用机会去成就一番事业，人不要自怨自艾，只要风雨兼程。"

郑捷：追求过程，实现价值

人物简介： 郑捷，男，1959 年 1 月生，汉族，中共党员，毕业于上海教育学院。上海捷联投资咨询服务有限公司董事长。第十、十一、十二届上海市杨浦区政协委员。杨浦区私营企业协会副会长、杨浦区信用促进会副会长。获上海市"两新"组织优秀共产党员、杨浦区优秀共产党员、杨浦区先进生产（工作）者等荣誉称号。曾任上海市工商联常委、杨浦区总商会副会长。

郑捷近照

敢向商海潮头立

郑捷的人生曾经有另一种可能，但在多重因素的叠加影响下，他最终选择了投身民营经济，就像是被命运推"下"了"海"，从此走上了一条完全不同的从商之路。

他父亲是上海的大律师郑传本。由于担任了轰动全国的"于双戈案"中被告人之一蒋佩玲的辩护律师，这位报童出身的平民律师声名大噪。在当年的电视直播庭审中，全国人民都欣赏到了郑律师的风采。但奇怪的是，郑传本并不希望儿子继承自己的衣钵，即便当时的郑捷已经在这方面小有成就，曾通过诉讼帮助十几名江西矿工讨回了他们应得的承包费。其反对的理由也非常实在：他不希望儿子因为从事法律工作而长时间笼罩在父亲的光环之下。

虽然没能成为一名律师，但年轻时的郑捷还是捧起了令当时很多人都羡慕的国营企业"铁饭碗"。在中国纺织机械厂的十三年当中，他凭借技术本领和正直品性，成为厂里最年轻的中层干部。如果一直留在厂里，郑捷可能也会一路晋升，拥有大好发展前景。但在1990年，刚过而立之年的郑捷基于自身对时代大势的判断，还是毅然递交了辞呈，选择跳出舒适圈。

1992年年初，邓小平同志的南方谈话为正处在发展瓶颈的中国经济吹来一阵春风。也正是在同一年，郑捷成立了上海捷联投资咨询服务有限公司（以下简称捷联公司），正式投身民营经济的发展大潮。

郑捷对于曾经培养过自己的国企有着非常深厚的情结。"我现在觉得国企对造就我的一生起了至关重要的作用，让我形成了相对职业化的工作习性。特别是在国企入了党以后，让我的三观较之同龄人更加成熟。这些都是其他地方所不能代替的。"郑捷说。

心系民生有担当

20世纪90年代末，国企改革引发了一大波的"下岗潮"，"下岗工人"和"再就业"成为当时的民生热词。如何安置大批下岗工人成为一个突出社会问题。"就业是民生之本，企业则是就业之本"，郑捷对此有着非常清晰的认识。在上海市劳动和社会保障局的牵头之下，捷联公司和其他几家民营企业一起策划了"4050"工程。

"4050"人员指的是当时 40 岁以上的女性、50 岁以上的男性下岗劳动力。受制于年龄较大、文化水平不高等原因，这些人员技能较为单一、就业竞争力较弱。而"4050"工程旨在通过颁发一系列优惠政策，以"授人以渔"的方式帮助这部分国企下岗人员重新走上工作岗位。"解决了他们的就业困难，就能解决他们的生活问题；保障了他们的家庭，就能保障整个社会的稳定"，郑捷说，"而且帮助小型创业还会有辐射效应，以创业带动就业，少的一两个，多的十几个，多少可以带动若干个岗位安置就业"。对此，中央电视台财经频道还专门拍摄了以捷联公司开展这项社会工程为主题的专题纪录片。作为"4050"工程参与企业中唯一一家"一条龙"服务全覆盖的企业，捷联公司通过提供商业项目、创业培训、融资评估、注册落地、开业指导等五大方面的扶持，帮助一百二十多人启动了创业项目，而这些项目又创造了更多的就业机会，带动更多的人回归生活正轨。

时至今日，捷联公司仍然将社会所需作为自身业务的发展方向。近几年来，

郑捷（右）与员工一起评估项目

人口老龄化以及随之而来的社会养老成为日益突出的民生问题，也是上海发展所面对的一道绕不开的必答题。捷联公司主动配合政府积极参与解决社会养老问题，与杨浦区有关社区街道开展合作。经过两年多的装修，捷联公司和四平路街道联合开办的敬老院已于2021年3月末正式开张，第一批老年人住进了窗明几净、温馨舒适的房间。当敬老院还处在刚刚起步的阶段，郑捷就特地列出了一条规定：百岁老年人可以免费入住。郑捷认为："如果全社会都能形成一种爱老、敬老的氛围，那老年人的晚年生活就会更有质量，更加幸福。"

郑捷是一位民营企业家，更是一名共产党员。他始终认为，民营企业应该承担起社会责任，将自己融入整个国家和时代的发展进程，这样既让企业得到了发展，又为社会作出了贡献，更彰显了民营企业的担当和价值。

腹有诗书气自华

工作之余，郑捷还是个不折不扣的"文艺青年"。

"我这个人没有多少兴趣爱好，既不会跳舞，也不会打麻将，就喜欢看看书。"年轻时，为了淘到自己喜欢的旧书，郑捷经常一大早骑车去书店门口排队，等着开门冲进去，唯恐自己心仪的书籍旁落他人之手。还在中纺机厂的时候，他就凭借着一篇《三国演义》的读后感获得市级征文大赛的三等奖。

就连"下海"创办企业，也有一部分原因是为了淘书。"我1990年离开的时候，每月工资是120多块钱，而且我是中层干部，在同龄人当中我还比他们多了11块5角。"他离开中纺机厂后去的外资企业第一个月工资就是1000美元，还不包括业务提成。"那个时候买书经常感到囊中羞涩，我觉得当时我'下海'的一个主要原因，就是要解决金钱上的欠缺。"

身为企业家，繁忙的工作难免带来沉重的身心压力。对郑捷来说，阅读则成为他降压减负、排除烦恼的最好方式。他曾经在公司边上开过一家书店，处理完公司事务，就忙里偷闲窝在小书店里做个售书员，与书相伴，以书会友，乐在其中。

"腹有诗书气自华。"阅读，让他的个人修养实实在在地得到提高，朋友们都戏称他为"儒商"。阅读之余，郑捷喜欢提笔写作。前些年，他在一份报刊上开了个专栏，连载自己撰写的《红楼梦》书评，以每周一篇的频率，坚持了整整三年。对此，他笑称："一定要多写一点，万一跟不上，专栏是要开天窗的。"或许是通过阅读与写作，郑捷对于经商之道和人情世故也有了更多的感悟，也因此少了一份执念，多了一些豁达。

"追求过程，实现价值"，这是郑捷一直以来的人生信念。比起埋头赶路，他更喜欢欣赏路边的风景。他将人生比作一本书，总要由章节所组成，总要有起承转合，有动人心魄的高潮，也自然会有余音绕梁的尾声。"所以做企业家，既要会踩油门，也要会踩刹车，最终能把企业这辆'车'平稳安全地开到目的地，才算是好司机。"郑捷意味深长地说。

李刚：扛起中国钾盐的脊梁

人物简介：李刚，男，1954 年 8 月生，汉族，中共党员，毕业于山西省委党校。文通钾盐集团有限公司董事局主席。上海市杨浦区第十五届人大代表。中国无机盐协会钾盐（肥）分会名誉会长。获全国优秀企业管理者、全国五一劳动奖章、第四届上海市优秀中国特色社会主义事业建设者等荣誉。曾任杨浦区工商联副主席，山西文水县化工厂厂长，文通钾盐集团有限公司总经理、董事长。

李刚近照

在上海杨浦，有一位充满传奇色彩的晋商——文通集团董事长李刚。他敢于危中寻机，实现从县城到省城再到国际化大都市的"三连跳"；他牢记信誉至上，恪守"信以为本，商以载道，恒以致远，容以唯大"的十六字箴言；他秉持同舟共济、天下为家的信念，把对个人梦、企业梦的追求融入实现中国梦的伟大进程之中。

十年三步谋"蝶变"

不经历自我蜕变的痛苦，就感受不到化蛹为蝶的绚烂。对于20世纪80年代的文水县化工厂来说，这场"变形"要比想象中痛苦得多。文通集团的前身是山西省文水县化工厂，这是一家县级小集体企业，生产工艺落后，产量低，成本高，处在亏损倒闭的边缘。31岁的李刚当时是化工厂的副厂长，置身于这艘岌岌可危的"小船"之中，他意识到，当时中国的化工产业面临着世界性化工行业萎靡的低潮，正值中国由计划经济向市场经济转变的时期。如何在大局大势面前有识变之智和应变之方，对于企业的生死存亡来说至关重要。在关键时刻，李刚顶住了！

李刚清楚地知道，要摆脱眼前的困境，必须找到一个精准的突破口，当务之急就是改造传统生产工艺，用当时先进的生产技术——离子交换法来生产硝酸钾。功夫不负苦心人，在查阅了大量资料、进行了无数次试验、投入了大量人力财力之后，1985年，离子交换法硝酸钾生产工艺在文水县化工厂试水成功了！这在全国尚属首创。硝酸钾生产成本每吨降低400元，月产量提高了15倍，产品质量也有很大改观，一次投入产出合格品率高达95%以上，企业奇迹般地起死回生了。就这样，文水化工走稳了安身立命的第一步。

在李刚的带领下，文水县化工厂驶入了加速发展的快车道。1988年，企业已拥有了较为雄厚的自有资金和经济实力。同年，文水县化工厂兼并了严重亏损、濒临倒闭的文水县国营化工厂，仅用3个月时间就使这家国有企业转危为安，当年创利7万元。接着又先后兼并了负债累累处于停产、半停产状态的文水化学厂、文水化肥厂，利用他们原有的厂房设备和先进的管理、技术手段，成功地生产出市场紧俏的产品，并在当年扭亏为盈。

这些成绩对于普通的年轻人来说已经足够浓墨重彩，但是李刚却不甘心止步于此。为了寻找更广阔的天地，他将脚步踏出吕梁山，将目光定格在山西省政治、经济、物流中心——太原。1993 年，经山西省政府有关部门批准，已颇具规模和实力的文水县化工厂更名为山西钾盐厂，并在太原市成立了山西钾盐厂供销公司。1995 年，文通钾盐集团有限公司（以下简称文通集团）在太原市挂牌成立。至此，一个县营小化工厂已发展成为拥有九家生产企业、两家贸易公司，生产七大类产品的企业集团。

十年磨一剑，一朝露锋芒。从 1985 年到 1995 年，在李刚主持下，一家服务地方经济的县营企业，终于"蝶变"成立足山西、面向全国的大型企业。

挥师南下上海滩

2001 年，已逾不惑之年的李刚阅历更为丰富，视野也更加开阔，晋商骨子里那种敢拼敢闯、吃苦耐劳的基因让他将目标定在了更高层次上，那就是让文通"称雄国际大市场，创建国际大集团"。2001 年 5 月，文通集团在财力比较紧张的情况下，斥巨资将总部及营销中心移师上海浦东新区。这是一个大胆而冒险的决定，也同时印证了一个有谋略的企业家的笃定和远见。正如李刚所说，经营一家企业就跟打仗作战一样，必须抢占战略制高点，上海，作为我国的经济中心和国际化大都市，以上海为新据点是当时的文通迈向国际市场的不二之选。

在沪"新都"的设立，使企业产供销在上海和山西之间迅速形成了互为犄角的有利局面。短短两年时间里，企业产业结构持续优化，主业核心地位日益凸显，经济总量大幅提升，企业出口创汇比移师上海前的 2000 年增长 2.6 倍，企业的化工产品畅销全球 40 多个国家和地区。在国际市场上，主导产品硝酸钾的产量、质量和销量均在同行业中遥遥领先。这时候的"文通"已不只是一家企业的名称，而成为李刚"钾盐报国"的终生事业，借用李刚的话说，就是要使文通"扛起中国钾盐的脊梁"。

成功的企业家总是能够居安思危、未雨绸缪。在企业稳步发展的时候，李刚没有安于现状，而是继续谋求转型，这一次，李刚决定让文通在上海再次迈出开拓性的一步——进军地产领域，并把战场锁定在了杨浦这个拥有百年工业的中心城区。谈到当初企业在杨浦发展，李刚说"之所以选择让企业落户杨浦，一方面是杨浦对于企业发展的地域'性价比'很高，另一方面就是杨浦有着优质的营商环境以及鼓励企业创新创业的优惠政策"。2008年文通旗下的上海民泰投资（集团）有限公司成立，并先后建设了文通大厦、文通雅苑、文通国际广场等地产项目，这些项目也成为今天文通真正"立足"上海滩、"扎根"大杨浦的见证。2011年，民泰集团又与上海环境能源交易所、上海杨浦科技投资发展有限公司等共同出资成立上海联合矿权交易所，这标志着文通集团多产业发展又一次实现里程碑意义的跨越。2015年，集团进一步拓宽多元化发展道路，涉足酒店餐饮业，以山西手擀面为特色的汉唐麦道、以简餐形式满足大众的文通小厨相继开业。

跨领域的发展让文通集团在康庄大道上越走越远，开拓进取的晋商精神也让彼时的李刚对文通的未来有了一个更宏伟的愿景。2019年，考虑到成本和竞争两个优势，也为了积极响应国家西部大开发战略部署，他将原先位于山西的生产基地从文水转移至青海。经过一年多的磨合，青海项目有条不紊地向前推进。新项目投产后，生产能力翻了一番，机械自动化程度显著提高，劳动力成本大幅下降，这进一步巩固了文通在钾盐行业的领军地位。

李刚（左二）主持工作会议

不懈追寻"文通梦"

企业文化是一家企业成长的灵魂，更是助力企业壮大的精神动力。

"文通的一次次辉煌离不开一代代文通人艰苦奋斗的精神、改革探索的勇气和投身建设的热忱，文通也始终把人放在企业的中心地位，坚持尊重人、理解人、关心人，培养了一大批追随文通多年的干部员工队伍，正是这种将个人梦想和企业梦想相结合、企业梦想和国家梦想相结合的精神，推动了文通一次次的转型和发展……"李刚在一次董事会上如是说，获得了经久不息的掌声。

"以人为本"历来是贯穿"文通梦"的一根主线。多年来，无论是文通总部的迁移还是企业内部的改制，抑或兼并重组方案的制定，文通都能做到平稳顺利，究其原因，就是在每一次决策过程中，李刚都设身处地地为员工着想，消除大家的后顾之忧。在文通战略西迁时曾经出现了一些小插曲，部分员工在搬迁中流露畏难情绪，他们已经适应了上海的环境和生活，不愿意远赴青海、离开家人，但是集团的战略部署又需要关键岗位的关键人员到位。面临矛盾与纠结，李刚并没有焦躁不安，而是耐心细致地听取员工的意见建议，多次召开干部会议研究政策，最后确立了两个关键原则：第一，坚决落实公司对随迁员工的鼓励保障措施，如待遇、级别、家属随迁及安置住房等；第二，坚决维护职工利益，允许职工多向选择，如满足条件的可享受提前退休等。这些具体而透明的政策使西迁问题迎刃而解。

李刚一直认为，企业文化是决定企业健康发展的关键要素，并多次强调文通人一定要在这方面多下功夫，他特别要求集团所有员工都要做"感恩文化、民族文化、诚信文化"的践行者。有一次在为退休员工举办的六十大寿生日聚会上，李刚声情并茂地说道："饮水思源，我们要永远记住这些老同志是我们文通发展的宝贵财富，有了他们才有了文通今天的成绩。"一番话令在场员工无不动容。文通集团不仅切实保障退休员工的待遇，定期向他们送去关爱，还及时向他们传递公司发展的动态和规划。这些举动，让每一位曾为文通效力过的退休员工深感温暖与自豪。

正是每一位文通人矢志不渝地追寻着这样一个"文通梦"，才能够让企业历经风浪照样兴而不衰、基业长青。李刚率领全体文通人逐梦前行的心路历程，让我们看到了将个人理想有机融入企业发展、民族复兴的那种坚毅和无悔的精神品质。

金济萌：爱做民生项目的
建筑设计师

　　人物简介：金济萌，男，1979 年 1 月生，汉族，中共党员，毕业于同济大学，工学、经济学学士，工商管理硕士。上海同大规划建筑设计有限公司总经理、党支部书记。杨浦区工商联常委、杨浦区私营企业协会副会长、四平路街道商会副会长。获上海市工商联优秀商会工作者等荣誉称号。

金济萌近照

青出于蓝胜于蓝

　　作为上海同大规划建筑设计有限公司（以下简称同大建筑）的总经理，金济萌算得上是子承父业。金济萌的父亲金桓康是同济大学土木工程学院的教授，曾在同济大学从事教研工作 30 多年。1993 年，金桓康作为主要创始人成立了上海同大建筑设计事务所，也就是同大建筑的前身。

但金济萌并没有像大多数的"企二代"那样，毕业之后就直接投靠在父亲的麾下。相反，金济萌先下到建筑工地上，戴着安全帽做了两年施工管理，后来又考入了上海市民防办公室工程处（以下简称市民防办，现已改名上海市国防动员办公室防护工程处），当了七年公务员，为保障上海世博会的顺利运行作出过一定贡献。

谈及自己在市民防办的工作，金济萌坦言，这段经历对后来的自己有着很大的帮助。他在市民防办加入了中国共产党，到今天已经是一个有着十五年党龄的党员了。2013 年以来，他既是"两新"组织同大建筑的总经理，又一直担任着公司的党支部书记。通过"党建经营一把抓"，金济萌让同大建筑无论是在日常运营的管理方面，还是在对外合作的形象方面，都上了一个大台阶。在市民防办时形成的办事风格，也对他后来的企业管理思路产生了很多积极影响。"机关里面（做事）相对谨慎，比较追求细节，而民营企业可能会粗放一些。但是，我在日常工作中对细节还是比较重视的。"金济萌直率地说。

2009 年父亲退休，金济萌扛起了父亲的"枪"，在两人之间完成了一次重要的接力。如果把一家公司比作一栋建筑，金桓康教授为这栋建筑打下了稳固扎实的地基，而对于金济萌来说，则是在这片地基上建造出了一栋宏伟气派的大楼。2010 年接掌同大建筑的时候，公司每年的产值只有 1000 多万元，经过了十多年的发展，公司每年的营收已经超过了 1 亿元。

2020 年，新冠肺炎疫情来袭，同大建筑的很多线下项目无法推进。"我们这个行业很多时候都是要根据现场实际情况，利用自身经验来解决问题，所以视频软件对我们的帮助不大，二三月份疫情比较严重时，公司没有营业收入。"同舟共济，守望相助，随着疫情的逐渐消散，同大建筑在金济萌的带领之下也积极复工复产，很快恢复运营，回到正轨。

公共服务秉初心

虽为一家上海本土企业，同大建筑并不将业务只限于本地，而是将目光放得更远。2017 年开始，同大建筑先后在郑州和贵阳成立了自己的基地，形成了"一体两翼"的格局。此外，同大建筑还"多点开花"，在浙江、江苏、湖南等十省十六地设有自己的分公司或办事处。

同大建筑和五建集团设计院在郑州合作成立设计中心，右三为金济萌

金济萌表示，上海作为发达的一线城市，建筑行业的项目已经趋于饱和，竞争也愈发激烈。相比之下，祖国的中西部地区有着更加广阔的发展空间。同时，这也是顺应国家发展大势的一项举措，"我们希望能够到中西部去，把更多的项目经验和好的做法推广到那里去，这不仅符合我们国家中西部发展的战略，也符合我们国家'一带一路'倡议的精神"。

在具体业务中，同大建筑更多地承担了公共建筑的设计工作，主要以学校、养老机构、医院等民生性较强的项目为主。在官网所列出的既往项目业绩中，同大建筑实现了从幼儿园、九年一贯制学校到高中、高职、大学的"学制全覆盖"。2013 年，同大建筑承接了临沂市民中心的建筑设计项目，中心已于 2018 年顺利竣工，成为山东省最大的综合性市民中心。这个项目在 2019 年收获了中国建筑业的最高荣誉——鲁班奖。

同大建筑历来看重的，是对于民生需求的回应。金济萌说："虽然我们参与的每个项目都不是很大，但都有重要社会意义，都在切切实实解决民生问题。我们设计的好多学校都已经投入使用，我同学的孩子进的学校就是由我们同大建筑设计的。如今，我们依然秉承初心，就是努力把公共服务类建筑做得更好、更完善。"

再忙不忘工商联

目前同大建筑共有400多名员工，业务分布在全国各地，金济萌则是这支队伍的带头人，每天忙得不亦乐乎。即便是一个十多分钟的午休，他也在忙着审阅文件、签字批单，以及在微信上依次戳开红点回复各种消息，午饭常常只是简单对付一下。

由于建筑行业的特点，金济萌经常跟随项目施工队伍在全国各地出差。"我经常每个月有十几天不在家，常打交道的航空公司为我办了金卡，高铁购票平台也办理了VIP。"2021年春节的时候，金济萌在上海和郑州之间来回坐了四趟高铁，票价总共2000多元，他居然无需花钱，全用之前出差所积攒的高铁里程兑换了免费票。乘坐高铁如此频繁，他平时工作的繁忙程度可见一斑。

尽管忙成了"空中飞人"，但只要有时间，金济萌还是尽可能参加工商联的各项活动，并热心承担工作。"工商联非常照顾我们，所以只要有时间，我都非常乐意参加工商联的活动，并为之贡献自己的一点力量。"在他看来，工商联为企业家们搭建起了一个跨行业沟通交流的平台，自己从中获益良多。"平时的朋友圈都是本行业、本系统的，通过工商联，我可以了解到其他行业其他公司的业务进展，既可以帮助我们对于经济形势作出判断，也可以结识更多的工商界人士。"金济萌如是说道。

徐国强：来自东阳的建筑业翘楚

人物简介： 徐国强，男，1968 年 2 月生，汉族，民建会员，毕业于荷兰马斯特里赫管理学院，高级工程师。上海殷行建设集团有限公司董事长。上海市第十四届人大代表，上海市杨浦区第十三至第十七届人大代表。杨浦区工商联副主席。获中国建筑业优秀高级职业经理人、上海市统一战线（工作）先进个人、上海市工商联系统抗震救灾先进个人、杨浦十大杰出青年等荣誉称号。入选杨浦区第六、八批拔尖人才（经营管理类）。曾任民建上海市委委员、民建杨浦区委副主委。

徐国强近照

鲁班奖，作为中国建筑业的最高奖，获奖史上一直鲜有上海民营建筑企业摘取桂冠的记录。2009年，在江西省建设厅的鼓励推荐下，经过各方权威专家的严格评审，位于历史名城南昌市中心的恒茂国际华城16号楼，荣获2009年度中国建筑工程鲁班奖。这也是江西省的高层建设项目首次获此殊荣。终结上海民营公司零获奖历史的，是承接该项目施工建设的上海殷行建设集团有限公司（以下简称殷行建设）。带领这支团队创造上海民营建筑企业获奖纪录的，是殷行建设的董事长徐国强。

以高效和优质两度摘冠

有人说，徐国强的事业成功源于浙商的天赋。的确，徐国强身上有着独特的浙商气质，聪慧、勤奋、善思、好学。

徐国强的家乡浙江东阳，是中国著名的建筑之乡和文化之乡。歌山画水的地名，就能衬托出此地风土之秀美。东阳多山，历史上多状元文士，更多能工巧匠。父辈山一样的性格，赋予了他刚毅的个性，而农村艰苦生活的磨砺，则铸就他吃苦耐劳、坚毅不屈的品格。早年，他跟随家乡父老来到繁华的大上海打拼，在大大小小的建筑工地上摸爬滚打。生活的艰辛，丝毫未让这个外表质朴而内心充满梦想的年轻人沉沦，反而更强烈地促使他发愤图强，他不满足于做一个传统意义上的能工巧匠，而是立志要成为一个从建筑之乡走出来的新上海创业者，像建造高楼一样建造自己的事业大厦。

1989年，徐国强组建起自己的队伍，开始走上创业之路。工程从无到有，项目从小到大，他和他的团队转战南北、奔走各方，在一个个城市的工地上，用一块块坚实的砖瓦建造起一座座挺拔的高楼。他们以浙商的勤勉来追求高效，以山一样的诚实来确保优质，他们以高效和优质擦亮了公司的品牌，树立起业内的口碑，赢得了市场，也获得了发展。经过20余年的艰辛创业，殷行建设已发展成为一家注册资金1.33亿元，具有房屋建筑施工总承包一级资质、建筑装饰工程专业承包资质的建设集团，在南昌、南京、郑州等地设有分公司和控股子公司，在国内各大城市完成了众多重要工程，不少建设项目成为当地的标志性建筑，多次荣获省市质量奖。公司承接的建设项目，两度获得中国建筑业的最高奖项鲁班奖，创造了上海民营建筑公司首次获奖并梅开二度的历史性记录。

人们通常以为，成功的企业家总会津津乐道于自己的创业传奇，徐国强却对所谓的传奇经历处之淡然。他常称道的是自己的团队，是他身边的"智囊"——"他们都是业内的人才，是各界的精英"；他常将自己的成功，归因于国家高速发展所带给他的"机遇"——"得益于社会，受益于众人"。这一份如入无我之境的淡定和自谦，是一种历经风雨后的从容，也是一种立于高处时的感恩，更是他处世为人所坚持的一份"真心"和"诚意"。

远谋、慎思、善学

人们常把商场比喻成战场。但在步入信息时代的文明社会中，把现代商业等同于肉搏的战场，不免过于原始和血腥。当代的优秀企业家不应该只是一名带着一队勇士在枪林弹雨中拼杀的悍将，而是一位能以自己的创新精神和变革思维，带领企业在规范有序的市场竞争中赢取商机的思想者和引航人。

早在企业于竞争异常激烈的上海建筑市场站稳脚跟之时，徐国强已将他敏锐的目光投向了比大上海更大的国内市场。他思索着国家经济发展的趋势，预判到一些内地省会和新兴城市的蓄势待发，他从国家经济发展的宏观战略中，看到了公司发展的难得机遇，迅速作出对公司日后发展具有重要意义的战略性调整：以上海为经营管理总部，在各新兴城市拓展新的市场，先在广东的中山、广州，继而在南京、南昌、郑州、合肥等地，陆续组建起项目公司、分公司和控股子公司，多点布局，为公司谋取更大的发展空间、发展后劲和发展前景。这一果断的决策后来被证明具有重要的战略意义：这实际上是徐国强长期谋划的可持续、集团化发展的战略起步。

"善远谋者无近忧"，这是徐国强的经营哲学；"细节决定成败"，是他常念在口的管理箴言。

而"远谋"，得之于"慎思"；"慎思"，则养成于善学。

善于学习，也是徐国强的可贵特质。早年辍学的经历，使他在之后的人生中分外珍惜学习的机会，他善于将每一次经历都升华为一段人生的历练。为了不断丰富自己的专业知识、提升自己的管理能力，他利用业余时间自学法律，完成了上海交通大学的工商管理硕士课程，还身先士卒，带领他的核心团队参加国家的注册建造师资格考试。为了备考，他甚至在出差途中都带着厚厚的复习资料，在候机室里，在飞行途中，利用点滴时间，孜孜以学。"天道酬勤"，通过严格的考试，他获得了国家一级注册建造师的专业资格。为了激励团队和每位员工都能实现自我超越，提高人生价值，他还拿出几十万元资金作为奖金，鼓励员工积极投身学习，踊跃参加国家一、二级建造师的专业资格考试。

东阳历来有重教尚文的传统，学建筑出身的徐国强也因此承续着家乡"文化"的基因。他把质量视为企业的生命，而把文化视作企业的灵魂。他在企业的日常管理中注重企业文化的培育，从行业实际和自身实践中提炼出自己的理念，以"求实、拼搏、高效、奉献"的企业精神作为企业文化的精髓。员工眼里的徐国强，行重于言，他以自己的行事和为人，诠释着企业的精神；相较于坐而论道，他更偏好于身体力行、深入实际，常常独自一人下工地，在现场掌握真实的信息，在一线发现隐藏的问题，在第一时间采取最有效的措施。决策时从大处着眼，执行时从小处入手，他以自己务实的作风，把"求实"的企业精神传递给每位员工，贯彻到每个环节。

像创作艺术品一样精益求精

在企业发展过程中，徐国强率领团队不断探索并完善符合现代企业制度的治理模式，核心是把理想理念和社会责任深度融入企业管理和运行机制中，既充分发挥现代企业制度高效运行的优长，又有效保证企业利益、社会利益和国家利益的高度一致。徐国强对他从事的事业有独到的理解，常以艺术的眼光，而不是技术的眼光来解读他的工作：建筑并不只是筑屋建楼，更是为公众缔造更美好的生活；建筑商不应该仅仅满足于建造合格的产品，而应该创造尽可能完美的作品，像艺术家创作艺术品一样精益求精。正是这种对"精益求精"和"更高理念"的追求，使得殷行建设连续八届荣获上海市文明单位称号。

继 2009 年度由殷行建设承接的南昌恒茂国际华城 16 号楼荣获中国建筑工程鲁班奖后，历时五年精心打造的新宝山寺，又以其精湛的建筑工艺和恢宏的气势令人叹为观止，完美再现了大唐时期寺庙建筑的厚重磅礴和华美瑰丽。2011 年，宝山寺项目经层层申报和严格评审，再次摘得鲁班奖桂冠。

　　作为民营企业的殷行建设，不断地创造纪录、创造历史。作为殷行建设的领头人，徐国强也荣获"中国建筑业优秀高级职业经理人"的称号。

做回馈社会的热心人

　　"在商言商"，是为商人之道。但商人也是社会人，现代社会的优秀商人，更应有社会情怀，更要有社会担当。多年来，事业有成的徐国强身兼多个社会职务，为了不负众望，他倾力投入，乐此不疲。

　　在徐国强带领下，殷行建设从企业到个人、从机制到行动，全方位、多层面地履行社会责任，始终不忘初心，积极回报社会，把助老济困、捐资助学等公益活动融入企业文化建设和责任担当之中，参与各类社会公益慈善事业捐资累计达5000万元。

　　如果说回报社会是企业家的责任，那么服务社会就更是这位人大代表的职责。在徐国强所代表的殷行社区，他常年资助50名家庭经济困难的学生；2011年，他出资200万元用于支持杨浦双语学校的教学；2015年，他又向同济大学艺术传媒学院捐助200万元。徐国强同样十分关注老龄化社会面临的养老问题，早在2004

徐国强参加民建杨浦区第十次代表大会并作交流发言

年，他就投入 200 多万元承办了一个社区养老院。为了让老年人"老有所养，老有所乐"，他关心养老院运行的每一个细节，从医疗保障、文娱设施到三餐供应，均亲自过问，确保妥帖。

2006 年，徐国强加入了民建。他深知，加入民主党派，不是让自己多一个身份，而是要多一份担当：站在更广阔的平台上，携手一批志同道合者，努力让一己之力激发出更有社会价值的能量。2008 年汶川地震后的第一个工作日，徐国强一早提着公文包来到民建杨浦区委办公室，第一时间将已备妥的 100 万元支票捐给灾区人民。他还通知各地分公司，立即统计灾区员工的受灾情况，准备专门资金，用以帮助受灾员工重建家园。为此，徐国强获得了民建中央抗震救灾优秀会员的表彰。2010 年，青海玉树发生地震，民建中央发起了"甘泉行动"，他同样在第一时间积极响应，捐献善款。

除了济贫帮困、援灾助危、勤勉履职外，事业有成的徐国强还不忘家乡父老，情系家乡的建设发展，可谓"饮水思源，反哺桑梓"。2019 年新春，为推进家乡教育事业与母校发展，徐国强个人捐资 5000 万元用于母校东阳市巍山中学教学建设，其中 2000 万元作为奖教奖学基金，3000 万元用于建造体育馆。2020 年，徐国强又出资 300 万元用于乡村建设，改造原先村道上的简易水泥石桥，在家乡河道上建造起一座古意盎然的廊桥，造福四邻村民，也为美丽乡村增添了新的景致。

徐国强是沪上多位老一辈书画名家的忘年交。创业当年，一位知名老画家曾赠送他一幅"雄鹰展翅图"。这份寓意深厚的礼物，徐国强十分喜欢、视为至宝。他认为，只有像鹰一样敢于腾飞九天、博击苍穹，才会秉持大格局、锁定大目标，成就大事业。

单耀晓：一生钟情于园林绿化事业

  人物简介：单耀晓，男，1956年3月生，汉族，中共党员，毕业于浙江大学，工商管理硕士。上海聚隆园林建设（集团）有限公司董事长、党支部书记。上海市杨浦区第十六、十七届人大代表，第十一、十二、十三届杨浦区政协委员。杨浦区总商会副会长、杨浦区国内投资企业联合会会长。获第六届上海市优秀中国特色社会主义事业建设者、上海市"两新"组织优秀党务工作者、上海市绿化先进个人、上海市统一战线（工作）先进个人、上海市第八届慈善之星等荣誉称号。入选杨浦区第七批拔尖人才（经营管理类）。

单耀晓近照

  走进位于复旦软件园内的上海聚隆园林建设（集团）有限公司（以下简称聚隆集团），迎面而来的绿植让人和清新抱了个满怀。穿过盘绕在楼梯上的藤蔓，墙面上鲜艳的党建活动宣传版面映入眼帘，为清幽的办公环境注入了激情和活力。聚隆集团，是一家集规划、设计、施工为一体的园林绿化排头兵企业。集团的创始人单耀晓，紧跟时代步伐，善于把握机遇，一路追寻着自己数十年来始终不变的绿化之梦。2016年，聚隆集团被评为上海市先进基层党组织，2017年，被评为全国文明单位。

聚隆集团开展党建活动，前排左六为单耀晓

告别体制闯"蓝海"

单耀晓的工作岁月始于1973年年初，年仅17岁的他下乡到安徽，在黄山茶林场度过了青春燃烧的13年。在此期间，他凭借各方面的出色表现，成为连长、党支部书记。艰苦的环境不仅没有磨灭少年的斗志，还让他从黄土之上、茶林之间看到了潜在的市场机会。

1985年年底，他被调回上海农场管理局农业处工作，参与组建农场局绿化总公司并发挥了关键作用。1995年年底，中央提出党政机关不再办企业，不少同事选择回到较为安稳的机关工作，但是，单耀晓却毅然走上了创业之路。一方面，作为从农场出来的年轻人，他对长期朝夕相处的农林绿化事业有着深厚的感情；另一方面，他敏锐地察觉到，在 20 世纪 90 年代开始的上海新城建设和老区改造过程中，城市绿化行业尚未形成气候，这是一片值得一闯的"蓝海"。于是，民营企业聚隆集团应运而生。

意识前瞻赢机遇

如果说，单耀晓放弃体制内的"铁饭碗"，选择创办民营企业是他个人发展的第一个转折点，那么，提出申请国家城市园林一级企业是又一重要转折点。当时，市场上的园林绿化企业并没有统一的行业标准，呈现鱼龙混杂的局面。在大多数企业安于松散度日之时，单耀晓提出了这一具有长远意义的思路："不仅要建立队伍引进人才，更要狠抓质量标准和优质服务，抢先赢得市场口碑。"单耀晓始终坚持并践行这一想法，这让聚隆集团在后期的市场竞争中占据决定性的优势。上海园林绿化质量监督站建成后，在行业管理指标规范化门槛前，一些只顾眼前利益而不重长远发展的企业，因为缺乏一级企业资质而被拒之门外。

在公司发展的道路上，单耀晓善于用自己的前瞻意识抓住每一次机遇。2008年，北京奥运会申办成功的消息鼓舞了每一个中国人，激动之余，单耀晓将目光投向了北京奥运村的绿化建设项目。他至今还记得，当时聚隆集团拿到的进京许可证是"001 号"，这不仅意味着公司走出上海、走向全国的先机与实力，也代表着公司从小区块的绿化建设走向展现大国风貌的责任担当。单耀晓回忆道："北方的植被和南方的差异较大，在保留北方园林特征的同时不失南方建设工程的细腻，是当时的一个难题。"不断引进的技术骨干和过硬的工程质量成为聚隆集团在攻坚克难道路上的利器。奥运村绿化建设顺利落成后，公司所获的国家精品工程奖，有力证明了民营企业同样可以为国家形象增光添彩。时间转至 2010 年，上海世博会的"白莲泾公园"又一次显示了公司的技术实力——上海市建设工程白玉兰奖实至名归。

在单耀晓看来，善于创新，勇于突破，不仅是个人进步的诀窍，也是企业发展的法宝。金虹桥国际中心屋顶花园是一座开放式的多层次空中立体花园，整体面积为 5500 平方米，其中有小桥流水、亭台楼阁以及 125 株直径 15—40 厘米的大乔木，当时这一项目的施工很有难度。然而，经过前期无数次的实地探访、工程跟进，以及日日夜夜的图纸修改、反复测验，聚隆集团在合同施工时间内全面掌握了大乔木在高楼种植、抗风、固根的关键技术，由此成为国内首个破解在高楼上种植大乔木这一高难度问题的绿化公司，也让业界从"建屋顶花园种大树风险太大，不能建"的偏见，转为了"屋顶上不是不能建花园，关键是怎么建"的肯定。"那时上海正逢台风季，有次气象预报夜里有九至十级大风，我在屋顶花园待到半夜一两点，心里还是很担忧的。当时商场的广告牌都掉了两面，但是屋顶的乔木一棵也没有动。"历经上海数个台风季的考验，依然岿然不动的大乔木正如聚隆集团的施工质量，稳定可靠。后来，该项目获得十一项国家专利。

立足科研绘蓝图

"绿水青山就是金山银山"这句话一直镌刻在单耀晓心中。生态文明建设在2016年就被他写入企业发展的蓝图，这是对党中央号召的响应，也是企业长远发展的根本。生态保护与园林绿化息息相关，也是行业动态的全新体现。"企业家的目光不应该局限于利润，而应当放眼整个市场和社会。"2016年成立的聚隆集团生态研究中心引进了国内外高层次创新型科技人才，对水生态环境、生态评价、生物多样性和生态环境风险防控等领域展开深入研究，成果丰硕，让聚隆集团顺利中标"中英合作绿地削减城市热岛效应监测评估技术与标准体系研究应用"项目，打通了市场和科研院所、高等院校的最后一公里，集团也在走出国门的交流学习中积攒了丰富的经验，用来有效治愈城市痼疾。通过几年的理论钻研和实践积累，单耀晓主编了《城市生态风险防控》一书，该书已由同济大学出版社正式出版。

在实现脱贫攻坚向乡村振兴平稳过渡的大背景下，单耀晓同样为公司制定了应不断深入研究实用性课题的任务，要求将在水环境治理方面取得的成果运用到河道建设中，并且提出美丽乡村的建设目标。在上海对口帮扶云南的建设项目中，园林绿化产业不再是冷冰冰的土地改造，而是结合文化、产业、环境的田园综合体建设——既有产业观光确保农民致富，又结合老宅修缮保留历史风貌。

知行合一有担当

数十年来，单耀晓坚持知行合一，不断履行社会责任。他深知民营企业经营不易，作为政协委员、杨浦区总商会副会长，积极联络各方共同促进民营经济良性发展，不吝分享成功经验；作为人大代表，他连续五年来到选区开展慰问活动，从群众中来、到群众中去，并提出实现河道管理信息化的建议，将智慧管理和公司的研究成果引入现有的治理体系；他不觉得自己是个慈善家，却投身公益事业二十多年，足迹遍布爱心慰问、帮困助学、精准扶贫、禁毒事业等各个领域。单耀晓的这些善举，为公司员工作出了表率，在新冠肺炎疫情期间，员工们踊跃捐款，尽己所能为打赢疫情防控阻击战奉献力量。

单耀晓与青年创业者们共勉的话语是："企业家必须有担当，必须不断学习，由内而外，为自己成长创造价值，也为社会进步创造价值。"在创造价值的道路上，单耀晓怀揣赤诚，奋勇先行，一步一个脚印地探索着、开拓着，立志要将美好的绿化之梦带向全国。

严玲芳：环保企业的巾帼掌门人

　　人物简介：严玲芳，女，1956年12月生，汉族，中共党员，毕业于中央党校函授学院。上海依科绿色工程有限公司董事长。中共上海市杨浦区第八、九、十次代表大会代表。杨浦区工商联常委、杨浦区女企业家协会会长。获第四届上海市优秀中国特色社会主义事业建设者、上海市三八红旗手、上海市十大优秀女企业家等荣誉称号。入选杨浦区第七、十批拔尖人才（经营管理类）。

严玲芳近照

紧急会议结束后，严玲芳松了一口气。公司作为一家高新技术企业，目前最大的任务是"转型"，这项浩大的工程已经让严玲芳连轴转了许久。"不要唱高调，唱高调没用"，踏踏实实把事情做好，是她一直奉行的原则。抿一口茶，严玲芳不疾不徐地回忆起自己的创业经历——从体制内跨出，在环保意识尚未在人们心中扎根的环境下开始探索，有白手起家的困难，有社会各方的助力，有创新改革的收获……

创 业

上海依科绿色工程有限公司（以下简称依科公司）成立于1997年，当时严玲芳正在杨浦区环保局工作。杨浦区是上海百年老工业区，近代工业发端于19世纪80年代，1949年，杨浦区就有企业近千家，职工近10万人，工业总产值7.2亿元，占全国的5%、上海市的20%左右，在上海乃至全国闻名。然而在这样漫长的发展历史中，问题也逐渐浮出水面，许多企业的环保意识并没有与时俱进，存在环保设备缺漏、环保技术不成熟等问题。在鼓励市场经济发展的同时，杨浦区环保局希望成立一家与环保产业相关的企业，去弥补失衡，规范环保。"实现自我价值，践行社会责任"，带着这两个目的，严玲芳被局里推荐出来挑起了大梁，与企业合资成立了以环保工程设计制作及运营为主业的依科公司。

三四个人、资金不足、技术落后，严玲芳和同事就在这样的困难条件下起步了。幸运的是，机会不久就在"弱小"的他们面前出现。1997年上海汽车集团股份有限公司下属上海通用汽车有限公司招商，抱着试试看的心态，严玲芳的团队在其中找到了用武之地。通用公司是上海汽车工业（集团）总公司与美国通用汽车合资的企业，那时的美国企业在环保建设、水质保护等方面都已经拥有了较为全面的认识，进行了严格的规范。严玲芳认为，这对于国内企业来说是一个很好的学习机会。随着合作范围的扩大，依科公司获得了很多帮助。"我们公司的员工到美国关联公司接受培训，学习技术，回头再突破自己的技术。"严玲芳回忆道。在此期间，依科公司也开始主动吸纳资深环保专业人才，壮大自己的技术力量。由于环保事业前景看好，同济大学等高校的教授也毅然辞职加盟依科公司。到1999年，依科公司与美国通用汽车在两年间已经合作了不少项目，她认为，"这其

依科公司展位前的团队合影,左四为严玲芳

实是蛮高的一个起点"。

创　新

随着国人环保意识逐渐强化,加上外力支持和独立创新相结合,依科公司越走越稳。这一方面得益于上汽通用等公司的成熟技术和管理体系,另一方面也离不开区环保局给予的有力支持。公司稳定后,他们逐步把业务拓展到整个上汽集团所有的整车厂及部分零配件厂。

现在的依科公司,拥有包括环保、化学、给排水、电气等专业的各类人才近百人,在环保工艺、工程技术、化学药剂产品、固废的处置和利用、水处理自控及数据采集系统等方面取得了跨越式的发展,目前已经获得了专利授权 40 余项,成果转化率高达 90% 以上。研发创新成果的应用获得"张江国家自主创新示范区专项发展资金项目"资助、"上海市生产性服务业和服务型制造发展"专项资金支持,硕果累累。

成熟和稳定并不意味着停滞，看到这两年市场的巨变，依科公司选择积极地朝智能化转型。在严玲芳看来，这不仅是一场技术革新，还是一次成本挑战。"相当于第二次创业了"，她感叹。转型过程中，严玲芳觉得杨浦区对高新技术企业的培育和支持、相关部门的发展规划引导，包括整个营商环境的积极创建，都起到了很好的作用，这使她信心十足。

反　哺

"反哺"和"关怀"，是严玲芳为人处世和经营企业的关键词。实现自己的价值，然后把耕耘的成果拿出来与大家共享，是她创业的初心。在她看来，自己和依科公司的成长得益于党和国家的方针政策，创业成果也应该反哺给企业全体员工。她强调，依科公司是在混合所有制经济下发展起来的"国有企业"，至少要满足员工的三个需求：第一，工作有用武之地；第二，发展有合适空间；第三，有付出也有所得。不久前，一名老员工家中突生变故，妻子瘫痪卧床，他因为担心照顾不周选择辞职。听说此事后的严玲芳第一反应就是"他们家以后该怎么生活"。对于这样一位在依科公司勤勤恳恳工作了十几年从未出过差错的员工，她提出"一定要给他最好的待遇"。这样的遭遇，摊到一个家庭头上，就是一件天大的事。因为忙于工作抽不开身，她嘱咐办公室协同运营部多去员工家中看望并捐款两万元，给予这位员工实实在在的帮助。在她看来，员工创造的价值一定大于他们得到的回报。

2019 年，在杨浦区妇联的组织下，严玲芳去云南看望、关怀当地失学女童。作为一名母亲，女童们的贫穷困顿和渴望的眼神让她忍不住当场捐款。参与中国儿童少年基金会组织的"春蕾计划"之后，她立即发动杨浦区女企业家协会展开行动，得到女企业家们的积极响应，不到三天时间她们就凑出十几万元款项，每个人都能帮到几个女童复学。严玲芳认为，这是我们女企业家应尽的义务，不仅事关女童复学，更是在为民族未来、为国家希望出力。

务　实

作为区工商联常委，严玲芳认为工商联内都是"一家人"。她经常强调，我们不搞虚的，有什么问题就解决什么问题。她曾提出，企业掌门人对税务政策一定要熟悉了解。令她惊喜的是，随后区工商联就请来了税务专家开设讲座，提供政策指导，工商联以及女企业家协会的许多成员听讲之后，特意向她反馈，表示收获颇丰。通过这件小事，严玲芳更加意识到工商联不可或缺的"桥梁"作用——组织企业学习、交流与分享，为企业发展提供切实指导。她称赞道，"杨浦区工商联的确是在实实在在做事"，不搞形式，不摆架子。在依科公司的建设发展中，严玲芳最强调的同样是"务实"，对干部、对员工不提过多要求，只求善作善成。在她看来，一生当中能够专心致志地做成做好一件事已经非常不易，慢一点、稳一点，方能行稳致远，顺利到达彼岸。

二十六年，弹指一挥间。严玲芳用自己精力最充沛的那些时光，带领依科公司全体干部群众苦干实干，将理念、精神都转换成了具体的符号。似乎从小开始，她的人生就在静水流深的平和中自带一股力量，促使她步履不停，一路向前。

杨百达：砖瓦之间筑就人生

人物简介：杨百达，男，1966 年 12 月生，汉族，中共党员，毕业于上海大学商学院。上海柏申建筑有限公司董事长、党支部书记。中共上海市杨浦区第七、八次代表大会代表，杨浦区第十四、十五、十六届人大代表。殷行街道慈善基金会会长、殷行街道商会党支部书记。曾任杨浦区总商会副会长。

杨百达近照

从砖瓦匠到董事长

1966 年 12 月，杨百达出生在一个离浙江诸暨 30 多公里的小山村。16 岁那年，初中毕业的他听从父母的安排，跟随叔叔去做了砖瓦匠。那时，站着砌墙是他的工作常态，好在他从磨炼中一步步掌握了技巧。

1985 年，他跟随老家的建筑公司来到上海。虽有一身技术，但从浙江农村来到上海，他还是遇到了许多麻烦。沪语不懂、政策了解不多、专业知识掌握不够，"那个时候肯定有困惑，说穿了还是得学习探索嘛"。

锻炼了大约三年时间后，他开始独立承包工程。1997 年 4 月，他成立了上海柏申建筑有限公司（以下简称柏申建筑），"就这样子一点点变强"。现在，柏申建筑已经成为资产数亿规模的工程公司。在会议室玻璃橱里，摆满了奖状、奖章、奖杯、奖牌。

杨百达对自己第一个独立承包的工程印象很深，那是杨浦区一家幼儿园的维修工程，首战告捷。那时候的他真的是"白手起家"，一无资金、二无人员、三无设备，"就是一点点走出来的"。进入建筑行业后，杨百达遇到很多困难，但所幸"政府的支持力度还是蛮大的"。毕竟自从企业成立后，所在街道非常关心支持，各方面沟通也很顺利。

柏申建筑所获部分荣誉

员工都是企业主人

总承包、合作大公司、劳务、专业分包……柏申建筑的业务模式多样，且对接的大多为政府项目，因此整体发展没有遇到大的挫折。但作为二级建筑施工资质企业，在招投标过程中，很难承接大业务，因此，目前公司继续努力提升专业水平，试图通过多年积累提升资质。

杨百达回忆自己当年做砖瓦匠时，住的是草棚，也没有食堂，生活条件相当艰苦。随着改革开放的深入，民众越来越富有，农民工待遇相应提高。公司严格按照市场要求与政策法规为农民工提供所有待遇，并在子女教育等各方面提供相应帮扶。杨百达举例说，管理层的一批小孩子已经在上海入学，也有部分员工落户上海。

建筑行业竞争激烈，杨百达相信自己的公司在劳动力方面的优势，毕竟通过二十余年的积累，公司已经拥有了大批掌握专业技能的劳务人员。同时，他认为多年实际施工积攒的管理经验，也让柏申建筑有着不可替代的强项。

杨百达那代人年轻时候专门苦练过技术，但现在很难找到这样的技术工人，公司不得不将招聘重点转向安徽、四川等人口大省，这让他颇为感慨。好在迅速发展的线上经济让他看到了更大的希望，"这不是冲击，而是有利"。互联网经济发展，企业选择余地更大，信息更加畅通，在材料选择、设备选购、人员招聘方面，建筑业等传统产业都受益匪浅。

2021年，杨百达将打磨品牌作为企业最新的发展目标，希望最好能把业务量扩大到20亿甚至30亿元。但他同时表示，企业不是他一个人说了算，而是有相应的决策机制。今后企业要完善股份制，他将主动退出部分股份，"这样子，包括我在内，公司员工都是企业的主人，都为自己打工"。

企业家应当回馈社会

2020年，突如其来的新冠肺炎疫情不免让公司经营受到冲击，如何应对此次疫情，成为杨百达不可回避的严峻问题。身为共产党员的杨百达，始终坚信，在商不仅要言商，更要有社会担当。

"我们能有今天的发展成果，离不开共产党的领导。"在杨百达看来，不论是国家改革开放的政策，还是社会为企业家提供的机遇，都是他不可缺少的成功因素。他认为，党员作为党的一分子，一定要正直无私，起到榜样作用。

这样的信念让他在新冠肺炎疫情最严重、农民工不能回到工地工作导致企业停工两个多月的时候，坚持工资照常支付。杨百达说："这样做企业自身承担了很大压力，但从稳定和关心员工角度来说，值得！"疫情缓和后，公司又面临返沪员工隔离与防疫设备短缺的问题。为了解决这一问题，公司为返程农民工包下了旅馆，提供口罩、消毒水和测温仪。在这一过程中，杨百达带头投入了大量时间和精力。不仅如此，他还响应国家号召、承担企业责任，让公司为个别特困商铺免除租金，杨百达表示，"我们有能力帮到这些商铺，我们就要倾力相助"。

这也符合杨百达一贯的作风。他始终认为，成功的企业一定要把做公益行善事回馈社会当成自己的义务。他曾参加"企业家回归社会"活动，认领帮助对象。数年来，柏申建筑为"蓝天下的至爱"慈善活动累计捐款数 10 万元。在谈及为家乡筑路时，杨百达说，他是想把回馈社会的精神传递给公司的员工，"正能量会对全体员工产生潜移默化的影响"。身为区人大代表，杨百达积极履职尽职，深入社区了解民情，倾听民意，及时反馈到相关部门。

作为一名在市场上摸爬滚打多年的创业者，杨百达虽仍然不善言辞，但不吝啬于对青年创业者的指点，希望他们做好两件事，一是工作要一丝不苟，二是奋斗要持之以恒。只要选择了一条路，往深里去做，"多年的积累肯定会有收获"。毕竟，从砖瓦匠到董事长，这些道理已经在他身上得到验证。

杨忆南：与私募基金行业同成长

人物简介：杨忆南，女，1981年6月生，汉族，中共党员，毕业于华东理工大学，法学硕士。上海睿信创业投资合伙企业（有限合伙）管理合伙人。第十四、十五届上海市杨浦区政协委员。杨浦区总商会副会长、上海市股权投资协会会员。兼任多家拟上市公司董事。曾任上海睿信投资管理公司总经理，发起设立上海私募基金协会。

杨忆南近照

在弥漫清香的茶室里，杨忆南讲述起她与私募基金的往事。进入私募基金领域已经十余年，杨忆南谦虚地称自己一直是个摸索者。从离开校门开始，她就亲历和见证了私募基金在中国经济市场上的创始兴起、潮起潮落，私募基金的整体规模也从她刚入行时还不到 100 亿元，上升到现在几万亿元。

见证行业发展

在 1999 年，杨忆南离开家乡天津，远赴华东理工大学求学。在这个经济繁荣的大都市里，她逐渐找到了自己喜欢并愿意努力探索的道路——一条和私募基金行业共同成长的道路。

2003 年，杨忆南以实习生的身份来到上海睿信投资管理公司（以下简称睿信投资）。公司创办人李振宁立志打造中国最好的私募基金。李振宁曾在国家体改委中国经济体制改革研究所任职，加上十余年的经商实战经验，他对中国和国际经济市场有着宏观而独到的理解。两年后，杨忆南硕士研究生毕业，正式进入睿信投资担任董事长助理。在李振宁的带领下，她逐渐从一位连私募基金是什么都不了解的入门"小白"，成长为深谙行业要领、带动行业创新发展的企业家。回忆至此，杨忆南的眼神里透露出满满的自豪。

杨忆南介绍，相较于公募基金，私募基金其核心在于募集方式的调整，主要由专业人士私下引荐并募集基金。2005 年，中国资本市场创历史新低——跌破 1000 点，当时的私募基金在中国还是一个没有法律"名分"的行业，刚进入私募基金行业的杨忆南面对的就是这种状态，只能靠个人信用在资本市场操盘。

但正所谓"时势造英雄"，2007 年是睿信投资迎来重大发展的一年。在整个行业尚未被正式称为一个"行业"的时候，睿信投资就顺利成为首批阳光化的私募投资基金公司了，开始证券投资，又在资本市场推出"创业板"之际，顺应股权分置改革的红利推出了股权基金。这一年年底，睿信投资还分别在香港和开曼群岛注册了海外对冲基金，成为私募基金领域的"开山者"和"领头羊"。

除此之外，睿信投资在推动整个行业阳光化的过程中也起到了关键性作用。2010 年，中国证券投资规模达到一两千亿规模，引起了监管部门的重视。正逢全国人民代表大会财政经济委员会决定对 2003 年通过的《中华人民共和国证券投资基金法》进行修订，由睿信投资董事长李振宁牵头组织私募基金调研，最终将私募基金纳入受《中华人民共和国证券投资基金法》约束的合法范畴，并由中国证券监督管理委员会下设的中国基金业协会监管。

杨忆南参与了私募基金在中国始创发展的整个过程，目睹了私募基金在中国的始创兴起和百花齐放，也亲身经历了中国私募基金行业发展的低谷与高峰。

党员精神永驻心间

杨忆南的祖父是陈毅元帅的部下。作为老红军出身的地下党人士，祖父为建立新中国走南闯北，付出了毕生心血，受此影响，杨忆南一家都是中共党员。杨忆南自幼耳濡目染。在生活和工作中，她始终牢记自己的党员身份，严于律己、心怀家国。

睿信投资也可以说是一家有着深厚红色底色的民营企业。和杨忆南相似，创始人李振宁的父亲也曾是中共地下党员。作为老党员，李先生为建设更好的中国资本市场作出了卓越贡献。他起草了中国股权分置改革方案并被采纳，为中国资本市场改革与发展立下功劳。在李振宁的带领下，杨忆南作为浦东新区青联委员与团队一起协建私募基金协会，将企业的声音通过协会反馈到国家发改委、中国证监会和相关部门，在政策改革等方面作出了许多切实的努力。

2015 年至 2016 年市场暴跌熔断的场景历历在目，杨忆南记得，当时李振宁作为谏言者向证监会持续建言献策，她也参与到私募基金协会采集数据上报证监会的工作全过程，以中国资本市场的持续健康发展为己任。

除公司职务之外，杨忆南还担任了第十四、十五届杨浦区政协委员和杨浦区总商会副会长，坚持以实干促实业，调查行业发展实况，积极参政议政。2021 年，为进一步推动杨浦民营在线新经济的发展和民营企业家的成长，助力区域经济结构优化，她对杨浦民营在线新经济企业开展了深入调研，向区委、区政府提供决策参考。杨忆南提出，要在鼓励政策实施、减轻企业负担和促进企业家健康成长三方面进一步加大推进力度。

睿信投资仅有二十人，但同样建立了基层党组织，以企业党建为引领，大力开展团队建设，积极承担社会责任。自 2007 年开始，睿信投资就不间断向贵州贫困地区捐款，数额累计达到几百万元。新冠肺炎疫情期间，公司也为社会抗疫组织了爱心捐款，贡献了一份力量。党员精神，杨忆南已内化于心，外化于行，融入工作的点滴之中。

杨忆南（第三排左五）带领团队赴贵州扶贫

流年笑掷，未来可期

杨忆南缓缓放下手中的茶杯，由衷地发出感慨：在她刚入行时，中国的私募基金尚未阳光化，没有自己的合法地位；入行五年后，私募基金在中国被纳入合法基金范畴，但具有合法地位并不意味着完全走上正轨，私募基金的发展方向仍在随着政策的变动不断调整。杨忆南觉得，资本市场风云莫测，最不变之处就是变化。金融是"国之重器"，但因为中国资本市场起步较晚，国家对市场的监管政策也在不断地调整完善。

私募基金与公募基金很大的一点区别在于基金的规模。2010年前，私募基金的客户群体以大的银行资产管理公司为主，可谓"得银行资管者得天下"。到了

2010 年资管新规作出调整，禁止"三层嵌套"，这使得银行资管不能购买私募基金，私募基金原有的客户主体也因此流失，其发展模式逐渐变为由熟识朋友相互推荐。此外，私募基金在 2010 年行业阳光化后本已拥有自身的行业牌照，可以凭此进行证券投资、股权投资以及其他投资，但几年后政策表明，市场需要将股权投资与证券投资分开，睿信投资也因此从 2017 年开始调整，直至在 2019 年分出两个公司，独立进行股权与证券投资。

前路虽漫漫，但杨忆南对于公司的未来仍然充满信心。在睿信投资，投资研究人员占公司总人数的 70%，并且全部都是硕士研究生以上学历，在杨忆南看来，"人"是金融服务行业发展最重要的因素。同时，上海的整体营商环境让身处其中的睿信投资受益颇多。杨忆南认为，"强规范性"是上海最特别也是最适合私募基金行业的营商环境特点。中国有许多大型私募基金企业注册地在上海，一方面是因为上海资金、信息、人才密集，另一方面则是因为上海较其他城市而言，在成熟度和规范性上更胜一筹。

流年笑掷，未来可期。杨忆南的脸上始终荡漾着笑容，这是从容的自信，更是灿烂的憧憬。

李汉卿：安全生产奖十八连冠的奥秘

人物简介：李汉卿，男，1952年2月生，汉族，无党派人士，毕业于北京语言大学。上海东鑫电力工程安装有限公司董事长。上海市杨浦区第十三至第十七届人大代表。杨浦区工商联常委、长白新村街道商会会长。获第三届上海市优秀中国特色社会主义事业建设者、上海市工商联优秀会长、上海市"两新"组织优秀党建之友、第二届上海市杨浦区优秀中国特色社会主义事业建设者、杨浦区先进生产（工作）者、杨浦区第八届慈善之星等荣誉称号。入选杨浦区第七批拔尖人才（经营管理类）。曾任杨浦区总商会副会长。

李汉卿近照

时间是最好的老师。20世纪50年代出生的李汉卿，经历了"文化大革命"的动荡，也跟随着改革开放的脚步走到现在。时间的打磨，铸就了他的沉稳；时代的机遇，激发了他的锐意。李汉卿领导成立的上海东鑫电力工程安装有限公司（以下简称东鑫公司），与他一起见证了彼此的成长与发展。

从集体企业走向民营企业

对于李汉卿来说，从事电力工程这个行业完全是一个意外。插队落户期间，村庄里面有电送来却无人操作，作为知识青年的李汉卿主动承担了这项工作，成为百余户人家的电工，专业技术也在此期间不断走向成熟。

1991年，已经成为业内专业技工的李汉卿接受组织的建议，带领工程队进行集体承包。1995年，李汉卿离开第二军医大学的集体承包项目，来到杨浦区长白街道，挂靠在街道的城市安装部接一点小活。对李汉卿来说，这段创业前的迷茫岁月是他最艰难的时期。

1998年，在李汉卿的积极争取下，东鑫公司正式成立了。为了可以顺利挂牌，当时的东鑫公司与街道协商后成立集体企业，街道占有10%的股份。直到2003年，东鑫公司在政策支持下成为完全的民营企业。2005年，东鑫公司跻身杨浦区百强企业。

国家的支持为东鑫公司提供了发展的土壤，而专业性则是助推公司的强大动力。作为多年从事电力工程的技术人员，李汉卿有着丰富的专业经验。凭借自身过硬的技术能力，东鑫公司获得了良好的口碑。随着杨浦区以及全上海经济的快速发展，供电配套的需求大幅度提升。声誉日隆的东鑫公司顺势而为，为日后的兴盛打下了坚实基础。

安全生产是企业之本

"如果企业是火车，那员工就是铁轨下面的基石，一条铁轨是质量，一条铁轨是安全。"对李汉卿来说，"依托员工办企业"是他从企业初创以来就一直坚持的信念。为了保障企业员工的权益，李汉卿在企业内实行民主管理，创立集体协商制度，工会代表员工提诉求，领导面向员工汇报经营状况，在互相平等的前提下进行讨论。除此之外，公司还建立了职代会机制——公司所有的预期目标和工作内容全部形成文字，由职代会进行表决。这些制度的实施，将公司上下凝聚成一股绳，齐心协力推动公司向前发展。

新冠肺炎疫情期间，工程进度停滞，工程款无法到账，公司资金周转出现困难，为了处理这一问题，公司召开了集体协商会议，大家表示理解并主动提出暂降工资。这呈现了员工对于公司的信任，也展现出公司二十年来尊敬员工积攒下的信誉。

对于员工的重视和尊重，在潜移默化中改变了李汉卿对于安全生产的认识："过去我们讲安全是为了生产，后来觉得不对，搞安全生产是为了每个员工的生命安全和身体健康。"公司制定了"四个一"工作法：事关安全生产的制度规定一条也不能缺；事关安全生产的资金投入一分也不能少；事关安全生产的教育培训一项也不能漏；事关安全生产的检查监督一刻也不能松。这个工作法得到市里甚至国家相关部门的认可和推广。从事供电配给这一高危行业的东鑫公司，成了全中国名副其实的"最安全"企业之一，在被誉为国内安全生产最高奖项的"安康杯"竞赛中，东鑫公司已经是十八连冠了。安全生产始终是李汉卿最引以为豪的事情："国家安全生产监管局副局长当时来我们公司，就想看看一家小小的民营企业为何能做得这么好。"

"制度条款周全，才能保证生产安全"，对于制度的坚持，源于曾经的教训。1996 年，还在做承包工程的李汉卿由于一次工伤事故成为被告，"我们每天早上开工时口头交代得清清楚楚，但拿不出制度，还是无法保证安全"。痛定思痛的李汉卿将"制度"两个字作为自己的信念，从员工签订合同，到安全规范学习考试，再到各类安全用品发放，大小制度的设立保证了安全生产的扎实推进。"安全生产老大难，老大管了就不难。"如今，李汉卿牵头设定的 72 本安全生产台账已经成为详细而完善的制度范本，每个月的安全情况汇报又确保制度执行，因而并非徒有虚名。安全生产的良好名声加上强大的施工实力，让东鑫公司成为业内的香饽饽。

全国示范商会榜上有名

2016 年，李汉卿接任长白商会会长一职，将自己对于制度建设的要求推广到商会。对于商会管理，他的理念是："把要做的事情全部整理出来，然后建章立制。"会长轮值制度就是在这一背景下创新出来的。上任初期，商会面临着活动不能断，但经费无着落、会费不能用的窘境。为了解决这一问题，李汉卿设立轮值制度，由轮值会长负责活动规划，人人参与，家家投入，提升商会的凝聚力与认同感。

另外，李汉卿注重"痕迹管理"，"不管做什么，都要留下痕迹"。从企业初创时期，李汉卿就设立了《东鑫安质简报》，用来反映公司的安全生产和工程质量问题。后来在这一基础上，李汉卿设立了《东鑫月刊》，用以反馈公司大小事情，任何员工都可以投稿，《东鑫月刊》逐渐成为联系公司上下的渠道。同样，李汉卿将这一形式运用在长白商会之中，设立了《长白商会》双月刊，该刊除了报道商会各类事务，作为沟通的桥梁之外，还是对外宣传的窗口，定期向街道和工商联报告商会的经营情况，这一系列举措被李汉卿纳入"痕迹管理制度"之中，保证了商会的有效运行。

在李汉卿的积极推动下，长白商会工作出色，不断发展，被评为 2019—2020

东鑫公司捐资助学，右为李汉卿

年全国"四好"商会，是杨浦区唯一一家获此荣誉的商会。长白商会始终坚持"开门办会、扩圈补链"的理念，在"创新中国"工商联（商会）工作案例评选中获评"综合性商会工作最佳案例"。长白商会目前已与多家商会结对形成合作模式，以消费助企、文旅推广、帮扶助学等形式，积极促进乡村振兴和当地企业发展。为了树立商会良好形象，打造商会一流品牌，李汉卿可谓殚精竭虑，做了大量富有创意、卓有成效的工作。

作为一家已延续 23 年的长青企业，东鑫公司核心班子的老龄化不可避免，李汉卿本人也已经 70 岁了。2019 年，李汉卿下定决心走年轻化的道路，积极推动公司人事管理改革。公司让 65 岁及以上的员工退休养老，同时与上海理工大学开展合作，面向学生开放实习机会，吸纳更多高学历的年轻人才前来实习和就业。他希望能在不长的时间里加快完成公司的"年轻化"，让东鑫公司后继有人、重整风帆，在市场经济的大海中继续破浪远航。

施雷：肩负"芯"使命，谱写"芯"篇章

　　人物简介：施雷，男，1967年2月生，汉族，无党派人士，先后毕业于中国科技大学、复旦大学及美国亚利桑那州立大学，工商管理学博士，教授级高级工程师。上海复旦微电子集团股份有限公司执行董事、总经理。上海市第十二届人大代表，上海市第十三、十四届人大常委会委员。杨浦区工商联副主席。获第五届上海市优秀中国特色社会主义事业建设者、长三角自主创新青年领军人物、中国集成电路设计产业发展十周年风云人物等荣誉称号。

施雷近照

在创业道路上，经过十余年的艰苦探索与不断改进，施雷终于带领自己的企业在芯片研发领域取得一席之地，在夹缝中走上了康庄大道，走出了一条中国人自主研发芯片的科技创新之路，走出了一条能对标同行业国际大公司的发展之路。

抢占国产芯片先机

在国产芯片还处于一片空白的 20 世纪 90 年代，施雷凭借青年人的雄心与智慧，一手促成建立了中国集成电路设计业第一家发起式股份公司，该公司也是创立第一款国产芯片的设计商，这都为后来他的创业奠定了基础。

深受 20 世纪 50 年代谢希德教授在复旦大学开创半导体物理基础研究，以及叶仰林教授创建复旦大学专用集成电路与系统国家重点实验室（以下简称实验室）的感染与影响，施雷在校期间就对芯片领域产生了浓厚兴趣。1998 年，施雷完成复旦大学管理学硕士研究生学业后，先在一家投资公司任职。颇具战略眼光的施雷，找到了当时的实验室，双方仅交谈五分钟，便一拍即合，决定联合其他青年才俊共同成立上海复旦微电子股份有限公司（以下简称复旦微电子）。

从成立那天起，深谋远虑的施雷便着手打造一个完善的技术研发销售体系，作为复旦微电子的核心竞争力，这至今仍是公司立足市场坚实而稳固的基础。初创时期，公司办公地点设于复旦大学内的一个小房间，后又增加一间教室和一间茶水间，但总体设施非常简陋，行政体系也不健全。在施雷看来，尽快做出优质产品、提供优质服务，收获市场认可，才是最重要的事情。一方面，他招揽了一批技术设计、经营管理方面的人才，并与母校和其他学校广泛展开合作，成立复旦大学集成电路工程技术中心和中国科技大学 SOC 实验室，将高校的创新成果产品化。另一方面，在管理手段和激励机制上，提倡"一切以结果考核"，激发员工的积极性和创造力，这一理念根植于复旦微电子人内心。

通过多种努力，成立次年，公司便自主研发出电话机专用电路、摩托车点火脉冲发生电路、汽车专用电路，获"上海市高新技术成果转化项目"认证；第三年，又召开了"8K 存储卡芯片新品发布会"，获中国电子质量体系认证；第四年，复旦微电子在香港创业板上市，筹集到 1 亿港元，成为当时国内唯一一家集成电路设计业的上市公司。

复旦微电子公司成功登陆科创板，锣右侧第一人为施雷

上市后，施雷并没有被眼前的成功冲昏头脑，而是继续攻坚，陆续推出了一系列具有自主知识产权的产品，打造了一个又一个"国内首例"：2001年，兼容国际主流标准的 IC 卡芯片；2002年，轨道交通单程票产品；2004年，支持多种通信协议的全系列非接触卡读卡机芯片；2005年，手机多媒体处理器芯片；2007年，非接触 CPU 卡项目；2008，用于大型会事等电子票证的 RFID 芯片……

几年后，公司也陆续争取到一些新的市场试点产品的合作机会，如：上海轨道交通5号线、第六届上海工业博览会门票、合肥城市通卡等。依靠优质的产品性能、良好的售后服务、快速的反应机制，施雷带领公司逐步扭转了国内厂商对于国产芯片的偏见，确立起复旦微电子的品牌知名度。

竖起高新技术标杆

瞄准新兴的高精尖产业，从零开始、自主研发、摸索前行的道路，注定充满风险。在国内市场尚未开发完善、国有品牌尚未萌芽之时，尽管施雷抢占了先机，为公司发展打下了良好基础，但仍得经历十几年艰难蛰伏与探索完善的考验。公司也得一路应对资金不足、经验缺乏、配套不全、产品难以市场化等诸多挑战。

2007 年以前，公司时有微薄利润，但总体难以支撑成本高昂的研发投入和漫长的摸索周期，基本处于亏损状态。然而，施雷不言放弃，坚信自己和团队的力量，以打造顶尖的国产芯片为至高追求和不变信仰，凭借过人的毅力推进企业的升级与发展。随着国家相关经济政策的出台、国内各大创业板的开板，以及市场机制的日渐成熟，公司得以不断研发、完善产品结构，复旦微电子逐渐迎来了光明。

2011 年，公司开始扭亏为盈。这一年，天津推出的社保金融 IC 卡采用了公司芯片，成为公司进入社保领域的一大突破；国家电网公司集中招标采购智能电能表，公司中标量超 350 万只，标志着复旦微电子开始赢得市场的广泛认可。同年，公司商标"球 +FM"被认定为"上海市著名商标"，公司荣登《福布斯亚洲》"最佳中小上市企业"亚太地区 200 强……自此，复旦微电子迎来迅猛发展。

2012 年，FM1208 纯 CPU 非接触卡进入上海公交卡长三角互联互通市场；2013 年，NFC 控制芯片获国际组织 NFC 论坛认证，同年公司被认定为 2011—2012 年度国家规划布局内集成电路设计企业，次年转往香港主板上市；2015 年，纯金融 IC 卡及双界面金融行业应用卡向各大银行批量供货，NFCOS 移动支付平台支持小米公共交通卡业务在上海正式运营，公司销售额突破人民币 10 亿元……与此同时，施雷同步迈出了向海外市场进军的步伐。2002 年，他成立香港复旦微电子公司，全力开拓海外业务，陆续与众多国际知名半导体厂商建立战略合作关系，在技术、产品和市场等多方面协同推进，企业规模不断壮大。

如今，复旦微电子已形成安全与识别、智能电表、非挥发存储器、智能电器、可编程器件 FPGA、互联网创新六大成熟的产品线和系统解决方案，产品行销 30 多个国家和地区，并在北京、深圳、香港、台湾、新加坡、美国等海内外多地设立办事处或分公司，团队规模也从最初的 12 人壮大到 1400 人，拥有 200 多种自主知识产权产品。截至 2021 年，公司营业收入超 25 亿元，市值超 400 亿元，先后被评为上海市高新技术标杆企业和知识产权示范企业，成为国家认定的博士后工作站企业和国家规划布局的集成电路企业。

成果造福社会大众

优秀的企业，必然会在业务方面有效推动城乡运转，积极造福社会大众。在施雷的带领下，复旦微电子成果迭出，这些成果在社会运行中发挥出重要作用，为百姓生活提供了有力支撑。

一方面，公司安全与识别产品被广泛应用在金融、社保、城市公交、电子证照、移动支付、防伪溯源等领域，并占据市场主要份额，对国家网络与信息安全的战略实施也贡献颇大；智能电表 MCU 控制芯片则助力国家智能电网建设战略和物联网发展；智能电器漏电保护芯片是国内最具优势的同类芯片……

另一方面，施雷带领公司积极参加各种公益活动，履行社会责任。公司与上海市慈善基金会达成合作，捐款人民币 100 万元，设立"复旦微电子"专项基金，开展扶幼、助医类慈善公益项目，赞助家境贫困的重度聋儿装置人工耳蜗，使孩子们能最大限度地重建听力。作为企业家，施雷积极参与各种行业交流讲座，取长补短，相互学习；作为校友，他回到母校，向学弟学妹们分享经验，回馈母校，助力国家未来建设……

如今，在互联网、数字化、智能化语境引导和国家战略支持下，施雷正率领着复旦微电子继续以自主研发为核心驱动力，胸怀蓝图，阔步前进，奋力谱写国产芯片新篇章。

金海涛：燃料油新技术
产业化的助推手

人物简介： 金海涛，男，1962年11月生，汉族，中共党员，毕业于复旦大学，经济学博士。上海旦华新能源开发有限公司董事长。第十二、十三、十四届上海市杨浦区政协委员。上海市民营经济协会副会长、杨浦区总商会副会长。获第四届上海市优秀中国特色社会主义事业建设者荣誉称号。入选杨浦区第七批拔尖人才（专业技术类）。

金海涛近照

1998年，获得复旦大学经济学博士学位的金海涛，原本打算回到家乡继续担任大学教师，回归自己原来的生活状态。而与中国科学院、复旦大学的专家学者携手研发出来的一种新技术，改变了他接下来的人生方向。正如他本人所说："机遇来到了我的面前，而我抓住了它。"

我喜欢迎接挑战

这种研发出来的新技术的作用对象是燃料油。当时钢厂、电厂等对于燃料的需求巨大，而市面上存有的各种燃料效能低、燃烧不充分、污染大，并且不节能、不环保。针对这种情况，金海涛与相关专家学者以燃烧原理为出发点，对当时的燃料进行技术创新。

他们研发出来的新技术主要是通过在燃料油中加入水溶性添加剂，再以超声和切割等技术形成"油包剂"的混合效果，将"油包剂"85%的颗粒度控制在 5 微米以下。在这种状态下，当温度达到 100 摄氏度时，水溶性剂会先汽化，形成"微爆"，"微爆"的雾化效果能够再次减小燃烧的颗粒度，从而大幅增加燃烧的面积，提高效能，使得燃料油可以完全燃烧，降低油耗和污染。

在扬州大学、复旦大学多年的经济学授课经历，使金海涛形成了强烈的成本意识和利润意识，看待经济发展趋势的目光十分前瞻。他预测，节能环保、可持续发展在未来的国家经济发展中必将占据重要地位。然而在当时，节能环保还没受到足够重视，他们面临的挑战也是异常严峻。挑战未曾使金海涛犹豫退缩，反而更让他跃跃欲试。他说："我喜欢迎接挑战。"

为了使研发成果顺利产业化，将这种新型燃料油推广到相关行业，金海涛申请了技术专利，并成立上海旦华新能源开发有限公司（以下简称旦华公司）。旦华公司致力于节能环保燃料的开发和应用，经过十多年的努力，已经形成了从产品自主研发、生产加工到产品销售的一体化格局。

在发展过程中，创新一直是公司的核心。金海涛本人对于创新研发有着不懈的追求，在公司创立初期，仅他一人，就获得了五项发明专利，其中"高效降硫剂""高稳定燃油添加剂"等发明均实现了成果转化。在他的带领下，公司的研发部门同样执着于创新，他们共同研制出来的"20#—250# 系列"节能环保燃料油含硫量低、热值高、燃烧充分，能够有效降低有害气体以及烟尘的排放。2000 年，公司成为同行业中唯一一家获得"上海市节能产品"称号的企业。

金海涛（中）在金融科技论坛上发言

红色基因显力量

1982 年，不到 20 岁的金海涛正式加入了中国共产党。在他看来，热爱党、忠于党已经成为他们家风的一部分。金海涛将身子正了正，开始回忆起来。

"我爷爷是革命烈士，30 多岁就牺牲了，日军为了斩草除根，到处追捕我父亲。当时我父亲才 10 岁，为了躲避搜捕只能到处流浪，流浪到上海。上海解放后，是党组织把他找回了家并且培养他。"金海涛顿了顿，继续说道："我奶奶也早就牺牲了，当时日军逼问她我爷爷在哪儿，为了保护爷爷和身边的共产党员，奶奶牙关紧闭，最后被残忍杀害了。"

父亲经常给他讲述爷爷的故事，印象最深刻的是父亲说爷爷被杀害后，头颅和双手被挂在了城墙上，那时他才逐渐开始明白"为共产主义抛头颅洒热血"并不是一句空洞口号。他为自己的党员身份感到自豪，他说："心中有追求，才能够奋不顾身。"这种精神促使他在企业危难之时依旧坚持下去，在经营企业时主动让利于人，与人为善。

这种精神不仅存在于他个人，更存在于公司的党员群体中。他诚恳地说："加油的工作经常是风里来雨里去，非常辛苦，尤其是在疫情期间，公司为国内外航船加油的同时，还要守护好祖国的江海，切实阻断国外疫情通过船舶向国内传播的可能，这就需要有强烈的担当精神和责任感。这里面党员群体的力量是巨大的。"在金海涛看来，党员的先锋模范行动在鼓舞员工精神方面发挥了重要作用，旦华公司涌现出了以上海市劳动模范金晓萍为代表的一批吃苦耐劳、爱岗敬业、乐于奉献的先进典型。

在金海涛的主导下，公司经常举办党群活动，例如参观红色教育基地、开办国学文化讲座、组织户外团建等。金海涛还亲自延请多位老革命、老党员来企业参观并且开设座谈。他也会结合自己的成长历程，深情追忆自己的祖辈，勉励同事们传承红色基因，潜心做事，踏实工作，为社会主义建设添砖加瓦。

眼光、谋略与情怀

金海涛有企业家的眼光，又有战略家的谋略，更有中共党员的情怀。他主持下的旦华公司乐善好施，从不吝啬对其他发展中企业的帮扶。曾经有一家合作企业由于发展遇到问题，连续六个月拖欠燃料油费用，数额巨大，有几千万之多，当它求助旦华公司继续提供燃料油帮助之时，旦华公司没有犹豫，继续施以援手，因为金海涛知道，"如果不给它提供油，这家企业必死无疑"。2008年金融危机爆发，143美元一桶的原油跌到了20美元一桶，对于仓储数万吨燃料油的旦华公司来说可谓是处于"生死存亡之际"。许多企业都在等着油价继续下跌，这时，多家合作企业依旧购买旦华公司的燃料油，帮助其渡过难关。这既证明了旦华公司新型燃料油的品质出众，也反映出企业平时与人为善留下的口碑极佳。

多年研究经济学的金海涛，也从中看到了期货市场的潜力，通过套期保值转危为机，公司得以保全。从那年起公司设立了期货研究所。金海涛感叹道："金融危机是一个挑战，同行中许多企业都损失惨重，但其间也蕴藏着机遇，旦华公司抓住了机遇，得到了进一步发展。"金海涛所具有的敏锐洞察力和果断决策力，可见一斑。

公司于 2020 年 1 月 23 日下发的紧急通知中，他提出了应对疫情传播的八项具体举措，并进行多方联系、协商，为杨浦区私营企业协会提供了 10500 只口罩，大年初二就及时发放到会员手中。为此，他被授予上海市抗击新冠肺炎疫情"突出贡献奖"。

在谈及创立公司的初衷时，金海涛回答说，一个重要原因，在于他清楚地知道，将一个创新技术项目产业化，对于国家社会来说，具有多么重要的价值和意义。从初创到今天，旦华公司一路走来，收获颇丰，体会也十分深刻，并将一如既往地把这项事业扎扎实实进行下去。

孙凯君：用光点亮城市梦想

人物简介：孙凯君，女，1983年12月生，汉族，无党派人士，毕业于新西兰奥克兰大学，商学、理学双学士。上海罗曼照明科技股份有限公司董事长、总经理。第十四、十五届上海市杨浦区政协常委。杨浦区工商联副主席、中国照明学会照明系统建设运营专业委员会副主任。获上海十大杰出青商、上海市优秀青年企业家、上海市巾帼建功标兵、上海市归侨侨眷先进个人、第六届上海市优秀中国特色社会主义事业建设者等荣誉称号。

孙凯君近照

对于上海罗曼照明科技股份有限公司（以下简称罗曼照明）董事长、总经理孙凯君来说，2010 年是她人生中具有转折意义的年份。当时的孙凯君已经在国外待了十年有余，除了稳定的职业，她也渐渐习惯了那里的工作节奏和生活方式。"有一次与父亲通电话，父亲表达出要我回家看看的愿望。"孙凯君说。正是这通电话，决定了她回国发展的命运。

孙凯君出生于"照明世家"。早在 1999 年父亲孙建鸣就已从事照明行业。起初，孙凯君并未想过要继承父业，在新西兰留学时，她最初选择的是药理学，后来又取得了商学、理学双学士学位。大学毕业后，她进入新西兰统计局工作，三年后任职于墨尔本大学世界经济研究院。当时隔十年一踏上故土后，她却被国内高速发展的景象给震撼到了。孙凯君说，那一刻，她看到了中国市场的机遇和潜力，特别是在上海城市面貌更新方面存在着巨大需求。"骨子里的自豪感和使命感好像瞬间被'点亮'，迫切希望自己也应该为祖国这片土地作点贡献。"

一双特别善于发现"美"的眼睛

于是，她毅然放弃定居国外，在父亲的指点下继承家族企业。孙凯君坦言，接手这份"新工作"并不一帆风顺。照明技术离不开理论支撑，孙凯君每天听得最多的就是"色温、亮度、光照值"这些专业概念，她深感尽快掌握新知识新技能的巨大压力。在慢慢摸到些门路后，她又开始学习建筑结构、空间关系等更深的知识。孙凯君说："尽管当时这些东西对我来说简直就像听天书，但我始终坚信，坚持耕耘，必有收获。"

后来，她又开始把对专业的理解从"纸上"放到了"脚下"，每天都亲自带着团队到现场，感受灯光在不同条件下的变化。问她为何要亲力亲为时，孙凯君笑着说，当时做外滩万国建筑群照明时，有三位不同国家的设计师，对金色的理解都不一样。唯一的解决方案就是一起去现场试灯，看看哪种金色大家觉得最舒服、老百姓最喜欢，不要老是停留在纸面和电脑的光路模拟上。如今大家看到的夜晚整个金色灯光下的外滩，其实是运用后台控制技术进行了无数次调光后形成的统一的金色。"所以，实践是检验真理的唯一标准。'破圈'最好的方式就是踏踏实实地去干，没有捷径。"

孙凯君（中）和青年设计师一起研究改进方案

作为女性企业家，孙凯君有一双特别善于发现"美"的眼睛。她认为，女企业家的身上有很多共同的特质，比如执着、坚韧，又或细腻、注重细节，在品质把控上更为严格。而且，女性天生就对周边环境比较敏感，对"美"的要求很高，所以公司很多初期的夜景设计方案都是由她来把关定调。孙凯君说："公司是靠设计引领的，在这一方面女性反而更有优势，更能细致地体会到光的变化与其中的温度，夜间环境还是很依赖感觉的。"她将女性的优势与行业特点结合起来，带领着女性设计师们一起"发光、发热"。

孙凯君说："我希望通过罗曼照明的努力，让整个城市的夜环境变得更加舒适宜人，让市民们在这个美好空间中流连忘返。"说到这里，孙凯君的双眸变得明亮起来，她似乎看见了人们在灯光下恣意奔跑、嬉笑打闹的场面。

尺度与温度

孙凯君任职总经理后，始终坚持设计引领的核心战略理念，转向更高质量的照明规划设计路线。"灯光照明是一门非常复杂的学科，从大的空间来讲，它看到的是一种尺度；从小的空间来讲，它体会到的是一种温度。"孙凯君侃侃而谈。她说，罗曼照明一直在用实践探索着把这两者融合起来的新思路。设计的灵魂源自城市的文化特质，上海这座国际化大都市对于罗曼照明似乎特别眷顾，让它能够在沉淀的同时不断迸发设计灵感。

公司的另一个转变是科技创新。"上海较大一部分灯光都是我们公司控制的，从前端的设计，到后端的控制维护，我们在打造一个完整的产业链，这就需要新技术的支撑。"孙凯君如是说。在她带领下，罗曼照明培养了一支年纪轻、有创意、敢拼搏的专业技术团队，通过"产学研相结合"等方式促进了景观照明新技术的开发。

上海世纪大道上，罗曼照明通过"一带、两场、三景、八园"，实现了灯光与园林景观、道路绿化、周边建筑的高度融合。"时光世纪，鎏影东方"，罗曼照明让建筑夜景更有体量感和纵深感，让陆家嘴的夜晚更加绚丽。2019年中国国际第二届进口博览会期间，习近平主席在豫园会见到访的马克龙夫妇，园内水廊轩榭，满目生辉，罗曼照明用艺术的光影将中国古典园林的历史、文化、建筑、景观完满地呈现了出来，充分表达了我国园林的历史风韵、地域特色和文化气质。每一个案例中罗曼照明都在用创造力和生命力点燃城市激情、传承城市文脉、升级城市生态、挖掘城市潜力，这是罗曼照明赋予城市的能量，也是它的追求与价值所在。

"灯光以后的发展方向肯定是从亮化到优化再到美化，最后还是要落在文化上。"孙凯君这样总结道。在条件允许的范围下，罗曼照明的每一个项目都会从人性、人本的角度去考虑装置的安置，"罗曼照明是要围绕人和城市的"，孙凯君说。灯光行业某种程度上是在为城市点燃一盏长明灯，为城市祈求福祉，为人间提供温暖。

此外，孙凯君介绍说，公司非常注重平衡照明与能耗的关系，为城市可持续发展探寻绿色环保的生态照明方案。2021年开始，罗曼照明充分考虑综合环境效应，以先进技术为依托，尽可能使用LED等绿色光源，并自行研发出智能控制系统，分时段、分节点，采取不同模式，并结合光伏储能等新能源，真正实现零碳发展。

目前，罗曼照明已经拥有多项发明专利，在智能照明控制、远程控制等技术领域处于国内领先地位，获评上海市"专精特新"企业、上海市高新技术企业、上海市科技小巨人企业，跻身"上海民营服务业企业100强"。孙凯君还自豪地说，罗曼照明已于 2021 年在上交所主板上市，完成了从传统家族企业向治理规范的现代化公众企业的蜕变。

杨浦区最年轻的区政协常委

2017 年，孙凯君在政协杨浦区十四届二次全体会议上被选为常委，成为最年轻的政协常委，她积极参加日常调研，为政府工作建言献策，做了不少工作。

为了体现经济界别的专业特点，了解民营企业的发展诉求，孙凯君深度聚焦杨浦的经济发展和科技"双创"，根据区政府工作报告每一年的计划安排，从优化产业结构、夯实产业基础、平衡产业布局等方面出发，提出了观点鲜明、内容系统、措施务实、与时俱进的建议。

2023 年，在参加"提升城区精细化管理水平，推进创建全国文明城区"常委专题协商会前，她实地走访了多家区内企业，了解情况，听取意见。值得一提的是，罗曼照明的办公地坐落于杨浦滨江，孙凯君还结合自身对于滨江发展的理解，先后在"推进杨浦滨江建设"和"推动杨浦滨江综合开发管理"常委专题协商会上提出"杨浦滨江建设要利用后发优势，加强科学规划""要进一步实现消费升级和产业升级，吸引更多标杆产业，让杨浦滨江成为杨浦经济发展的新引擎"等事关滨江长远发展的意见。

谈及公司未来，孙凯君目光坚定、思路清晰，她一句一顿地说："作为土生土长的民营上市公司，罗曼照明亲历了从工业杨浦到知识杨浦再到创新杨浦的转型发展；也正是在这片热土上，公司成为中国景观照明细分行业的龙头。接下来，罗曼照明将持续夯实主业经营，提升综合管理能力，紧紧抓住新基建、碳中和等宏观政策带来的机遇，全力促进城市更新、新能源、数字经济三大板块的业务迅速发展。"

应彭华：闸北电厂里走出来的企业家

人物简介： 应彭华，男，1960 年 4 月生，汉族，中共党员，毕业于上海电力专科学校，后修读于美国普莱斯顿大学，工商管理硕士。上海电院电力电子实业有限公司董事长，上海电院电气设备有限公司执行董事、总经理，上海浦海求实电力新技术股份有限公司董事长。上海市杨浦区第十六、十七届人大代表。杨浦区总商会副会长。获上海市工商联优秀会长等荣誉称号。

应彭华近照

难忘的闸北电厂岁月

纵然如今已经成为公司董事长，对应彭华来说，最难忘的还是在上海闸北电厂工作的那段日子。

应彭华是 1977 年恢复高考后的第一批大学生，就读于上海电力专科学校（今上海电力大学），毕业后被分配到上海闸北电厂。1981 年至 1994 年十多年的时间里，应彭华在电厂各个基础岗位上轮转学习，适应着不同工种的强度和难度。从发电机、汽轮机到锅炉，在每一个环节上，他都力求做得专业。凭借扎实的电力、化学和燃料知识，应彭华对电厂运转的每个方面都了如指掌。优秀的工作表现使他在值长一职上显示出独特的魄力。在他看来，值长在电厂中掌握最高的调度权，在电网里面又是最小的连接节点，承前启后，起着至关重要的枢纽作用。

应彭华不遗余力、刻苦工作，力图做到最好，曾经带领团队连续十一个月获得单位内小指标竞赛第一名。因为表现出色，他被吸收到中国共产党党员队伍中。时至今日，回忆起那段时光，应彭华不无感慨地表示："在闸北电厂的那段时间，无论是培养电力人的责任心、掌握综合专业技能，还是对我未来职业走向的塑形，都起着重要作用。"

系统性的调度，是电力系统的生命线；整体性的科学管理，更是企业健康发展的前提条件。闸北电厂培养了应彭华超强的系统观念和整体意识，也让他有足够的底气与能力。在 1999 年，他大胆顺应改革开放的滚滚浪潮，和母校上海电力学院合作创办了第一家公司，即现在的上海电院电气设备有限公司。

公司刚成立时，在行业内并不被看好。相比于应彭华的公司所涉及的低压成套设备，同行们大多已做到中高压。但应彭华偏不服输，花了九个月时间在学校进行交流汇报，不断细化他对项目可行性风险控制的思考，最终打动了学校方面，获得了十万元的合作资金。后来，彭华用自己的实际行动证明，这个选择没有错："谈不上远见，只是眼前总有一个模模糊糊的影子，我知道这里头有精细化的东西可做。"

成功的底气来自实力

应彭华认为自己是幸运的，他充分享受到中国改革开放的红利，成为市场经济体制下成长起来的民营企业家。他说："最大的运气就是踏上了国家发展的这趟高速列车，否则哪来这么快的成长速度？"遥想改革开放前，上海找不出几幢像样的写字楼，对比现在到处拔地而起的摩天大楼、动辄几十层高的住宅高楼，加之楼宇内部嵌有的空调、电梯、照明等基础设施，电力的触角不断伸向四面八方，输电线已然成为经济发展和日常生活的"血管"。

作为土生土长的上海人，应彭华认为上海的创业环境有其独特优势。"一是人们随着改革开放而迸发的激情与日俱增；二是海派文化讲究兼容并蓄，政府实事求是，对好的建议十分开放。"此外，这片土地上的契约精神也让应彭华印象深刻。上海是中国最早进入现代商业社会的城市，现代商业的基础就是契约和信用。一百多年来，经过几代人的努力，上海商人已经形成了鲜明的契约精神，这也成为上海民营企业的一张名片，让众多企业在成本等因素不占优势的情况下，能够

上海电院电力电子实业有限公司团队合影，前排右五为应彭华

与外界竞争。

由于踏实肯干、锐意进取，应彭华的企业不断发展，2002 年与天大求实电力新技术有限公司合作，成立了上海浦海求实电力新技术股份有限公司。谈到这家公司的建立，应彭华给出了成功的诀窍：胆识与诚心。面对家大业大的合作伙伴，初出茅庐的应彭华揽下了最重要也是最辛苦的市场业务，在十年时间里用实力把公司做大做强。其间，应彭华又带领企业抓住机遇完成改制，业务从低压成套设备制造扩展到电网规划设计、电力工程施工，形成一条产业链上三个板块的业务平台，给用户带来的价值和体验有了质的飞跃。"用户期待的是拿到钥匙就能全部搞定的企业，所以我们一直朝着建成一条完整供应链的方向努力。"

2010 年世博会在上海召开，正是检验应彭华及其团队功力的时候。对此应彭华踌躇满志："实力放在这里，遇到突发问题，是考验也是机会。"面对上海市供电局的招标，应彭华带领团队认真展示自己的方案、讲出自己的优势，最终竞标成功，成为世博会开闭幕场馆指定电力运维商。应彭华将年轻时事无巨细、责任为重的品质一直保留至今，在开幕式前，他亲自到实地熟悉场馆与电气系统的各个细节，为能想到的一切突发情况做好了备用方案，最终圆满完成供电任务。

人大代表心系民生

2016 年，应彭华当选杨浦区第十六届人大代表，后又连任十七届人大代表。在每年的区人大会议期间，他认真研读各类文件，参与审议杨浦区《政府工作报告》，了解区委、区政府各项工作，与各位代表广泛沟通，为政府工作和许多民生实事项目提供自己的意见。他结合自己的专业特长，递交了《关于加快杨浦区的新能源发展，促进区域新能源示范基地建设》书面议案，提出以示范工程带动新能源产业发展的模式、积极推动电动汽车充电设施的规模化建设等建议。上海市重大工程江浦路越江隧道和丹东排水系统的改造，都有他参与视察、推进施工的身影。在协调解决明园村小区杉树扰民难题的过程中，他因做事务实、解决问题圆满，获得居民们送上的"敬业正直，为民解忧"锦旗。锦旗至今仍挂在应彭华办公室的墙上，作为他对自己的勉励。

历经岁月洗礼，应彭华一直保持着自律的生活习惯，让自己有充沛精力投入工作。谈到未来，应彭华对企业的发展路径似乎早有设想。人才，关乎企业的可持续发展，"对于我们这样的民营企业来说，人才更是重中之重"。在公司里，高层大多已是 70 后、80 后。应彭华表示，应该让掌握新技术且富有创新活力的年轻一代尽快顶上来，鼓励他们在自己喜欢的行业里潜心深耕，创造价值。"唯其年轻，希望也正在这里。"应彭华爽朗一笑，一如当年那个在闸北电厂挥洒青春的自己。

徐良衡：从相辉堂旁的
小屋走向世界

人物简介：徐良衡，男，1963 年 2 月生，汉族，中共党员，毕业于复旦大学化学系，理学硕士，高级工程师。上海天臣投资控股有限公司董事长，上海天臣微纳米科技股份有限公司创始人、董事长。上海市杨浦区第十六届人大代表，第十一、十二、十三届杨浦区政协委员。获上海市劳动模范、"上海市优秀学科带头人计划（B 类）"资助、杨浦区优秀中国特色社会主义事业建设者、上海市高新技术成果转换先锋人物等荣誉。入选 2009 年上海领军人才、杨浦知识创新区第二届突出贡献人才、杨浦区第七批拔尖人才（经营管理类）。享受国务院政府特殊津贴。曾任杨浦区工商联副主席。

徐良衡近照

很难想象，如今在高科技防伪溯源、特种包装材料领域的技术开发、应用与服务上，始终保持业界领先地位的上海天臣微纳米科技股份有限公司（以下简称天臣），最初是在复旦大学相辉堂旁一间不足十平方米的小屋里创立的。

而今，天臣已发展成由十家公司组成的高科技企业集团。集团总部位于上海，产业布局跨北京、深圳、长沙、成都等地区，是国酒茅台18年来三代防伪追溯系统供应商，是居民身份证、全国警官证管理机构和五粮液、剑南春、湖南中烟、广西中烟、中华老字号、法国轩尼诗、韩国三星、美国金士顿等四十多家国内外著名品牌企业的战略合作伙伴。

创业精神：敢于认输，永不言败

天臣，源自"2+3+4"的创业原生态。三个数字，构建了天臣一切的开端："2"代表母校名字"复旦"，是天臣创始人赓续的血脉；"3"是刚毕业的三位硕士研究生，用热血编织出了天臣最初的梦网；"4"是仅仅4万元的启动资金点燃了天臣的未来，开创了独一无二的天臣奇点。

书生创业，总想用自己所学为社会创造价值。综合自己的专长后，做防伪商标成了天臣的主打方向。虽然起步听上去有点"寒酸"，但公司注册后不久，市场上就传来"茅台集团请美国企业设计的防伪标被破译，有意更换供应商"的消息。虽然缺乏资金和设备，但凭着韧劲和扎实的专业能力，他们做出了一个令茅台公司满意的方案。

当时竞争的还有一家公司，茅台的董事长别出心裁地出了一道题，以一个月为限，让两家竞争对手破译对方的防伪商标，谁先破译，谁就胜出。徐良衡连夜赶回了上海，一头扎进了实验室，当时他们心里想，破译不出绝不离开实验室。一周的昏天黑地后，终于成功破解，拿下了这笔4000万元的订单。

然而没兴奋多久，就被当头浇了一盆"冷水"。经过检验，天臣生产的防伪商标全部不合格，茅台要求退货。原来，防伪商标本身没有问题，而是酒瓶的外表会附有少量的酒精，商标贴不上去。为了生产这批防伪商标，已经投入了500万元，公司账上只剩下5万元，几乎走到倒闭的边缘。徐良衡经过反复权衡，最终下定决心再搏一次，又凑了500万元改造产品，重新做出一批防伪商标。这一次，终于得到了茅台的认可和尊重。

天臣在之后的发展中，也遇到过其他难题和挫折，但创业之初这个大起大落、惊心动魄的场景依然历历在目，徐良衡始终认为，"那次经历是天臣最宝贵的财富"。在那之后，他把"敢于认输，永不言败"充分地融进了天臣人的血液里。告诉每一位员工，天臣是从逆境中一路披荆斩棘走过来的，未来也许会遇到更多、更大的困难，要活下去、活得好，就要昂首挺胸地坚持到底。

新赛道思维：优化升级存量市场，优先卡位增量市场

一家企业能否做大做强，不是老板有多能干，而是老板对产业的选择和打法。天臣的防伪技术出类拔萃，但是防伪行业赛道太小，因此，天臣扩充了"防伪＋包材"的存量市场，除了技术创新提高门槛，还采取资本兼并的扩展路径。包装是设计的艺术，防伪科技与现代美学在这里双向奔赴，从 3D 云膜、定位纸的特种包材，到云膜、全印膜、包装盒和成品包装，夺人眼球的货架效应与智慧创新的防伪功能相辅相成，持续助力客户品牌高质量发展。

从"三维"的防伪行业到"二维"的包装行业，天臣开辟出一条新赛道是 2.5 维产业赛道。防伪，借道包材，扩大赛道；包材，接力防伪，提高门槛。大家都把包装看成一个低技术含量、低附加值的产业，难以达到高门槛、高技术的生产

天臣集团外景

标准，但天臣"凭的就是通过'技术融合'的思路赋予产业新的价值"。从某种意义上讲，防伪和包装本身就是"邻居"，防伪是附着在包装上的，当年天臣正是因为防伪商标贴不上酒瓶差点失败，如果可以实现防伪商标和包装的一体化设计、生产，就可以在大幅提升产品技术含量和附加值的同时，降低成本和中间环节的损耗。事实上，经过这些年的努力，已经把整体成本降低了 30%。徐良衡有时候会开玩笑说，从技术层面讲，防伪行业是"三维"行业，包装行业是"二维"行业，天臣把防伪与包装结合，对于一般的包装产品那就是"降维打击"。

此外，天臣近年也花几十亿元投资增量市场——储能行业。增量行业讲究的是优先卡位，随着行业发展迭代发展，占据先发优发行业地位。

责任观：发展、法治和公益

徐良衡特别提到："民营企业的发展离不开党的领导。天臣始终都是按照国家的战略在前行。"徐良衡早在 1982 年就加入了中国共产党，作为一名老党员，他始终把依法办好企业、尽力担当社会责任作为第一要务，公司连年被税务部门评为诚信纳税企业。徐良衡十分重视企业的党组织建设，在天臣设立了三个党支部，坚持把党建同企业文化结合在一起，向员工反复传递三种责任观：发展的责任、法治的责任和公益的责任。每个季度，徐良衡都邀请专家到公司上党课，分析国内外形势、解读党和国家的大政方针，在他看来，与国同梦、与国同行，就是走正道，企业才不会走弯路。为了助力抗击新冠肺炎疫情，天臣第一时间向上海市慈善基金会松江区分会捐赠了人民币 300 万元整。

从复旦到走向世界，从茅台到五粮液，从剑南春到世界名酒，天臣用不断迭代升级的创新科技，守护着中国国酒的纯真，捍卫着华夏佳酿的正统，更向世界证明了中国的科技实力。谈到下一步的规划，徐良衡言简意赅，提出了在上海以外建设"天臣智造港"的更高目标：容纳"防伪溯源、特种包材、储能材料"三大产业板块，在做大存量市场的同时，优先卡位增量市场。一蓑烟雨，砥砺前行，徐良衡对天臣未来的征途充满期待与信心。

周德荣：从家具厂做到大卖场

人物简介：周德荣，男，1951年7月生，汉族，民建会员，毕业于华东理工大学。上海春申江企业发展有限公司董事长。上海市杨浦区第十三、十四、十五届人大代表。曾任杨浦区工商联副主席、杨浦区工商联平凉路街道分会会长。

周德荣近照

春申江：从一个铺面到六大卖场

创办春申江家具厂的故事还得从1977年说起。

1977年，周德荣进入曾位于杨浦区内江路3号的上海钢家具厂工作。20世纪八九十年代的中国兴起了一股"下海"经商的热潮，社会大浪潮触动了周德荣。1992年，周德荣离开上海钢家具厂，转职到上海外高桥港务公司。国营港务公司的领导思维活跃，观念开放，在其他港口还在装卸煤炭、石材时，港务公司就已经利用外高桥的交通优势开启了装卸集装箱的业务。因为集装箱业务收益颇高，周德荣的上级领导也鼓励他在第三产业中创业。十余年的钢家具厂工作经历激发了周德荣开办家具商场的想法。从 1992 年到 2001 年，周德荣在港务公司任职，同时也做家具的生产销售。2001 年国家政策调整，周德荣所在的家具商场面临转制或关闭的选择。他选择了转制，于 2002 年创办了自己的企业——春申江家具有限公司（以下简称春申江），自负盈亏，参与市场竞争。

周德荣一开始做的仅仅是家具的生产和销售。但上海的家具店众多，竞争激烈，想要拓展市场就需要大量开店。对于刚刚起步的春申江而言，大量开店成本颇高，也缺少员工，运营困难。他果断转换思路，办起了家具大卖场。先租下整个楼层，吸引各个品牌的家具厂入驻开店，最终成为家具大卖场，通过收取租金获得收益。春申江的卖场面积从 100—200 平方米慢慢做到 1 万平方米，卖场数量也从 1 个提升到了 6 个，在曲阳路、翔殷路、控江路等地均开有卖场，最红火的时候卖场总面积近 8 万平方米。

不过，春申江公司的成果并不是一蹴而就的。卖场需要人气，提高人气就需要广告。周德荣回忆，十多年前春申江公司便投入重金在报纸上做广告。《新闻晨报》《新民晚报》《每周广播电视》都是世纪之交时畅销上海的几份报纸。想要在这种等级的报纸上投放一次通栏广告，广告费需要 5 万元。一周投放一次，一次投放四份报纸，一个月下来广告费用就是精打细算也需要 50 万元。重金投入的广告带来了源源不断的客人，春申江家具卖场也因此打出了名气。

企业的发展需要不断调整转型。租整化零的模式本质上还是靠房东吃饭。当各个卖场的租约到期后，周德荣没有续租，他用之前积累的资金买下了两层店面，自己做起了房东。2017 年，春申江公司租来的最后一个卖场关闭。如今，春申江还有周德荣买下的两层店面，一个位于控江路鞍山路，一个位于平凉路兰州路，一共有 40 个商铺，涵盖百货、家具、服饰等方面，其中一层的二楼区域租给了一家公司办公。2020 年新冠肺炎疫情期间，周德荣响应国家的减租号召，自觉承担社会责任，为租客减免了 3 个月的房租。

国企与民企：公平的市场环境

在创业过程中，周德荣感受最深刻的一点就是市场环境的公平，"不管是国企还是民企，大家都在同一起跑线上"。

他谈到，信用度高的国企除了找银行贷款时更容易拿到贷款外，民企和国企在市场竞争上都很公平。作为一个民营企业家，周德荣对公平最直接的感受就是"没有人找你麻烦"，政府部门各种手续的办理也比较顺利。在周德荣创业时，上海市政府对民企的帮助支持力度很大。在他看来，企业有困难时可以找政府有关部门，还可以求助街道办，街道从书记到主任都十分关心民营企业，积极为企业解决问题。周德荣觉得，春申江从创立至今没有遇到过什么大风大浪，一切都平平稳稳地过来了，其中少不了党和政府对民营企业的大力支持。

民营企业成长壮大后，与国企竞争更有底气和力量。周德荣说，现在银行会主动打电话放贷给他，企业的现金流能顺利运转起来，现金余额足够，固定资产也很稳定，春申江在市场竞争中夺得了一席之地。在企业做大做强的同时，周德荣从来没有忘记，个人的成功是和国家的政策紧密联系在一起的。富而思源，回

周德荣（左）等慰问杨浦区的民建老会员

报家国。春申江先后解决了 1000 余名下岗工人再就业的问题。1998 年，周德荣向平凉路街道捐助帮困基金 10 万元；1999 年，向云南思茅地区捐赠 30 万元，建立起春申江希望小学；2002 年春节，向杨浦区慈善基金捐款 5 万元。2003 年，周德荣听到新闻中播报第二军医大学 30 余名医护人员赶赴小汤山的消息后，立即拨通了上海市慈善基金会的电话，表示愿意捐资 20 万元，对那些冲锋在抗击"非典"前线的医疗英雄们表示感激和奖励，也希望有更多的科研经费投入到疫苗研制中。

工商联：民营企业家的"娘家"

包括周德荣在内的杨浦区民营企业家们都喜欢把工商联称为自己的"娘家"，"有困难，找'娘家'"已经成了一句行话。企业碰到难题，求助工商联，工商联会出面找政府领导，大多数诉求都会有所回应。但是工商联工作很是繁琐，十分考验管理者的水平。周德荣曾经担任杨浦区工商联平凉路街道分会会长，对此深有体会。他始终认为，工商联也是在服务社会，服务社会的事情就要认认真真去做！周德荣感慨，工商联的工作人员如何与企业家打成一片，提升群体凝聚力，是一个值得不断探索的课题。"有价值，有反响"，这是周德荣在担任会长时一直不懈追求的目标。

工商联鼓励以老带新，鼓励老一辈企业家传授创新创业经验。对此，周德荣积极响应，不吝传教。对还在创业阶段的有志青年们，周德荣总会热情相助，有针对性地提建议、出主意。他举例说，现在很多网红奶茶店发展迅猛，但关店速度也很快，租金、装修、广告投入负担过重，往往难以回本，所以行业模式一定要看准。"掌握好投资方向，看清业态，剩下的就自己努力干吧。"周德荣笑着说。

严钢毅：开拓文化旅游市场新境界

人物简介：严钢毅，男，1959 年 8 月生，汉族，无党派人士，毕业于华东师范大学，工商管理硕士。上海翠明国际旅行社有限公司董事长、上海瑞世财富投资管理有限公司合伙人、中职（上海）疗休养旅行服务有限公司董事长。上海市杨浦区第十四、十五、十六届人大代表，第十一届杨浦区政协委员。中国老年学和老年医学学会旅游专业委员会副主任，杨浦区旅游协会会长。入选杨浦区第六批拔尖人才（经营管理类）。

严钢毅近照

老师、鱼贩和导游

"下海"创业之前，严钢毅曾经有过一份稳定的职业。他是上海民光被单厂下属技术学校的老师，干的是教书育人的工作，捧的是国营企业的"铁饭碗"。

20世纪90年代的中国，是一个充满改革和创新精神的年代，是经济现代化过程中非常关键的一个时期。受时代氛围的影响，严钢毅不再甘于平稳的教学生涯，他希望迎着这个时代，去寻找更具有挑战性的事业、获得更精彩的人生。

严钢毅第一个决定是赴日留学。申请留学的手续基本上都办妥了，最终因为一些意外而搁浅。但严钢毅并没有改变初衷，他不打算回到旧日的轨道，而是继续探索自己的道路。

谁也没有想到，一个技校的历史老师"下海"经商的第一份工作，竟然是卖鱼！

严钢毅托关系、找熟人，借了一张个体户营业执照，在长白菜市场干起了卖鱼的营生。"那个时候起早贪黑，四五点钟天没亮就要去批发市场批鱼，晚了就没有摊位了。"想起最初创业的那段坎坷经历，严钢毅颇为感慨。当年抢摊位的时候，市场上一个卖葱的老太太得知严钢毅是学校老师后，不敢相信地说："你一个教书先生竟然沦落到跟我这个老太婆来抢摊位，太不容易喽！"就把摊位让给了他。

严钢毅的第一个顾客让他终身难忘。"你肯定想象不到，第一个买我鱼的竟然是一位大学教授！"说到这里，他爽朗地哈哈大笑起来。原来那天一早，上海机械学院（现为上海理工大学）的一位教授在逛菜市场，他走到严钢毅的摊位前，发现这位摊主戴着眼镜，浑身上下透露着书生气，于是就与他攀谈起来，发现两人竟然是同行。那位教授为严钢毅"下海"打拼的勇气所折服，当即决定多买些鱼虾螃蟹，称分量的时候才发现，这位刚"下海"的同仁竟然连秤也不太会用。经过一段时间起早摸黑的埋头苦干，严钢毅靠着卖鱼竟然也挣到了一些钱，生意好的时候一天能挣几百元，而当时学校老师的工资一个月才几十块钱。

生活不止眼前的苟且，只要心怀梦想，迟早都会找到属于自己的诗和远方。卖了一段时间的鱼之后，有一次严钢毅跟朋友聊天，偶然谈到了疗休养行业也就是旅游业前身的话题。当时，上海市总工会每年定期组织工会职工进行疗休养。学历史出身的严钢毅对这方面很感兴趣，并且觉得随着社会经济的发展，这个行业势必成为朝阳产业。经朋友介绍，他开始在上海市总工会当起了兼职导游，同时担任北京疗休养接待的负责人。由于经常在讲台上授课，严钢毅口才甚好，加上历史知识的储备和对名胜古迹的了解，他在这个新领域里如鱼得水，干得得心应手。后因工作表现优异，严钢毅有机会去了上海的一家国营旅行社担任部门经理。

20世纪90年代后期，国家对于旅游业逐步放开，允许成立私营性质的旅行社。几年的导游经历和在北京的任职锻炼，让严钢毅敏锐地感觉到，中国旅游业发展的春天已经到来了。机不可失，1999年5月，严钢毅成立了上海翠明国际旅行社有限公司（以下简称翠明国际）。从那时开始，一直到未来的三十多年时间里，从三十而立的敢拼敢闯，到老练成熟后的刚毅果敢，他始终深深扎根在文旅行业，摸爬滚打，深耕厚植，逐渐闯出了自己的一片天地。

牵手携程成就更好的翠明

知识分子出身的严钢毅对于翠明国际的未来发展有着自己周密的规划。2000年，翠明国际成立不久，他便报名参加了上海交通大学跟海外合办的工商管理硕士学历班，两年半的学习，让他系统了解了市场经济的相关规律和运行模式，顺利拿到工商管理硕士学位证书。"两年多的学习，对后来翠明国际的发展至关重要，比如在公司内部的资产管理和债权债务关系方面，我们一开始就处理得非常清晰。"严钢毅不无自豪地介绍道。这一点也确实成为日后翠明国际的独特优势，2002年的时候，上海能承担出境业务的私营旅行社极少，翠明国际由于深谙市场经济运行之道，成为上海最早申请到出境旅游业务资质的私营旅行社之一。

在翠明国际打造京沪线时，机缘巧合之下，严钢毅与上海携程旅行网（后更名携程集团）创始人之一的范敏相识。2003年，携程欲在上海寻找合作伙伴，拓展国际旅游业务。携程对翠明国际清晰的资产关系和过硬的经营资质青睐有加，尤其看重翠明国际当时已经可以经营出境旅游业务，而翠明国际则对于携程集团所主打的互联网经济发展前景十分看好。双方一拍即合，在当年就达成协议，共同成立了上海携程国际旅行社有限公司（以下简称携程国际），由严钢毅出任总经理。

携程集团外景

第一次去携程参观的场景令严钢毅印象尤为深刻："当时我看到他们墙上写的标语'极限是可以被突破的'，心里非常震惊，每年要保持百分之几百的增长率，这简直是天方夜谭！"后来他才发现，携程优秀的管理团队、科学的决策模式、公司日常的精益化管理、对误差的零容忍，最终将这一切变得可能。携程两次上市，一次是在"非典"肆虐的 2003 年，一次在新冠肺炎疫情仍未"完结"的 2021 年。大范围疫情对旅游业的冲击是最大的，但作为以"酒店住宿＋交通业务"为核心收入的 OTA（即 Online Travel Agency，在线旅行社）巨头企业，携程熬过了两波重大疫情并两次在"艰难时刻"过后成功上市，可见其强大的抗挫折能力与顽强的生命力。跟携程并肩战斗的十多年经历，让严钢毅后来在管理自己公司和经营旅游业务方面积累了很多宝贵经验。

难忘政府一路扶助

回首创业路，无论是翠明国际的成立，还是携程在杨浦的发展，都离不开当地政府的扶助，离不开区域优质营商环境的哺育。严钢毅娓娓道来，对此感触颇深。

1999年，那时政府对于旅行社的经营审批还非常严格，严钢毅有幸得到控江路街道的大力支持，顺利办妥了一应手续。他特别提到，控江路街道对企业和企业家十分照顾："遇到困难，街道党工委书记和办事处主任都会亲自过问协助解决，免去了我们的很多后顾之忧，让我们更专心地投入企业建设。""最早从控江路街道党工委书记徐松亮开始，街道领导关心企业、服务企业的传统一直保持到现在。时任控江路街道办事处副主任的邵波同志与时任区招商中心主任的杨茵喻同志，一直无私地帮助企业排忧与发展：协调工商税务、促进资源对接、定期组织企业家体检、在医疗、子女教育等方面也提供了很多帮助。"

杨浦区政府有关部门领导对翠明国际同样格外关心、支持。时任杨浦区商务委员会主任石光华为翠明国际定下了"（依）靠大（企业）联（合）大（企业）"的目标，这为后来翠明国际与携程的牵手定下了基调。政府的关心、支持，让企业感到非常温暖、放心，并对杨浦区营商环境产生信心和信任。正是因为有了他们的支持和帮助，从携程国际开始，陆续引进了携程系的很多子公司落户杨浦。

"区里领导对我们都相当支持，区投资促进办公室的负责同志热心推介、积极促成，把在外区办公的携程发展成了一家在杨浦区税收名列前茅的公司。"严钢毅的言辞之间，有自豪，更有感激。

以文旅惠民生

严钢毅和他的团队坚持用成就反哺社会、以文旅惠及民生，把对民生问题的关注深深融入到事业中去。从群众到无党派人士，严钢毅一直热衷于关心社会话题，积极参政议政，被选为杨浦区的三届人大代表和一届政协委员。

上海是我国最早进入老龄化社会的城市，也是我国老龄化程度最高的大型城市。严钢毅长期研究的主要课题是，上海60周岁以上老年人超过500万，他们有着热切的出行游览欲望，精神文化需要亟待满足。如何规范有序地管理老年旅游市场，并向老年人提供多样又实惠的旅游产品？作为上海师范大学旅游学院和上海对外经贸大学的兼职教授、中国老年学和老年医学学会文化和旅游分会副主任委员，严钢毅和专家团队们一起展开深入调研，逐步形成共识。他个人将这些集体意见总结归纳后，作为提案郑重递交政协，强调要通过成本控制、路线开发等方式，来尽可能满足老年人的各种旅游需求、丰富老年人的精神文化生活。要格外关注旅游产品的价格，强调旅游服务的公益性："有些老年人每年要出游十几次，对于老年人不能完全按照'成本＋利润'的模式来做，如果这样做，他们是消费不起的。"因此，由他创立的上海翠明国际旅行社有限公司、中职（上海）疗休养旅行服务有限公司与上海的工会系统展开了广泛深入的合作，专注于以疗休养为主、大健康与旅游结合等业务，积极回应和满足广大老年人旺盛的旅游需求。

严钢毅坚信，大健康产业下的"健康＋旅游"一定会成为老年旅游市场强劲的发展趋势。值得一提的是，他积极尝试着将中医药元素加入其中，赋予其更多的科学内涵。"2018年起，我们和国际邮轮公司合作开展了公益性质的'大国中医'项目，组织中医名家登船，举办健康讲座，提供问诊与治疗建议，迄今已免费服务了数万名游客。"该项目受到广大老年游客的欢迎，起到了宣传和弘扬祖国传统医学的作用。

严钢毅同样非常重视脱贫攻坚这项民生事业。近年来，他助力脱贫的足迹遍布广西、贵州、云南等西南边陲省份，利用自身在文旅产业方面的优势，帮助当地村民创收增收。在从脱贫攻坚到乡村振兴的发展过程中，严钢毅意识到，原来那种一味输出的模式，并不能根本解决新时代的"三农"问题，对于农民来说，从中发现并用好蕴含的巨大商机才是最重要的。比如在深入云南澜沧拉祜族自治县调研的过程当中，严钢毅发现当地的茶叶很有特色，但是需要在食品安全方面进一步提高要求："当地是茶叶的故乡，但是在（茶叶的）产业化和农副产品的标准化当中，还留有很大的空间，对当地的商家来说也是一个不小的商机，如果我们协助他们科学地用好这些空间，未来还是很有做头的。"

祝波善：在管理咨询行业里做到顶尖

　　人物简介：祝波善，男，1970年7月生，汉族，中共党员，毕业于上海交通大学，经济学硕士。上海天强管理咨询有限公司总经理。第十五届上海市杨浦区政协委员。上海市咨询业行业协会常务副会长、上海市现代服务业联合会副会长、杨浦区工商联副主席。获全国首届管理英才奖、中国百名科学管理先进人物、第六届上海市优秀中国特色社会主义事业建设者、上海市首届十大青年咨询精英等荣誉。

祝波善近照

窗明几净，古色古香，走进他的办公室就像进入了一间文人墨客的书房。戴着一副黑框眼镜，谈吐大方，不像是一位多年来沉浮商海的企业家，倒像是一位温文尔雅的老师。"在我们公司里没有总经理，只有班主任和学生"，他这样形容公司创立初期自己和员工的关系。他就是上海天强管理咨询有限公司（以下简称天强）总经理祝波善。

突破困境重获新生

祝波善身上的儒雅气质与他早年的经历密切相关。他是江苏连云港人，从上海交通大学本科毕业后，祝波善选择留校教书，任管理学院团委书记。1994年，他继续攻读技术经济专业研究生，所学习的专业课教材竟是他曾参与汇编的书籍。无论身份是学生还是班主任，他都把事情办得稳当妥帖，深得领导的器重和同学的喜爱。研究生期间在外兼职，一年时间里，他通过在一家无形资产评估事务所实习，积累了相关知识与经验。研究生毕业后，祝波善应邀到上海市科委下属的一家政策研究机构从事科技政策研究，入职后，通过竞聘，担任该机构的研究室主任。在从事政策研究的两年多时间里，祝波善沉下心来，参与了当时一系列重大政策的研究，得到了相关方面的充分肯定。在潜心研究的过程中，祝波善开阔了视野，同时也发现中国需要高品质的咨询机构为企业提供专业支撑与服务。凭着积累的研究经验和一腔热情，他准备"下海"，大干一场。

推动祝波善由科技政策研究者到创业者的转变有多方面的原因——多年研究相关科研课题；市场经济体制确立；国外已有成功先例；当下企业发展需要等。但是创业并非易事，所遇到的困难是祝波善从未预想到的。当时的大环境是咨询行业市场环境混乱、"点子大王"频出，加上年轻不被信任，祝波善每次谈客户前都要花很长的时间解释自己不是骗子。来天强的应聘者中，个别有工作经验的人在确认公司是只做咨询业务之后就走了，因为那时候大多数人不太相信纯做市场化咨询业务可以养活公司。这样的经历无疑给信心满满的祝波善泼了一盆冷水。他回忆道："当时发展不顺和我自身有相当大的关系。最初觉得社会有这样的需要，本着一种理想化的态度来创业，但是实际上缺陷也是很明显的：多年的高校生活、科研机构的经历使我缺乏接地气的企业服务经验。"祝波善也曾想过自己是有退路的，在体制内的经验让他获得了领导的信任和器重，创业失败了大不了再努力回去。大环境的影响加上创始人意志不坚定，导致天强成立的前三年入不敷出，亏了两年多已经快挺不住了，这时又面临投资人撤资、没有项目的困境。

祝波善回忆道："最初公司刚成立的时候，狂得不行，觉得自己无所不能。"但当他把曾经的成就和荣誉放在现实面前，却显得赤裸单薄。创业过程中的种种艰难不断消磨着这位年轻人的轻狂和锋芒。企业处于绝境的时候，祝波善开始反思自己，如果把失败原因全归结为外部那毫无意义，因为外部环境并非人力所能改变，能改变的只有自己。想明白后，他决定把过去三年的失败当作学费，重整旗鼓，让天强获得新生。"现在看到有些年轻人开公司与我当初的架势很像的时候，心中颇有感慨，一副年轻气盛、指点江山的样子，就知道他后边没有好果子吃，因为很多美好的愿望与现实之间距离非常遥远。"祝波善说道。

国企改制与工程设计的智囊

走出困境不仅仅是靠信心，更要有将一件事情做好的决心。天强上下坚决做到业务聚焦，二十个人专注做好一件事，这件事便是国企改制。之所以选择这块业务，最重要的还是因为当时经验丰富的外资咨询公司是绝对不碰这一块的，这反倒给天强的重生留了一个突破口。祝波善下定决心，要让大家一想起天强就想起国企改制，在一个行业里做到顶尖。事实上，当时也有客户带着其他业务找上门来，并承诺了不错的咨询费用，却都被祝波善婉拒了。他说："什么都做的话就专注不起来了。"

为了突破重围，祝波善作出了一个大胆的甚至可以说是"自杀式"的决定——同类项目的第一个项目不收费。谈业务的时候没人相信几个小年轻就能把事情做好，而咨询行业又极其重视经验和以往案例。用不收费的方式和已经完成的成功案例吸引客户，不得不说这一做法非常成功，天强得以参与当时一批有影响力的改制重组案例，并取得了良好的服务成效。

除此之外，天强每两个月开一次研讨会，请各种各样潜在的客户来参与研讨，再到后面凭着专业性影响到主管部门。上述所有改变都成为天强的突破之举，到2004年，天强的发展形势就已经很好了。

当天强在国企改制领域取得突破后，很快又遭遇新的困境。从 2005 年开始，国企的民营化改革全面收缩，导致天强的业务又到了一个转折的关口。凭着一份坚韧、理性，天强又迅速聚焦了一个新行业——工程设计行业，为工程设计行业的企业提供全方位的管理咨询服务。在聚焦行业的业务定位过程中，公司同样遇到了一系列的困难。秉承着价值服务的理念，天强在工程设计行业一路深耕，树立了良好的品牌形象。党的十八届三中全会之后，新一轮的国企改革启动，天强的国企改制业务也得到了很好的发展，从而形成了天强"一个专业（国企改制）+ 一个行业（工程设计）"的业务定位。

这段创业经历代表了中国的管理咨询行业起步的过程。业内有这么一句话："天强是工程设计行业的智库，不是一般的管理咨询公司。"天强始终重视研究能力的培育与提升、知识营销与传播。2013 年，祝波善明确天强向平台化转型的发展目标："过去我们做咨询的主要工作任务，是作为咨询顾问为客户提供相关服务，谈到的'平台'和现在的'互联网的平台'不是一个概念，我们要整合各种资源为客户服务，同时让客户之间产生连接。这个平台更准确的表述是构建面向设计行业、设计企业、设计产业的资源对接。"从那时候起，天强的企业定位已经不再是传统意义上的咨询公司了，而是站在更宏观的角度，高屋建瓴地推动整个行业的发展。

把 99 ℃的水烧到 100 ℃

创始人祝波善的个人风格和气质潜移默化地影响、塑造着天强，在咨询行业中自成一派。祝波善本人文笔极佳，无论是新闻稿还是公开信都亲力亲为。作为一名成功的企业家，他始终保持着谦逊的态度。他在天强内部禁止大家互称专家，因为很多人就是以专家自居才走向自我封闭的。祝波善认为："咨询行业有专业的方法论体系为客户出谋划策、提供有价值的服务，但这并不意味着比对方高明，我们只是站在另外一个角度给客户提供专业支撑与帮助。"天强始终坚持与客户互相学习和相互促进的伙伴关系，从碰撞过程中产生智慧的火花，对客户有用，对自我提升也有益。

天强公司团队合影，前排左三为祝波善

祝波善将"润物细无声"的字幅挂在办公桌正对的墙上。他说，咨询行业从业人员有点像古代师爷，有想法但是不能抛头露面，永远不要过分地强调自己。喜欢出风头、不愿意站在别人身后的人不适合做咨询。"我们认为99%的成功是来自客户，我们只起到了1%的作用。当然这1%也很重要，就像水烧到99℃差的最后那1℃。"正是因为祝波善和天强上下秉持着这样的认知和定位，才成就了今天的天强。"天强目前服务了中国近2000家工程设计单位的管理提升、体制改革、战略转型，参与了大量有关设计行业、设计产业发展的政策研究。当今中国上市的工程设计公司，三分之二甚至更大的比例都是天强的客户，并且大都是我们服务十年以上的客户。"

天强如今的成就离不开祝波善的努力，一年365天中他有200多天都在外出差。不同于工作时的忙碌，生活中的祝波善是一个喜静的人。他愿意一个人安安静静地看书、喝茶，哪怕是发呆都可以，这总能让他感受到内心的宁静。"有时候我在想，如果不是因为工作原因，我可以宅在家里很长时间，也许因为我是巨蟹座。"他笑着解释自己生活和工作中的反差。

对于正在创业的年轻人，祝波善的忠告是坚持长期主义。现在很多人创业，尤其是科技领域，只把吸引投资当作重中之重，"做企业的人少了，做生意的人多了"，祝波善以此形容当下的某些创业者只注重短期效益。他认为，无论是经济发展还是企业管理，都有其内在规律，创业者的专业能力是基础，还要有追求和理想作为精神支撑。"现在整个社会和经济正在经历一个大的转型，这恰恰给实实在在的人以更多的机会，所以要坚持长期主义，做企业必须实在些。"祝波善如是说。

张兆平：做业主们的
美好生活服务商

人物简介：张兆平，男，1969 年 10 月生，汉族，中共党员，就读于长江商学院、中欧国际工商学院，高级管理人员工商管理硕士。上海申远建筑设计有限公司总裁。上海市杨浦区第十六届人大代表。杨浦区总商会副会长。获上海市装饰装修行业立功竞赛记功个人、上海市装饰装修行业文明服务示范标兵、上海市家装界年度风云人物等荣誉。

张兆平近照

筚路蓝缕闯上海

走进上海申远空间设计大楼宽敞明亮的会议室，但见整齐摆放的奖杯熠熠生辉。二十多年来，在张兆平带领下的上海申远建筑设计有限公司（以下简称申远）以装修设计为切入点，逐渐成长为一家以别墅装修为主体，集家装、工装、软装、精装、传媒为一体的高端装饰设计企业，先后获得"上海市文明单位""上海住宅装饰行业信得过企业""中国民营企业文化建设先进单位""上海市杨浦区科技小巨人"等百余项荣誉。

这些荣誉，见证了申远二十年来"万丈高楼平地起"的发展历程，也述说着创始人张兆平筚路蓝缕的创业故事。二十多年前，这位年轻人怀着一腔热血，仅带着一只装着换洗衣服和刨斧的蛇皮袋，就从江苏大丰西团镇来到大上海，开启了创业之路。张兆平的老本行是木匠，在体会到时代环境对青年创业者的"利好"之后，他决心要在上海成就一番事业。他开始格外关注行业上下游的动态，不断积累人脉、积聚资源。凭着对市场和政策的敏锐洞察，2000 年，张兆平很快开了自己的公司。

谈起早年间的创业经历，张兆平说自己要特别感谢两个地方。一是他的家乡江苏大丰，"我们老家做手艺的人多，大家集合起来一起干"。同乡人在工作和生活上给了在异乡打拼的张兆平很大帮助。另一个地方则是上海，对于这片发家之地，张兆平有着深厚的情感。在他看来，上海是一座包容性很强的城市，又有很好的营商环境。"上海经济的快速发展惠及了申远，申远能有如此规模，离不开上海，也离不开杨浦区这块福地。"张兆平表示，上海作为多文化交融共生的国际化大都市，也让申远的发展和申远人的视野更具现代化、全球化。

作为一名白手起家的创业者，张兆平深知创业路上的艰难险阻。他常常用自己的经历鼓励青年人要敢于为了梦想拼搏努力。他常常对年轻人说："不管遇到什么困难，都不要试图绕过，要想尽一切办法去摸索、寻找解决方法。"这是他给后辈们的方法论，也是他坚持多年的认识论。

别墅装修塑品牌

"别墅装修找申远，美好生活服务商。"这是申远集团的发展定位，也是广大业主心目中的品牌形象。张兆平表示，"别墅装修找申远"是因为申远的业务模式多针对别墅大宅业主，他们期望通过专业的设计与施工服务让"申远"这个品牌成为更多别墅业主的首选。除此之外，在申远人的心中，装修不仅是构建一座好看的房子，也是为业主们营造一种愉悦舒适的生活氛围，"所以我们期盼成为业主们的美好生活服务商"。

二十多年来，秉持着为消费者竭诚服务的态度，张兆平领导的申远逐渐得到越来越多的客户和业内人士的认可，最终成为行业领军者。在上海全行业，他是率先以自己的手机号码建立总裁热线的企业管理者。从消费者来电中，申远不断发现问题、解决问题，从而提高公司的管理水平和服务质量。在给每一位消费者的服务卡上，申远都印上了总裁服务热线号码，这是申远对消费者的承诺，也是消费者对申远的鞭策。

别墅装修是一个周期长、涉及品类多的行业，因此，精耕细作是打造优秀品牌的唯一出路。申远则将此细化为三个方面的努力，以此提高自己的核心竞争力、树立品牌影响力。一是重视设计人才。好的设计师是一家优秀装修企业的基石，申远拥有十户以上大宅经验设计师近千人，定期安排他们游学、分享、评优等，为他们提升设计水平积极创造各种条件。二是公开施工过程。相对于传统家装过程的隐蔽性，申远敞开工地大门，将整个施工环节对消费者公开化。不论是"每月固定工地大检查"的实施，还是"VIP施工服务卡"的诞生，都让施工流程变得更加透明。三是强调科技引领。申远高度重视工程工艺的创新研发。在张兆平领导的创新专利研发小组努力下，申远现已成功申请国家级专利百余项，每年至少有四项国家级工艺运用于别墅施工。

申远还定期开展丰富多彩的文化活动，如健康文化活动"百人戈壁挑战赛"、感恩文化活动"暖冬计划"等。活动参与情况记入每位员工的个人文化积分卡上，列入年度优秀员工的考评标准。张兆平介绍，申远的十大文化活动都围绕"说真话·真做事·走正道"的九字箴言展开，邀请业主、员工、材料合作企业共同参与，"一方面希望为员工提供一个积极向上、良性发展的平台，另一方面也希望以此为纽带向合作伙伴、业主传播企业正能量"。

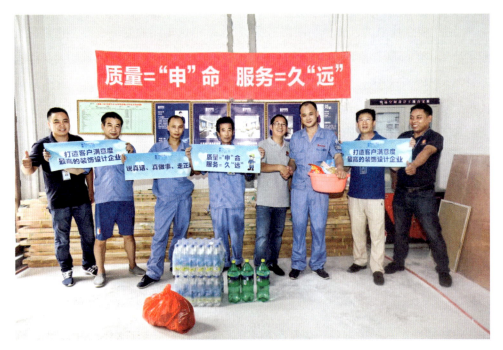

张兆平（右四）到工地慰问鼓励施工人员

吃水不忘挖井人

在企业家的身份之外，张兆平还担任杨浦区总商会副会长一职。他把工商联比作一座桥，一边连接着商，一边连接着政。在他看来，工商联不仅把党和政府的方针政策迅速传达给民营企业家，同时也要把民营企业家的诉求及时反映到政府乃至中央，把国家命运同企业发展紧密相连，为民营经济的健康发展提供强有力的保障。

作为一名中共党员，张兆平的入党初衷是成为对国家有担当、对社会有贡献的人。他坚持用党员的标准严格约束自己，言行举止之间都不忘自己的党员身份。无论是工作还是生活，他都率先示范，做出榜样，常年投身公益，经常帮困济贫，把党的温暖传递给身边人。张兆平反复强调："一个不会赚钱的企业家，不是合格的企业家；一个只会赚钱却抛弃社会公益事业的企业家，绝不是真正意义上的企业家。"社会给予申远发展的资源和机遇，申远也应当怀有感恩之心主动回馈。

在张兆平的带领下，申远一直"常怀兼济之情"，热心公益和慈善事业，积极回报社会。每年，申远都会参与"蓝天下的至爱"公益活动，捐赠20万元善款，至今已连续帮扶六年。每年11月，申远实施"暖冬计划"，号召公司与社会各界人士为偏远山区的孩子们送去过冬的保暖物资，至今已经举办了八季，共计筹集物资35000余件。在"2013年春晖行动"中，申远组织捐资110万元援建贵州正安县申远希望学校，为孩子们创建了一个良好的学习、生活环境。在公司党支部的组织下，申远还定期开展走访敬老院、福利院、特殊教育学校、爱心之家等活动，为这些机构送去关爱。新冠肺炎疫情期间，申远党支部组织了专项捐款，为疫情防控贡献力量。

二十年时光荏苒，张兆平依然保持着当初那个小木匠的淳朴与善良。看着墙上挂满的荣誉，张兆平自豪地说："申远自成立以来，获得了百余项荣誉。这是对申远人辛勤工作的肯定，正是所有人的团结协作、不畏艰难，才成就了如今的申远。我相信，这些荣誉也将成为申远未来发展道路上的灯塔，引领更多的申远人不懈努力，勇往直前。"

谢吉华：打造创业孵化器的杨浦模式

人物简介：谢吉华，男，1964年7月生，汉族，中共党员，毕业于上海师范大学。上海杨浦科技创业中心有限公司总经理。上海市第十五、十六届人大代表，上海市杨浦区第十六届人大代表，第十二、十三届杨浦区政协委员。国家技术转移东部中心总裁、上海技术交易所董事长、科辰资本董事长。获国家科技计划（火炬计划）实施20周年先进个人、国家高新技术产业开发区建设20年先进个人、上海市市长质量奖等荣誉。入选杨浦区第七、八、九批拔尖人才（经营管理类）。曾任上海市工商联执委、杨浦区工商联副主席、杨浦区科协副主席。

谢吉华近照

谢吉华认为自己也是个创业者。2001 年起，他担任上海杨浦科技创业中心有限公司（以下简称杨创中心）总经理，为很多科技创业者提供服务与帮助。二十多年来，他陪伴众多科技创业者一路成长，也让杨创中心实现了从小到大的发展，带领杨创中心走在了全国孵化器行业的前列。2013 年杨创中心荣获上海市质量金奖，2016 年获中国质量奖提名奖，成为行业内首家获得以上殊荣的单位。

放弃"铁饭碗"捧起"泥饭碗"

年轻时，谢吉华上过两所"社会大学"。大学刚毕业，他来到共青团上海市委工作，一待就是十一年。彼时正是市场经济发展初期，谢吉华深感创业者们的不易，同时也萌生出一种创业情结："创业者是我们整个社会中最优秀的群体之一。"在当时的谢吉华看来，创业者兼具智慧与勇气，能够发现问题、解决问题，敢于承担起社会发展中的责任，是一群值得尊敬的人。离开团市委后，不懂企业经营的谢吉华进入了另一所"社会大学"——上海科技投资公司。在那里，他开始学习如何站在经济层面看待企业发展，进一步体悟到创业者的难能可贵，同时开始寻找属于自己的机会。

2001 年，谢吉华放弃了别人眼里的"铁饭碗"，捧起了"泥饭碗"，来到上海杨浦高新技术创业服务中心。在这个科技企业孵化器的 6000 平方米旧厂房里，他开启了从"社会大学"毕业后的创业之旅。公司成立之初，困难重重。谢吉华回忆，一开始公司并不被人看好，"大家都不知道孵化器是个什么行业，我们又没有足够的资金，真正做起来挺难的"。但是，谢吉华仍然选择坚持。他认为，科技创新一定会为中国的可持续发展带来更大活力，这个行业"是有未来的"。二十多年的实践证明，他的选择是正确的，当年 200 多万元起家的小公司，现今已成长为 50 亿资产规模的集团公司，"我觉得这就是一个创业的历程"，谢吉华感慨地说。

改革改出孵化器发展新路

谢吉华至今记得，2003 年，曾有六个人带着一个集装箱，举家迁来上海，到上海杨浦高新技术创业服务中心开始创业。六年多的时间里，谢吉华陪伴着这个团队摸爬滚打、逐渐成长，最终见证了这个当初仅有 100 万元注册资本的公司成功地在创业板上市。"从他们身上，我强烈地感受到一种百折不挠的精神，那种执着、那种顽强，令人感佩，不断地激励着我们和他们一起努力奋斗。"谈到这里，谢吉华显得既动情又自豪。

在他看来，孵化器行业具有特殊性：因为孵化器既需要基于市场，寻找生根发芽的路径，也需要基于社会责任，帮助更多的创业者。由此，谢吉华将企业文化归纳为"火文化"——燃烧自己，点亮他人，服务创业者。这一想法的形成，与谢吉华的党员身份息息相关，入党三十八年，谢吉华始终不忘自己的入党誓词。"作为生存在这个世界上的个人，你须臾离不开他人的帮助，所以，你也必须懂得回馈。更何况，你还是一个党员。"谢吉华说。

如何用市场化的模式来运营一个公益性的科技企业孵化器，是谢吉华和他的企业所面临的挑战。谢吉华不断地推动公司的改革：初到公司，他就实施了第一次改革，推动创业中心两权分离，成立上海高科技企业杨浦孵化基地有限公司；四年后，他又进行了第二次改革，将原有的两家单位重组为杨创中心，取消事业单位编制，从总经理到员工全部实行劳动合同制；2008 年，他主导推动公司实施集团化战略，提出建设以创业投资为龙头的服务体系，打造孵化器前端的创业苗圃和后端的加速器服务链条；2013 年，他又一次跟进改革趋势，构建技术转移体系，带领杨创中心进入第二轮创业……

谢吉华直言，自己"从不满足于创业本身这件事"。从科技创新赋能产业的角度出发，他将孵化器成果转化的延伸渠道逐步打通，又着力构筑要素市场和功能性平台。久久为功，杨创中心终于走出了一条孵化器发展新路，打造出中国创业孵化器的杨浦模式。

"1+X+N"的战略规划

2020 年，新冠肺炎疫情的暴发带来了很多变化，谢吉华将这一年视为公司的转折年。艰难时期，杨创中心为创业者不断筹集口罩、防护服等各类物资，还为他们减免房租，帮助他们渡过难关。

疫情也促进谢吉华展开进一步思考：在全球一体化的背景下，企业如何让产业链、技术链、资本链转动得更顺畅。在他看来，危机中往往潜藏着机遇。例如国家提到的内循环与外循环就是谢吉华和团队做要素市场、做功能性平台的重大机会；上海技术交易所开市交易，让杨创中心建立了一个要素市场；全球技术转移大会开幕，让世界知道上海开始形成全球性的技术要素市场……"这是非常特殊的一年。"谢吉华的自信，溢于言表。

谢吉华（前排左三）参加全球技术转移大会与同仁合影

进入 2021 年，公司朝着"1+X+N"的战略规划继续发展。谢吉华介绍，"1"是上海技术交易所，作为上海科创中心建设和金融中心建设很好的结合点，交易带来的是枢纽功能；"X"是指在国家技术转移东部中心这个平台上汇聚的众多服务机构，提供专业的科创服务，一起搭建功能性平台；"N"则是希望能够形成大企业、中小企业和科研院所的创新联合体。这又是一条创新的道路，谢吉华相信，未来创业和创新一定能够更好地结合。

如今，杨创中心已企业化运作二十周年，风华正茂。在中国共产党成立八十周年之时，杨创中心应运而生。在建党百年之时，谢吉华和团队特地策划了一场话剧，献礼党的百年华诞。谢吉华的职业生涯不久就要画上句号，退休后，谢吉华希望自己成为一名创业导师，继续为年轻的创业者们出谋划策，伴随他们一起成长。"其实我很享受这个过程，并不觉得很辛苦。我觉得，能够为自己喜欢的那一群人服务，太幸福了！"谢吉华由衷地说。

薄曦：走出建筑设计创新之路

人物简介： 薄曦，男，1963年1月生，汉族，无党派人士，毕业于东南大学建筑系，建筑学硕士。上海联创设计集团股份有限公司董事长、总裁。上海市杨浦区第十五、十六届人大代表。杨浦区总商会副会长、四平路街道商会会长。获中国建筑行业十大人物、上海设计周十位杰出设计师等荣誉称号。入选杨浦区第七、八、九批拔尖人才（经营管理类）。

薄曦近照

长远的目光、坚定的信念、执着的追求……薄曦身上这些美好特质，驱动着他从求学、求职到创业，踏着时代浪潮一路走来，在建筑设计和互联网家居领域闯出自己的一片广阔天地。

不甘现状，上下求索

1984 年，从南京工学院（今东南大学）建筑系毕业后，薄曦被分配到家乡扬州的建筑设计室。一个从全国顶尖建筑设计院校毕业的大学生，来到一家办公条件简陋、没有什么项目可做的小单位，深感无法施展身手。那个年代，大学生工作由国家分配，难以变动，薄曦便采取迂回战术，通过考研回到母校，在专业上持续精进。1987 年薄曦硕士研究生毕业，考取同济大学博士研究生，由于当时大学生资源十分稀缺，原工作单位不肯转出组织关系。在短暂地回原单位工作后，薄曦决定辞职。随后，他在深圳的一家香港公司一边做设计，一边申请去墨尔本理工大学留学。

1992 年邓小平南方谈话后，深圳率先试验，鼓励支持民营经济发展。薄曦由此开启了一个全新的人生方向——创业，在广东惠州初创公司。时逢中国最早一批民营设计企业刚刚起步，市场竞争压力不大，政府管理相对灵活，新兴行业利润也比较丰厚。凭借优秀的专业能力，薄曦很快赚得了第一桶金。"我之前的工作一个月工资是 90 元，而公司第一笔收益就是 50 万元。"薄曦说。

次年，惠州基建突然停滞，而内地出现一些高新技术开发区，急需大量优秀设计师，薄曦随即转往江苏常州寻求机遇，再次将公司运营得风生水起。1996 年，预感常州市场太小、未来发展空间受限，后因种种原因，薄曦与多年联手的合伙人分道扬镳，只身来到上海。当时浦东经济技术开发区成立不久，建筑行业也仍在起步阶段，薄曦站在上海滩头，选择再次从零开始。

初到上海，薄曦突然感受到城市之大、人之渺小，在这座举目无亲的陌生城市，他经历了一个不适应的阶段。擅长观察总结的他发现，上海建筑行业有三类优势公司：吸纳国外顶尖水准首批海归的公司；拥有政府项目资源且由同济学子创办的公司；国有企业。对比之下，自己没有任何资源和背景，唯有披荆斩棘，在市场中硬闯出一条路。他印好名片，坐着公交车，一个客户一个客户地跑，不肯放弃任何可能的机会。

意识到品牌认知度的重要性后，薄曦开始率先在专业杂志上刊登广告。第一年，几无成效，但他没有放弃，继续等了两年。终于，市场客户和应聘人才开始纷纷上门，业内其他公司也群起效仿。"起码规划局和专业学生会看杂志，公司名字老是出现，慢慢就会有一些眼熟，再逐步建立一点认知，知道这个公司是干什么的。"薄曦说。

作为设计师出身的企业家，薄曦招揽了一群富有个性和独立批判精神的设计人才，同时吸纳不同于国内思维的境外设计师，为公司文化带来冲击与融变。优秀的设计源自对生活的体验，不同于"狼性文化"的绩效考核，薄曦为他们提供的是轻松的创作环境、家庭般的宽容氛围。公司越做越大，薄曦仍努力维持管理结构的相对扁平，允许各地分公司摸索独特的经营模式。

经过多年迅速发展，薄曦的联创设计集团（以下简称联创设计）一跃成为业内知名大企，开设北京、南京、成都、青岛等 23 家分公司，坐拥 3000 多人的庞大设计团队，完成一个又一个重要项目，揽获国内外诸多专业奖项。

联创设计集团的作品

锐意创新，成果迭出

对于项目，不论是商业地产、车站机场、体育场馆、主题公园，又或者"蜗居"等具有社会意义的小型建筑，各种板块，不同体量，联创均有涉及。"我们追求的是设计最本原的东西，而不是标准的流水线……唯一的标准是为人们提供高质量的生活和工作环境，使他们置身其中时感到愉悦与放松。"作品的理念与水平、创新与活力，是薄曦始终坚持的标准。

对艺术水准的坚守，使得联创设计不断交出一个又一个优秀作品，获得一个又一个重大项目，荣冠"Architizer A+Awards""CREDAWARD 地产设计大奖""德国国家设计奖"等各类奖项，薄曦本人也获"中国建筑行业十大人物""上海设计周十位杰出设计师"等诸多荣誉，并连续入选杨浦区第七、八、九批拔尖人才。

2014 年，中国房地产连同传统建筑行业开始下行，薄曦又率先结合互联网技术，创立线上家居品牌"WOW 尖叫设计"（以下简称尖叫设计），开拓新兴的 C 端市场。从 B 端到 C 端，从大周期低频消费品到小周期高频消费品，两头由此贯通。恰逢国家鼓励"大众创业、万众创新"，尖叫设计作为新锐势力收获不少投资，抢得市场先机，一直稳居行业前五，品牌知名度迅速提升。作出这一决策，看似容易，实则需要壮士断腕的勇气。薄曦必须忍痛放弃当时建筑市场的部分收益，分出更多精力投资还在开发中的高端家居市场，为未来谋划可能。

可以说，对自我的高定位、高标准、高要求，使薄曦从来不满足于现状，而是持续寻求机遇，不断开疆拓土。他身上的探索精神和敏锐直觉，指引着他将创业发展与经济大势紧密嵌合在一起，在每一个重要节点都赢得先机，终于将联创设计打造成令人刮目相看的行业标杆。

谋划未来，彰显担当

创业过程也是一个不断反思与总结的过程。2014 年建筑行业开始下行，突如其来的危机，令薄曦重新思考企业存在的基础与意义。面临市场洗牌、竞争加剧，薄曦积极着手改革，一方面将他原本不以为意的人才考核、企业上市等逐步纳入联创设计，另一方面坚持企业"家"的文化，在员工培养与企业高质量发展上倾注更多的心血，做出更加长远的规划。

饮水思源，为感恩母校培养，关心学弟学妹的成长与设计行业的后备军建设，2008 年起，薄曦在东南大学设立"联创国际奖学金"，每年捐资一万美元，资助本校建筑学院的优秀学生赴北欧游学考察；建筑学院九十周年院庆之际，又捐赠一百万元，设立"东南大学——薄曦、孙纯发展基金"，用于奖励外籍学者、教师以及支持学生国际交流、课外研学等。

作为杨浦区人大代表，薄曦要求自己从方方面面关注社会，积极了解和反馈居民日常生活诉求；作为杨浦区总商会副会长及四平路街道商会会长，他与其他企业保持联络互动，与政府保持交流沟通；作为一名有担当的企业家，又经常带领公司积极参与各类社会公益和慈善捐助。

在薄曦身上，我们看到了不甘现状、勇于进取的顽强意志，看到了坚持标准、精益求精的艺术情怀，看到了审时度势、锐意创新的人生智慧。中国设计行业的百花园里群芳争艳，薄曦和他的联创设计独领风骚。

高勇：为信贷和风险管理
贡献优质软件

人物简介：高勇，男，1973年10月生，汉族，无党派人士，毕业于南京大学，工学硕士、高级管理人员工商管理硕士。上海安硕信息技术股份有限公司董事长、总经理。上海市杨浦区第十五届人大代表，第十五届杨浦区政协委员。杨浦区总商会副会长。

高勇近照

专注地做自己擅长的事

如果一艘船不知道该驶向何方，那么任何方向吹来的风都不会是顺风。早在读研究生期间，高勇就对自己未来的人生方向做出了选择。高勇的本科和硕士研究生的学业都是在南京大学完成的，一直修读计算机科学相关专业。他回忆道："研究生期间，曾跟着导师做过一些服务企业的项目，为银行做软件开发。"正是这个契机，让高勇步入了目前所在的行业，而"干一行，敬一行，钻一行，精一行"则是高勇在职业道路上的写照。

在试探与巧合之下，高勇参与了学校对接企业的学工服务活动，由于其所开发的软件品质优异，再加之高勇所服务的银行又主动联系上了他，因此他选择了创业，进入了金融科技软件开发行业。

自1997年来到上海创业至今，高勇经历了从热爱到践行、从专注到专业的蜕变。谈及创立上海安硕信息技术股份有限公司（以下简称安硕信息）初期的困难与阻碍，高勇说："大的困难时常发生，小的考验处处都在。"人才、品牌等方面的建设都要求高勇和他的团队"事不避难，迎难而上"。"好在当时的政策环境给予我们很多支持，国家和政府鼓励金融科技创新，市场需求带动企业开拓进取"，高勇描述道，"能专注地做自己擅长的事情也是一种快乐"。

信贷管理系统是安硕信息的核心产品，由众多独立应用产品组成，以数据完备性为基础、以流程管理及信贷风险防范为主线，经过二十年的技术积累和更新换代，已经成长为一套成熟的、先进的金融管理系统。高勇表示："专业性是我们最主要的核心竞争力之一。"安硕信息自成立以来就一直聚焦于银行信贷风险管理领域，在发展过程中，安硕信息和客户共同成长进步，形成了相互信任、紧密合作的关系。

公司主营业务信贷风险管理系统，不但需要对银行信贷与风险管理业务的方法、措施、流程及监管要求非常熟悉，还必须掌握IT系统的开发与实施。随着银行业务的变革、经营管理的变化、不断加快的技术创新，以及金融行业安全意识升级，安硕信息持续不断地在研发环节投入成本，以确保公司产品的核心竞争力。

截至2022年年底，公司已经与4家大型国有银行（共6家），12家股份制银行（共12家），99家城市商业银行（共128家），17家资产规模2000亿以上农村商业银行（共22家），14家民营银行（共19家），12家外资、港资、台资银行，以及7家省级农村信用社联合社等银行金融机构展开合作。公司还服务大量的村镇银行、农村金融机构、保险公司、信托公司、证券公司、消费金融公司、供应链金融公司、融资租赁公司、小额贷款公司等机构。

积极地做满足客户需求的事

谈到作为管理者之后为公司带来的改变，高勇认为，自己和团队一直在跟随市场和政策形势的变化调整公司业务方向，努力提升全方位、立体化、系统性的综合解决能力。安硕信息十分注重研发，2022 年研发投入 1.25 亿元，占营业收入 16%。研发团队围绕信贷管理类系统和风险管理类系统的基础技术、各子类别应用产品以及应用模块和衍生软件新产品模块等多个技术难点、重点，深入研究，大力攻关。

此外，公司在国家共建"一带一路"的大背景下，在国家政策、上海市政府和杨浦区城府的鼓励支持下，积极拓展海外业务，克服语言障碍、学习异国政策、理解他乡文化，如此种种，推动着安硕信息逐步迈向更广阔的国际舞台。

即使如此，公司也同其他金融软件企业一样，面临着诸多领域的风险和挑战。新冠肺炎疫情、中美战略竞争、互联网金融冲击等因素使得商业银行面临不利局面，从而影响其金融软件采购需求，导致业务量上的不确定性。同时，行业竞争压力大、核心技术人员流失和人员成本不断提升，也给公司带来了全新的挑战。面对这些，董事会和管理层依然踏实稳健。"除了跟随市场之外，我们还发展很多

高勇（右）和同事研讨工作

拓展性业务，以分担风险，创造更多可能。"高勇如是说道。

专注的态度、专业的能力是一种良知，一份企业自身的仪式感，更是对社会的责任感。安硕信息一贯追求为客户提供优质和专业的服务，通过持续技术创新来满足客户的需求。同时，利用长期服务信贷系统和风险管理系统积累的经验，协助商业银行等金融机构通过信息化建设来有效控制金融风险，为国家金融市场的持续稳定作出了较大贡献。

一定要做值得一做的事

企业应该在创造经济效益的同时，积极承担社会责任。安硕信息在自身发展的过程中，念念不忘回馈社会。所谓"企业家精神"不仅针对公司经营，社会效益方面的表现也是衡量的标尺之一。

为了支持和推动上海外国语大学教育事业的发展，公司向上海外国语大学教育发展基金会捐赠人民币 270 万元，设立"安硕教育基金"——资助经济困难、学习勤奋、生活简朴的学生完成学业、成才报国；支持国际化创新及科技人才的培养；奖励优秀老师和学生为教育和扶贫事业贡献力量。

为了激励兰州大学师生认真工作、勤奋学习、刻苦钻研，安硕信息向兰州大学捐赠 15 万元，设立安硕奖教金、奖学金、活动奖励金，奖励数学与统计学院教学工作成绩突出或学生管理工作优秀的老师，奖励德智体全面发展、品学兼优的学生。

在高勇看来，世界上可做可不做的事情是做不完的，但是一定要去做那些值得一做的事情，例如教育扶贫，就像一束束微光，能够点亮一个个学子的希望。

孔祥云：用数字化技术赋能咨询服务

　　人物简介：孔祥云，男，1974 年 1 月生，汉族，中共党员，先后毕业于西安交通大学、上海财经大学，工学学士，经济学硕士。上海企源科技股份有限公司董事长。第十五届上海市杨浦区政协委员。杨浦区工商联副主席。获上海市浦东新区"两新"组织"三优"先进个人、上海市首届"十大青年创业先锋"、上海市优秀软件企业家等荣誉称号。入选 2009 年、2015 年上海领军人才，杨浦区第八、九批拔尖人才（经营管理类）。

孔祥云近照

办一家中国人的世界级咨询服务公司

孔祥云大学本科是在西安交通大学学习计算机软件，硕士研究生阶段又对管理信息系统进行了研究。如何通过信息化的软硬件来帮助政府、企业提升运营管理水平，如何让企业降低成本开拓新的营销和服务渠道，都是孔祥云钻研的内容。1998 年毕业之后，他发现市场上对自己所学的专业需求很大，于是决定进入管理信息化咨询服务领域。他表示，自己一开始就树立了一个目标——办一家中国人创建的世界级咨询服务公司。正是这一年，他创立并运作了 AMT（Active Management Team 的缩写）——企业资源管理研究中心，这个非营利性的网站后来成为世界华文领域颇具影响力的管理信息化站点和资源中心。1999 年，他参与创办上海汉普管理咨询有限公司。2001 年大股东决定将汉普公司卖给联想公司，孔祥云并不认为咨询服务公司能够在一个大的制造业体系中得到较好发展，于是决定离开，并创办了上海企源科技有限公司（以下简称 AMT 企源），为客户数字化转型提供从咨询、软件平台落地到运营外包的全过程服务。

公司发展之初曾遇到过许多困难，孔祥云自嘲地说"困难天天有、年年有"，他觉得自己不会有事事顺利的时候，能做的就是不断解决问题、战胜困难。AMT 企源自 2002 年开始正式商业运作，2003 年正好遇上"非典"疫情，城际间的人员流动受阻，员工无法开展工作，公司收入受到很大影响。孔祥云只能采取抵押房子等手段，保证现金流通。否则，公司就会面临夭折。经营六年后，AMT 企源已经初具规模，但 2008 年发生的亚洲金融危机使得大量客户被迫中止合同，这又是一个不小的打击。孔祥云与他的团队咬紧牙关、苦渡难关，决定调整客户对象及服务内容。他们发现一些央企如银行受到的影响较小，于是将服务对象主动转向这些机构，公司情况稍稍转好。2020 年开始的新冠肺炎疫情，同样给 AMT 企源造成了很大困扰。但有了 2008 年的经验，加上疫情以来公司团队的积极努力，AMT 企源整体业务早已恢复正常，仅在 2020 年第一季度受到了较大影响，但 2020 年全年收入和 2019 年全年收入相比仍然有所增长。在疫情持续的 2021 年和 2022 年，AMT 企源的整体营收继续保持增长，截至 2022 年年末，AMT 企源付薪员工数量超过了 3000 人。战略产品——产业互联网软件与运营服务，实现了每年超过 100% 的增长，成为向中国钢铁冶金、能源化工等企业提供产业链数字化咨询与平台建设运营服务行业的领头羊。

如今，AMT 企源已经有了相当不错的业绩，孔祥云仍然没有满足。他将 AMT 企源的发展目标对标为世界著名的美国埃森哲公司。孔祥云介绍道，埃森哲目前的市值约为 1900 多亿美元，折合人民币 1 万多亿元。谈及目前 AMT 企源与埃森哲之间的差距，他坦诚地说："还差十万八千里。"埃森哲一年的营业收入为 450 亿美元，中国市场的每年收入超过 20 亿美元，即人民币 140 亿左右。而目前 AMT 企源一年的营业收入"不过人民币 10 个亿"，差距很大，但其中也隐藏着无限的市场潜力。在孔祥云看来，自己还需要不懈奋斗。

孔祥云（正中穿黑色服装者）出席 2021 中国产业互联网与乡村振兴发展论坛

紧跟时代的数字化"链条"转型

孔祥云总结道，公司在疫情期间的快速恢复，部分得益于目前数字化需求的大幅增长。一些较为传统的产业如农业，甚至政府部门，都亟需数字化来拓宽运行渠道，需求变得旺盛了。2014 年，AMT 企源实现了自身的转型，由原来传统的咨询模式，升级为与互联网平台互相结合的"管理+IT"新模式。以往的咨询服务往往局限于短时间内的战略咨询或薪酬体系咨询，合作时间较短，咨询模式为一个订单就是一笔生意。如果将咨询与数字化和互联网紧密结合起来，客户就会要求咨询公司提供数字化转型的相关技术，比如，APP等数字化平台的建设，这就需要云服务、区块链等以互联网为基础的技术。在为客户提供技术支持的同时，孔祥云将公司的服务再往前推了一步："我们不光帮助客户把数字化的平台和系统建立起来，还会手把手地指导操作。"公司会派一个团队和客户长期合作、联手运营，大大提高了客户的工作效率，由此衍生出相关费用，客户当然乐意支付，公司收益也得以增加。

孔祥云把AMT企源目前的服务模式形象地比喻为"链条"。以前，AMT企源服务的都是一个个的客户，但现在却是数字化的"一整条产业链"。AMT企源已经有了成熟的具有自主知识产权的软件产品，可以为全国各地的企业及政府机构提供帮助。他坚信，这场与无数企业命运息息相关的数字化转型，必将给AMT企源带来无限的市场潜力。

党性意识与党员群体

孔祥云的老家在有着浓厚革命传统的沂蒙山区，孔祥云出身于革命家庭，爷爷在新中国成立前就参加了解放军，后来留在陕西工作。在革命氛围的熏陶下，孔祥云积极追求进步，上大学后很快就加入了中国共产党，在大学里他还担任过党支部书记，发展过多名党员。

党员身份对孔祥云经营企业发挥着至关重要的作用。孔祥云认为，这首先体现在个人的品性和修养上面。其次，AMT企源虽然是民营企业，但绝不会为了盈利而亏待员工，员工具备一定经验后，可以带领团队，可以负责某块业务或区域，可以得到业绩奖励，可以与公司一起分享资源和人脉。最近，AMT企源计划进入创业板，准备向员工推出股权激励计划，让员工持有公司股权。孔祥云表示："像我们这种知识密集型、智力密集型的企业，光靠薪水的增长是留不住人才的。"他需要把公司打造成一个人人都能共享发展的平台，让每位员工都能自主发挥、快乐成长。孔祥云特别提到，公司中的党员群体给企业树立起向上向正的良好风尚。

将党员们发动和组织起来，可以使团队实现集体的"力量整合"。党员群体对时事政治、对业务本领的带头学习，对公司发展同样有着深远影响，通过党员带领员工深入了解国家"十四五"期间的方针政策、时事政治等，对于企业的战略制定、业务开拓和员工职业规划，一定会起到积极作用。

姚刚：从一个电网项目开始的创业

人物简介：姚刚，男，1966 年 11 月生，汉族，中共党员，毕业于天津大学，工商管理博士。上海昌泰求实电力新技术股份有限公司董事长。杨浦区工商联执委，长白新村街道商会监事长、联合党支部书记。

姚刚近照

1992 年邓小平南方谈话之后，国务院修改和废止了 400 多份约束经商的文件，大批国企职员投身到民营工商界。作为中国特大城市的上海，是改革开放的前沿阵地，上海商业吹响了前行的号角，姚刚便是在上海这座城市中正式开始他的"下海"之行。

我骨子里就喜欢挑战

改革开放初期，充满着机遇和挑战，自主创业，成为那个时期的印记。改革开放语境中的"下海"，意味着放弃传统体制里的各项保障，到新的社会经济形态中去从事风险和回报都非常高的活动；意味着敢于拼搏、勇于创新。当大多数人还在国有企业的温室中观望时，姚刚决定辞职"下海"。

虽然姚刚对国企职位看得很淡，但是，当他于1992年准备从河南许继集团电气有限公司辞职的时候，还是遭到了父母的反对。姚刚说："这是时代给予自己的一次机遇，市场经济造就的新空间里，资源丰富，前景广阔，在一个如此诱人的'海域'面前，爸妈左右不了我这个三十多岁想要外出闯荡的儿子。"

在他之前，其实也有很多年轻人选择离开体制，"下海"创业。不过大多数人都为自己留了条后路，选择"停薪留职"，也就是说，如果创业不成功，还可以再回归体制。姚刚不是，"我骨子里就喜欢挑战"，他略有些调侃地说，"背水一战，做不成事只有回去蹬三轮车了"。

辞职之前，姚刚还在一边工作一边读研，读研期间他非常严谨地完成了两个项目，这也为后来他的创业之路做好了铺垫。1998年，姚刚接到了一个项目，提供者是读研期间曾经做过项目的一个公司，深思熟虑之后，他从国企辞职，独自一人来到上海。"我是凌晨两点到的上海，那是冬天，火车站里休息的人特别多，横七竖八的，有躺在椅子上的、有坐在旅行箱上的、有倚在人身上的，还有趴在包袱上的"，姚刚回忆着说，"当时很兴奋，没有一点迷茫和恐慌，大概是自己已经项目在手了，我记得特别清楚，是安庆汽车城的一个电网项目"。

我必须说服决策者接受新理念新思路

刚到上海的时候，条件非常艰苦，姚刚现在仍然记得那个没有暖气的上海冬天。"当时我租的房子都是自己刷白的，很多材料要自己跑去买，白天顶着风到处跑。自己买的可以便宜一些，便宜个几块钱都觉得很高兴。"姚刚手上的第一个项目，便是在这样的困难条件下完成的。

创业的过程并非一帆风顺，不顺利的地方最主要因为对方处于电网发展的初期，没有信息化手段和数据。没有数据，便难以对电网情况进行分析；无法分析，就形不成结论，也就看不清电网的整体概貌，这对项目的实施产生了不小阻力。

"印象比较深的还有对项目决策者进行的一些思路介绍，因为不少建设概念比较专业，和实际结合起来了之后显得有些复杂，有些难以理解，你要同他们反复沟通你的思路，但是解释起来挺困难的。"

读研究生的时候，姚刚跟着老师接触过国际上的先进理念，他想把这些理念通过技术服务落实到电网建设中，例如规划务必科学周全、项目务必精准落地等，但是向决策者传递这些理念时，同样遇到了障碍。

"当国有企业考虑接受你的理念时，会很犹豫很彷徨，因为我们毕竟不是高校，也不是科研单位，只是一个小公司。"但是，"我必须说服决策者接受新理念和新思路"，姚刚不厌其烦，因为这事关项目质量，他援引当时国际上的电网发展情况，拿出东京电网和新加坡电网两种范例来说服对方。

一波三折，第一个项目终于完成，业界反响很大，项目逐渐多了起来，在接连完成几个项目之后，姚刚的创业逐渐步入了正轨，公司由小变大，2002 年 7 月，上海昌泰求实电力新技术股份有限公司正式成立。

公司团建活动合影

多年来，公司专注于各级电网规划、供电能力评估、项目需求编制，专注于综合能源设计与管理、电力物联网建设、新能源接入应用研究、投资效益评价、大用户用能分析等。公司拥有经验丰富的电网与需求侧专职工程技术团队，已成为国内最具影响力的电力系统、综合能源服务等咨询服务提供商之一。

什么事我都是满怀信心地去干

有人说姚刚事业的成功得益于时代，也有人说是源于豫商的天赋。豫商大多是白手起家，很多人是从杂活、零工开始，完成了原始的经验和资金积累，然后从市场中寻找到商机，靠着河南人灵活的头脑和拼搏精神，一点点打出自己的一片天地。

的确，姚刚身上有着白手起家、吃苦耐劳、踏实厚道、团结互助的豫商精神。用姚刚自己的话来说，便是"我觉得我从来没有迷茫过，什么事我都是满怀信心地去干，盯准一个目标，就往前迈过去，我们这一代什么苦都可以吃的"。创业取得成功之后，在家里姚刚仍然在各个方面都要求简朴，在公司也要求所有人踏实做人，规范做事。

如今，已过耳顺之年的姚刚喜欢练习书法，办公室墙上挂着朋友送的一幅字，上面写着"海纳百川"。姚刚说："海纳百川是一个很有意味的词，我觉得涓涓细流也好，滔滔江河也好，最后都要回到大海，每个人都要努力奋斗，为祖国凝聚力量嘛。从个人来说，是对我们情操的一种比较高规格的警示，你要有大海一样的包容度，要能够容得下各种思路、各种理念、各种观点。"

有宽广胸怀，才能有更大视野，才能为自己的追求而笃志前行。如今，事业有成的姚刚，心中依旧怀有那一片浩渺的汪洋。

李海峰：恪守诚信的汽车销售商

人物简介：李海峰，男，1966年9月生，汉族，无党派人士，毕业于上海财经大学。上海天泽汽车销售服务有限公司总经理。上海市杨浦区第十五、十六、十七届人大代表。杨浦区工商联常委、控江路街道商会会长。

李海峰近照

从学校毕业后，李海峰到一家国有汽车企业从事销售。21世纪初中国加入世贸组织后，对外开放又迈出了坚实的一步。因为看好进口车销售的前景，李海峰决定和朋友一起创业，开始做进口汽车贸易。从还没有 4S 店的时代走来，走过将近二十年的历程，上海天泽汽车销售服务有限公司（以下简称天泽）一直与时代的脉搏共振，李海峰在不断丰富自己的生意经的同时，也实现了个人和公司的社会价值。

一诺千金的故事

在将近二十年的经商路上，李海峰始终忘不了那个当年奠定公司发展基调的故事。

创业初期，公司曾引进过一辆价值百万的宝马轿车，与客户签好合约后却发现，供货商在进货过程中存在违规操作，这会导致货品无法完成交付，李海峰和同事们急得睡不着觉。对有些公司来说，此时可能会选择支付一定的赔偿金了事，减少亏损。但李海峰他们认为，一诺千金，对顾客的承诺必须恪守。怀着这个信念，他和同事通过各种渠道找到了新的经销商，以比先前高出许多的价格重新进了一批货，如期完成车辆交付。与此同时，也承受着亏损。那时，公司才刚刚起

天泽公司团队合影，中为李海峰

步，一笔生意就亏几十万元，这个打击是巨大的。但是，也正是坚守承诺的态度，换来了意想不到的回报——这一番波折，使得李海峰的公司得到了那位买家的充分信任，在那之后的三年内，他所有的车辆采购订单都签给了天泽。"我至今觉得我们当时的做法是正确的，对顾客的承诺必须落实，如果我们当时没有做好那笔生意，或者通过赔偿逃避一部分损失，可能就没有之后的订单了。"李海峰说。

另一个被李海峰随时挂在嘴边的故事，则与零部件有关。行业内，通过替换非官方授权零部件来提高毛利率的做法并不少见。但李海峰的公司坚持全部优先使用厂方授权的零部件，不从非正规渠道进货。因此，哪怕发生了事故，也丝毫不用担心是盗版零部件造成的问题。

这种对顾客极端负责的经营风格，使天泽在上海市汽车销售、维修服务行业广受好评，被评选为第十八至二十届上海市文明单位，2015—2022 年获得了上汽大众授予的"六星级优秀经销商"荣誉称号。

发展离不开良好营商环境

从当年看好进口贸易前景开始做进口车销售开始，李海峰的经营之路便是与国家政策、时代特色紧密联系在一起的。近二十年来，公司的成长融入中国对外开放浪潮，与时代共同成长。在李海峰看来，公司这些年的发展，特别离不开杨浦区有关部门的支持。据他回忆，刚开始创业时，自己对如何经营民营企业还有点茫然，区工商联等机构组织了许多活动，帮助像他一样的创业者学习政策、储备知识。当地政府也提供了包括税收、人才以及周边基础设施在内的各种扶持。例如，公司 4S 门店附近的停车问题，就是有关部门帮助解决的。

近些年来，李海峰也见证了上海营商环境的不断改善。让他印象特别深刻的是企业办证的流程在不断简化，现在有些手续甚至无需去窗口就能办成。这些变化为民营企业提供了实实在在的便利。"对比我们当年创业，现在的营商环境有了极大的改善。"李海峰坦言。

李海峰表示，目前自己将继续根据国家政策的指引，为公司做好长远规划。比如针对发展新能源汽车产业的导向，2021 年 6 月公司在五角场合生汇商圈设立了上汽大众上海首家旗舰电动汽车数字化城市展厅 ID.STOREX 店，2023 年 8 月在临港爱琴海—城市书香商圈设立了公司第二家数字化城市展厅 ID.STORE 店，用于推广新能源汽车的销售。

热心承担社会责任

企业的社会效益，是李海峰的生意经中非常注重的另一个方面。为让员工更好地领悟感恩文化，传递感恩文化，将感恩文化渗透于企业建设中，每年李海峰都会组织天泽开展社会公益活动——与控江路街道社区结对捐助两名贫困学子，参与社区组织的垃圾分类志愿者活动，向浦东自闭症儿童辅读学校提供长期的志愿者公益服务，向果洛藏区贫困学校及当地孤儿学校的孩子们捐赠书籍文具等。

身为杨浦区控江路街道商会会长，李海峰带领会员认真开展理想信念教育。在他的号召下，会员企业组织开展了"守法诚信、坚定信心"等主题活动。李海峰带头参加慈善"一日捐"活动，每年都会捐款两到三万元。新冠肺炎疫情以来，为了帮助企业加速复工复产，李海峰带领商会联合杨浦区投资促进办公室和控江路街道举办了"凝心聚力促发展 整合资源优环境"优化营商环境活动。李海峰还积极服务会员企业，开展"三送"服务，即"送知识""送关心""送物资"。疫情期间，天泽做到了"零裁员"，并向上海市慈善基金会杨浦区分会捐款两万元。

当选杨浦区人大代表以来，李海峰积极履职，了解民情，传递民意，推动社会问题的解决。针对凤南新村居民住房问题，他连续几年提出"关于加快改善凤南新村旧区改造"的方案；针对居民出行，提出了"关于周家嘴路黄兴路之间 145 路、33 路公交车只有高峰车停靠的问题""控江路 1505 弄出口车辆不能大转弯的问题"和"1455 弄自行车无法存放的问题"的议案；针对目前居家养老服务还存在供给内容较少、效率较低、专业化不足、个性化需求满足度不够、智能化消费需求正在逐步释放等新动向，参与提出"关于发展智慧居家养老的意见"，助力打造养老行业的数字化新图景；面对近年来经济下行的挑战，提出了"关于提升杨浦消费能级的建议"，主张把恢复和扩大消费作为稳增长的重要抓手，推动经济恢复与重振。在李海峰看来，真实地反映人民群众的愿望，为人民群众代言，是体现人生价值的一个难得机遇。

朱建新：创业大家挥之不去的教育情结

　　人物简介：朱建新，男，1964 年 2 月生，汉族，中共党员，先后毕业于同济大学、中欧国际工商学院，工商管理硕士。上海申嘉科教投资发展有限公司董事长、致达控股集团公司执行总裁。第十、十一届上海市杨浦区政协委员。获上海市新长征突击手、上海市劳动模范、浦东新区十大杰出青年等荣誉称号。曾任上海市工商联执委、上海市工商联民办教育协会副会长、杨浦区工商联副主席和总商会副会长。

朱建新近照

从高校教师到创业大家

朱建新无疑是一位创业大家——1993年以来，他的创业领域涉足科技实业、文化图书、信息产业、房地产开发、教育投资等大大小小十几个行业，哪怕一半以上创业尝试都以失败告终。"不要恐惧失败，失败不可怕，我们需要的是创业精神，用不断的尝试去传承创业文化。"朱建新如此鼓励年轻人投身创业。

1993年，朱建新离开了自己学习工作了数年的同济大学。早年从同济大学数学系毕业后，他曾留校教授高等数学，之后又相继担任校团委副书记、党委组织部组织员等职务。从安稳体面的高校生活转向充满不确定因素的创业道路，在朱建新看来这是个人、家庭和时代共振的结果。一方面，朱建新自认为是一个"不安分"的人，向往充满挑战的工作，而组织部的工作不太适合自己；另一方面，产业大调整后朱建新的家人纷纷下岗，学校收入十分有限，现实的财务压力促使他走上创业之路。邓小平南方谈话以后，中国涌现出第一批创业先锋，这也让朱建新捕捉到了创业的风向。

创业者要走出办公室

选择IT产业作为创业的首发地后，朱建新成立了上海万申信息产业股份有限公司，迎面而来的困难是如何寻找市场。朱建新敏锐地意识到"有议价权才有利润"的行业特性，将证券公司作为自己的目标客户，不仅因为当时刚刚成立的上海证交所吸引了四面八方的证券公司，更是因为证券市场"网络断了一秒就要维护"的属性，"这个行业对我有依赖性，我有议价权，那么就有了更高的利润"。

然而，最初起手的都是小项目，对于开拓市场而言并没有说服力。朱建新笑称，自己的第一个上百万项目的背后别无他法，只有锲而不舍。当时，为了寻找客户，朱建新在街头看到正在装修的公司都会上去问问，恰好看到了深圳中信证券在杨浦区辽源西路建设营业点。然而，彼时还没有大项目在手的万申公司，在商谈一开始并不被重视，朱建新甚至连与中信总经理沟通的机会都没有。但他没有放弃，而是始终不渝地跟随着对方的施工团队，用真心和诚意打动对方——当时深圳来的企业不免受香港企业文化影响，对办公室的选址和陈设颇有讲究，朱建新为此请来相识的专业教授为中信总经理答疑解惑，收获了对方的感谢与信任，顺利地拿到了项目的施工权。

多年来，市场意识和实践精神都是朱建新牢记于心的创业法宝："我多少年的经验就是，创业者要走出办公室，坐在办公室里纸上谈兵，怎么会成功呢？"

挥之不去的教育情结

在这么多白手起家建设的项目里，朱建新办得最长的还是教育行业。他坦言自己始终有"挥之不去的教育情结"。

从 2003 年投资上海科学技术职业学院成为董事长以来，在大刀阔斧的课程改革和心系当地的现实关切中，他将学院打造成了集全日制大学、社区学院、开放大学于一体的院校。他始终相信，大学的第一职责是培养人才、第二职责是科研、第三职责是为社会服务。而为社会服务的关键就是提升本地劳动者素质。"我是嘉定人，我要怎样为嘉定作贡献？考上清华、北大的人不一定回家乡工作，去了市区、去了北京、去了美国。考上一般的学校、没有考上的、回嘉定的学生怎么办？"

朱建新在第三届全国高职院校"创业教育与产业融合"研讨会上发言

为了提高劳动者素质，同时反哺嘉定当地的产业建设，朱建新在教育主管部门的支持下，进行了大幅度的课程调整，从教学大纲到教材改革，强调动手能力和技能为先，砍掉了一半的高数、英语课程。"学了英语，很多人有可能用不上，所以我强调动手能力。"从葡萄种植到针对大众汽车的叉车培训，他开设了多层次多种类的培训班和社团。一到周末，学校的操场就停满了车，都是来参加成人教育和技能培训的当地劳动者，据统计，每年前来参加成人教育、学历教育培训的超过两万人次。

办学十几年，朱建新向嘉定输送了无数本地人才。如今，上海科学技术职业学院毕业生每年的就业率在98%以上。但最令朱建新自豪的不是颇有成效的就业率数据，而是学生学到了真东西、硬技能，可以找到一份体面且可持续的工作。

从最初不被科研院所、国企和央企所青睐，到成功打破就业壁垒，朱建新一方面在不断的改革和尝试中提升学生的专业素养，另一方面向对口行业努力争取就业机会，"我们会反复地去说'你试用一下我们的学生'，为学生争取更多的机会"。而各类实践项目和强调动手能力的课程设置也让学生能够胜任工作岗位，做大做响学校的招牌。朱建新曾在路上偶遇一名学生和他打招呼，学生笑言自己已在宝钢做了四五年，如今工作稳定，在实践过程中也能够学以致用，这让朱建新感叹不已，从IT房产转向教育投资的十几年间，付出的努力和坚持都是值得的。

创业步不停，永葆赤子心。几十年来，朱建新在创业之路上不畏挑战、敢于试错，从自主创业走向扶持创业，用自己的经验和感受悉心指导帮助年轻人创业，将创业精神和创业文化发扬光大。

武浩：扎根岩土，拥抱星辰

人物简介： 武浩，男，1969年2月生，汉族，中共党员，毕业于复旦大学，法学学士。上海勘察设计研究院（集团）有限公司党委书记、副董事长、总裁，高级政工师。中共上海市第十一次代表大会代表，上海市杨浦区第十七届人大常委会委员。杨浦区工商联副主席。获上海市五一劳动奖章、上海市优秀党务工作者等荣誉。入选杨浦区第十批拔尖人才（经营管理类）。

武浩近照

1991年，武浩从复旦大学政治学专业毕业，被分配到上海勘察院（以下简称上勘院）工作。他坦言，初入单位的那段时间，总感觉到专业不对口，工作缺乏挑战性，加之客观环境限制，或多或少自觉工作平淡，一度深感煎熬。

如今回首过往或深或浅的足迹，武浩却惊奇地发现，这一路走来的沿途风光，原来竟是如此触动人心，丝毫不负自己三十多载的坚守与付出。

这里，改变了他

1991 年 7 月，迎着灼灼烈日，武浩离开学习了四年的复旦大学校园，怀着些许"心不甘情不愿"的情绪。对一位政治学毕业生来说，被分配到主攻城市基础建设的单位，显然称不上是个妥当的工作去向，上勘院的工作与自己的专业领域毫无关联，甚至可以说是风马牛不相及。"当时单位里同济毕业的大概占了三分之一，剩下的也大多是理工科出身。"武浩笑着回忆道。

专业不对口是一大难题，好在入职后武浩被分配到了院办公室，做的是管理工作，并不涉及工程勘察设计等专业性强的领域，因而一定程度上避免了学非所用的尴尬境地。尽管如此，问题依然接踵而至，由于工作内容距离核心业务较远，基本处于"外围地带"，他常自嘲是个"边缘人物"：一方面有着相对轻松的工作量，日常处理的多是鸡毛蒜皮的小事，很少需要动用自己的政治学专业素养；另一方面又觉得一身才干难以施展，对单位建设的参与度和贡献度较低，无法在工作中收获应有的成就感。现实与理想之间的巨大落差，一度使他陷入了彷徨迷茫的状态。

时至今日，再想起彼时那个刚踏上社会的懵懂年轻人，武浩仍是百感交集，不由喟叹："幸亏我们上勘院的风气向来是崇尚平和的，身边同事也大多宽容友善，否则，我真的很难渡过这一关。"得益于上勘院这种和谐、包容的文化氛围，他渐渐地开始感受到了工作的价值所在，也更主动地投入到事业中去，逐渐适应了上勘院办公室办事员、书记员的平凡岗位。

俗话说，机会总是留给有准备的人。或许，正是因为这份幡然领悟后的努力，武浩在入职一年后，担任上勘院团委副书记（主持工作）一职，就此走向了全新的舞台，担负起院团组织的大小事务。尽管这个舞台说不上有多大，他却倍加珍惜新岗位的无限可能性，为之付出了远比之前更多的时间和精力。无论是推进青年创优工程，还是做好青年"双推优"工作，抑或策划一系列青年职工们喜闻乐见的文化活动，他都积极主动地将聪明才智倾注其中，尽力精心策划设计和推进执行落地，以高度负责的态度和敬业奉献的精神承担起肩上的责任，终于在拨开茫茫云雾之后找到了那片广阔天空。

寻梦的过程固然坎坷，如今看来，却是无比珍贵的磨砺机会。经过团委岗位的三年历练，武浩的综合素养和工作能力逐渐得到了院领导和同事们的认可。此后，他积累经验、扎实工作、兼收并蓄，先后任职党办和院办主任、人事处长、工会主席、总经理助理、行政总监、副总裁、集团党委书记兼总裁，从最初游走在体制边缘的基层办事员，成长为现如今参与企业决策的最高管理者之一。在个人成长的过程中，尽管外界赋予的标签千变万化，不变的却始终是他那份奉献价值、追求卓越的"初心"。

这里，成就了他

国家全面实行改革开放政策以后，上海基础建设速度不断加快，此后，随着浦东的开发开放，上海的勘察设计行业进入了高速发展期，勘察设计单位的管理和经营体制也逐步由事业单位向现代企业过渡。时代改革浪潮汹涌，吹响奋进发展号角，20 世纪 90 年代初，上海岩土工程勘察设计研究院（原上海勘察院）敢开上海风气之先，在行业中率先推行技术体制改革，实施传统勘察技术体制向岩土工程技术体制的大胆转化，发展多种岩土工程测试手段，坚持走向岩土工程一体化的技术发展道路。

步入新世纪后，上勘院更是率先推进经济体制改革，大胆创新、敢于探索，反复论证、勇于尝试，以干部、人事、分配三项制度改革为突破口，以组织、技术、经营三大结构调整为抓手，有效激发企业活力，顺利完成国企转制，积极推行现代企业制度。武浩说，那时他作为改革工作小组的一员，参与国企转制的方案编制和众多制度设计，有幸成为上勘院体制机制改革的亲历者、参与者和见证者，从中积累了不少宝贵经验，更领悟了不少。

"改革，始终是贯穿我们工作的主线。虽遇重重阻力，却终于平稳完成，探索出了适应自身发展的上勘模式。"武浩感叹道。这场改革之所以得以顺利推进，主要也是得益于四个方面的充分准备：一是改革共识的建立，依靠理念先行，充分做好解放思想、统一认识的工作，形成统一的改革观念；二是决策程序的民主化，坚持发挥职代会作用，广泛听取职工意见；三是方案合理性的充分论证，体现在改革对企业发展的有效促进，也体现在改革方案的充分性、完整性；四是改革落地的"人情味"，也就是以细致的职工思想政治工作与和风细雨的工作方式，确保各方面和谐稳定。在武浩看来，这四者缺一不可，也正是得益于各方政策的大力支持，依靠着当年上勘人的齐心协力，才得以扫清了进一步深化改革道路上的重重障碍。作为沪上首家完成改制的副局级事业单位，上海勘察院的体制改革硕果累累，此后更是以卓越之姿迈上了快速发展的航道。

面向新时代，上勘人从未停下创新求索的步伐。此时已成为企业领军人之一的武浩，开始积极倡导并推动集团基于岩土工程特色，逐步向产业链两头延伸，高度凝练地提出了"五条线"（天际线、生命线、文脉线、生态线、智慧线）战略发展布局，牵头制定发布了第四轮企业战略规划，聚焦"创新上勘、品质上勘、数字上勘、人文上勘"四大重点，栉风沐雨，再启新程。而作为一家老牌科研院所改制企业，上勘院始终坚持党的领导，稳步形成了"五个力"党建品牌。作为党委书记，武浩坚持提升党组织公信力、领导力、战斗力、渗透力、凝聚力，抓

武浩（右前）向参观者介绍从上海中心大厦地下 288.2 米处取出的基岩

重点、破难点、切要点、推亮点，发挥党支部战斗堡垒作用和党员先锋模范作用，为上勘院创新发展提供了坚强的组织与人才保障，使得企业虽爬坡过坎，却仍行稳致远。

扎根岩土，根深叶茂；拥抱星辰，浩瀚闪耀。他是复旦的平凡一员，却以始终不变的坚守，与团队共同扎根在人民城市建设的一线，绽放出属于自己的光华。谈及未来，武浩充满信心地表示，他和全体上勘人必将继续弘扬"特别能吃苦，特别能战斗"的上勘精神，踔厉奋发，笃行不怠！

陈国富：技术和服务是强企之本

　　人物简介： 陈国富，男，1964年7月生，汉族，中共党员，毕业于中国人民解放军南京炮兵学院。上海亚环建设工程发展有限公司董事长、总经理。上海市杨浦区第十七届人大代表，第十二、十三届杨浦区政协委员。江浦路街道商会会长。获上海市资源节约综合利用先进个人、杨浦区百名产业精英等荣誉称号。入选杨浦区第七、八批拔尖人才（经营管理类）。曾任杨浦区总商会副会长。

陈国富近照

1987 年，毕业于南京炮兵学院工程管理专业的陈国富，从家乡江苏来到上海开始打拼。他以自己的专业强项通风设计为职业方向，先是进入国营企业工作，20 世纪 90 年代又创办了自己的企业——上海亚环建设工程发展有限公司（以下简称亚环），担任董事长，企业主营建设建筑工程、制冷空调电子设备等业务。

多年的企业运营让陈国富对企业的管理理念和公司文化建设有了更深的感悟，集中表现为三点：一是以诚为本、做好自己；二是员工和老板相互平等；三是企业效益源于社会，就应当用于社会。

优质服务赢得信任

如今的亚环已具有国家机电设备安装工程专业承包一级资质。回望公司成立之初，中国民营企业的地位远没有现在这么高。让民营企业来做一个比较大的项目，很多人连想也不会想，客户想的是：凭什么我不交给国营企业去做？这给新成立的民营企业带来了巨大生存压力。陈国富非常清楚，想要跟国营企业竞争，只能靠技术过硬、靠优质服务来赢得机会。

上海亚环建设工程发展有限公司一角

当时，上海有一家同国企合作的德国大公司，用的都是进口设备，一台就价值几亿元，需要靠国外先进技术进行维护。来到中国以后，这家德国公司没有找到符合他们要求的技术公司，亚环得知后便主动请缨：国企做不到的，我们能做到！老外十分震惊：一家小小的民营企业，哪里来的技术，一旦设备损坏，赔偿得起吗？"当时他们就是用这种眼光看我们的。"陈国富回忆道。协商的当天下午，亚环派人"实际操练"，德方技术人员在旁观察，一个下午就把活儿干完了，质量受到德国公司的高度认可。对方问陈国富，能不能保修？陈国富当场承诺：免费保修一年，二十四小时待命，随叫随到。德国公司很高兴，出价一百多万元要跟亚环签约，亚环方面的出价是五千元，陈国富一度觉得这个价格仍然高了，还曾心想若对方有异议，最低降到三千元也是可以的。一番考察之后，德国公司坚持付给亚环几万元，是亚环要价的十倍。他们认为，亚环的服务质量绝对值这个价，这也是他们能给的"最低"价格了。两家公司从 20 世纪 90 年代以来，一直保持着良好合作关系，每次亚环都坚持先服务，等客户满意了再收款，在这种和谐的关系中，亚环收获了信任。

心系员工关怀备至

上海的创业环境为陈国富践行"诚信为本"的理念提供了合宜的空间。亚环在外地也有分公司，但在沪企业的经营更加顺畅，究其原因，用陈国富的话来说就是"上海是一个高质量的地方"，在他看来，上海特别讲质量、讲信誉，"只要质量够高、服务够好，上海不会亏待你。在外地一些地方，运作方式跟你的经营理念不一样，为了拿到项目还要有应酬之类，在上海就不需要，你只要把事情干好就行"。为此，陈国富极力主张年轻人到上海来创业，他的建议只有一条：做一项、精一项，先认认真真把自己做好，再考虑别人怎么对你好。

企业要发展，员工也要相应地提高获得感。亚环为员工提供各种各样的学习机会，鼓励年轻人独立上岗、做好服务。亚环的员工有非常强的责任感，在本职工作之外，都会主动承担公司的其他事务。陈国富介绍，公司的激励机制还是不错的，工资没有一年不涨，年终奖根据服务质量评定。老板和员工之间没有高低之分，只是分工不同，没有员工就没有老板。哪位员工家里有困难，老板带头，全员捐款。员工跟企业心连心，把自身融入企业之中。

奉献社会实至名归

陈国富是一位具有几十年党龄的老党员，谈及入党初衷，他的回答简短而坚定："党是服务人民的，我也想跟着党为国家为人民做点什么。"陈国富要求员工树立这样的观念：企业运转不只是为了企业和自身的利益，还要有利于国家富强、社会和谐。亚环自建立以来，承接了不少市政大项目，也做出了不错的成绩，如上海地铁 1 号线整条线路的通风设置等。国家对空调提出新的节能要求，陈国富二话不说购买先进设备，主动对接客户，为他们免费更新，降低能耗。亚环每年投入高额科研经费，与上海交通大学、上海理工大学等高校紧密合作，提高技术、改进设备，朝着节能环保方向不断前进，既帮客户企业降低了成本，又助力了绿色低碳事业。

在陈国富的领导下，亚环公司以"内强素质、外树形象"为发展目标，通过建章立制、技改创新等一系列具体严格的措施，在大幅提高经济效益的同时，赢得了许多值得自豪的荣誉称号——第十四至二十届"上海市文明单位"，以及"上海市五星级诚信创建企业""上海市守合同重信用企业""上海市工人先锋号""上海市和谐劳动关系达标企业""上海市职工之家"等。

秉持着"开拓创新、求实求精"的企业宗旨，亚环将继续阔步前行。

邱信富：创业"专业户" 商海闯荡记

人物简介：邱信富，男，1962 年 5 月生，汉族，无党派人士。上海澜坤服饰有限公司董事长。上海市杨浦区第十六届人大代表，第十一、十二、十三届杨浦区政协委员。曾任杨浦区工商联副主席。

邱信富近照

年轻时，邱信富对带有挑战的生活充满向往。20 世纪 80 年代初，他是第一批 "下海" 的人，后来成为海澜之家的上海地区代理。功成名就后，他将打拼出来的成果交给海澜之家总部，一头扎进自己喜欢的领域——艺术品收藏、茶文化，这位创业 "专业户" 四十年的商海沉浮经历，颇有借鉴意义。

第一批 "下海" 的人

闷热无比的夏季，空气中都能挤出水分。狭小的屋子内，只有一台老式摇头电风扇，有气无力地吐出热风。他在地板上铺了一张席子，久久难以入睡……

邱信富就在如此艰苦的生活环境中，开启 "下海" 生涯。

20 世纪 80 年代初，端着国企的大锅饭稳稳当当吃上一辈子，是绝大多数人心中的理想图景。总有一些弄潮儿，不甘心四平八稳、一眼望到头的生活，邱信富就是首批 "下海" 弄潮儿中的一员。

出来 "单干" 前，他在一家水产冷库工作，三班倒，工作相当枯燥乏味，从上班到下班，不断重复屈指可数的操作流程。

难道后面几十年的时光，就这样庸庸碌碌度过？

邱信富一眼看准布料加工成衣的行当，想在这个领域大干一场。他没有积蓄，只能找到哥哥，软磨硬泡下拿到六百元的 "启动资金"。哥哥把话说得很清楚："亲兄弟明算账，这钱是借你的，三年后连本带息还我。" 他把胸脯拍得砰砰响，从哥哥手中接过这笔 "巨款"，相当于当时工人一年的收入。

邱信富拿着这笔钱，在上海柳林路支起摊子叫卖。

说起柳林路市场，老上海人都有印象。它是上海的三大服装市场之一，位于繁华的淮海中路商业街东首的柳林路上，西靠八仙桥商业闹市区。有好几年，营业额和上缴税收连续名列全市服装市场首位。

创业初期，邱信富做的是布料加工生意。什么面料更受顾客欢迎？他不是很清楚，迫切需要专业人士帮他分忧。可是，想要招到合适人选，不像想象中那么容易。在当时很多人的观念中，国营工厂是一生的归宿，人们宁愿拿着稳定的死工资，也不愿砸掉 "铁饭碗"、跟着他去过 "颠沛流离" 的生活。个体户，在大众眼中的地位不高，人们往往认为 "个体户" 是在工厂中混不下去了，才出来讨生活。好不容易，邱信富找到一个做面料采购的朋友，力邀他成为自己的创业伙伴。这位朋友在工厂中干得风生水起，厂领导还将他列入重点培养对象。面对盛情相约，朋友面露难色。一边是多年交情，另一边是未来稳定的收益和大好前途，换成谁都会犹豫不决。邱信富表示充分理解，毕竟他自己都看不清未来，弄不好就会失业。朋友甚至去庙里求了签，最终还是选择留在工厂。

相当一段时间，邱信富很难招到青壮劳动力，只找来几个国企退休职工当他的帮手。他不放心将体力活交给他们干，很多事都是亲力亲为。

邱信富用这笔启动资金去布店买来布料送入服装加工厂，工厂连夜加工把布料做成成品服装。次日清晨五点，邱信富就开始忙碌，取来成品服装拿去柳林路市场贩卖。当时的柳林路市场处于发展初期，汇集着来自全国各地的人，直到1989年才有了规范的门面。邱信富站在路边，和其他小贩一样大声叫卖，用最原始的方式吸引顾客。一般到下午两三点，邱信富卖完服装后，拿出一部分钱再去布店买布料送去工厂加工，第二天早上再重复这种简单的"商业模式"。

一天之内，辗转柳林路市场、布店、服装加工厂，黄鱼车上的布料、服装有好几百斤，就算隆冬时节，走一趟也会汗流浃背。回忆当年早出晚归的生活，邱信富并不觉得有多辛苦。看到生意一天天好起来，哪怕晚上不睡觉也没有关系。

几年之后，邱信富成了众人羡慕的万元户。

将海澜之家做大做强

布料成衣的生意做了一段时间后，邱信富遭遇了经营瓶颈。随着社会经济发展，国外各大知名服装品牌进入中国市场，对邱信富的生意形成很大冲击。邱信富果断放弃已有的营利模式，投资1000万元开办金岛温泉，这几乎是他当时全部的家当。经营温泉并不如布料加工那样顺利。随后，邱信富又涉足过餐饮业。这两段创业经历都很短暂，他坦言自己不小心走了弯路。

就在他感到迷茫时，一个邀约向他展现了未来的路径。

海澜之家在2003年成立，当时由一家国有棉纺厂转型而来，在行业内属于初出茅庐、名声不大的品牌，在创立的前三年亏损超过800万元。他们并未放弃，找到邱信富商谈代理合作，希望打开上海的市场。

对方开出非常有诱惑力的代理销售返现率，比市面行情高出一大截。合作协议对双方的权利义务写得很清晰，海澜之家总部负责生产，邱信富这边负责做终端销售，盈亏需要他和总部共担。海澜之家并未隐瞒自身的营运状况，看到连续三年亏损的财务报表，邱信富的眉毛拧成一团。

对方代表看出他的心思，表示亏损只是一时，公司会竭尽全力宣传营销，很快能形成品牌效应，获得顾客认可，占有更大市场份额。这几份亏损的财务报表只代表过去，决定一家企业是否有投资价值，更重要的是看它未来的发展趋势。

这番话说服了邱信富，他在合同乙方一栏郑重地签上自己的名字。这一年他已经四十岁。和上次投资金岛温泉一样，他同样拿出自己所有的家当，成为海澜之家上海地区的代理商。3000万元，只要后半辈子不折腾，这笔钱完全够他颐养天年，同时给孩子留下一份殷实的家产。

但是，他偏偏要折腾一次。

自从签了这份冒险的协议，邱信富连续多个夜晚睡不着觉。既然难以入眠，不如做一点对市场开发有益的事情。凌晨一两点，他干脆叫来下属一起做市场分析研究。

他面临的首要任务就是门店选址、布点。一个好的门店位置，对销售有着决定性影响，这就是人们所说的"市口"。当时没有大数据技术，只能靠两条腿跑。他拿出上海市地图，画出市区内主要商圈的位置，逐一实地走访，查看某个地方的人流量如何。从早跑到晚，肚子饿了，就站在路边扒拉几口盒饭草草应付。

有了门店，接下来就是员工团队。邱信富招募员工不看职业背景，只看对方是否怀有干事创业的冲劲。哪怕他一窍不通，只要充满激情，邱信富也愿意花时间好好培养。

辛苦付出并没有马上收获回报。邱信富开一个门店亏一个门店，连续亏了整整两年。可能继续亏下去，他真的会放弃。到了第三年，转机出现了，他终于熬过困难时期，海澜之家在上海地区的业绩迎来大幅度提升，盈利抵消了前两年的亏损。

通过多年运营，海澜之家逐渐找到自身优势，以成熟男性顾客为目标群体，以他们的需求作为服装设计的标杆。相比琳琅满目的女装品牌，好的男装品牌并不多，海澜之家正是凭借剑走偏锋，逐渐收获顾客的认可。

2017 年，海澜之家面临上市，将地区经销商的利润压得很低，上限设定在 10%。即使这样低的利润率，在超大的销售额体量的基础上，每年依然有不错的收益。邱信富又看出市场未来发展趋势的端倪，决心将正在做大做强中的海澜之家上海门店交由总部收购。他并没有拍拍屁股走人，而是一丝不苟地做好各项衔接工作，安顿好所有门店的每位员工及管理人员，之后坦然离去。

转型艺术品收藏和茶文化

很多人替他惋惜。他为这个品牌付出了十多年，眼下成绩斐然，果实却被人家摘走。邱信富不以为意，又开始寻觅下一个领域。

他的面前有很多选择。在上海商界他已是赫赫有名，很多机构愿意与他合作。有人邀请他成为私募基金的合伙人，不用他投资一分钱，只想充分利用他多年积攒的人脉。这类私募基金，客户赚钱，可以赚取一定比例的佣金，客户赔钱，每年的管理费不会少一分钱，属于零风险、高收益的项目。他拒绝了合作邀约。把风险全部转嫁到别人身上，邱信富感到于心不安。

又有人鼓动他投资高新技术行业，一些从未听说过的科技新概念、新名词，比如虚拟货币、区块链等，似乎未来有着看不到"天花板"的超额收益。很多人稀里糊涂地砸钱，输得血本无归。还没弄明白项目内容、又看不清未来大势，这属于盲目投资，邱信富也不想做。

最终，他将视线停留在艺术品收藏以及茶文化上。

他从小对绘画感兴趣，由于种种原因未能从事与艺术相关的工作。如今自己事业有成，便有了一圆儿时梦的念头。他阅读了大量艺术品收藏的专业书籍，虚心拜访收藏领域的行家里手，向书本、向专家讨教相关专业知识。相比其他投资，艺术品投资有保值升值的属性，只要淘到真品，藏品价值会随着年限增长不断增值。理论学习是基础，练就眼光是根本。他多次参加国内大城市以及海外的艺术品拍卖会，淘来不少珍贵瓷器。

茶文化也是源远流长、博大精深的中国传统文化的重要组成部分。茶叶不仅能自己喝，像普洱茶、白茶等品种还有收藏价值。他与中粮集团合作，合资组建了一家公司，售卖中粮旗下的产品。平时，不少昔日的客户、合作伙伴到他这里

邱信富（右二）等在"2018年庆祝梦中茶新品上市"仪式上剪彩

喝茶、叙旧，相比觥筹交错，煮泉瀹茗、把盏论道更能修身养性，还可广交新友，每天的生活多姿多彩，岂不乐哉？

步入晚年，邱信富过着恬静安逸的生活，每天清早泡一壶茶，就着茶香回味多年来艰苦创业的峥嵘岁月。闲暇时，静静凝视橱窗中自己一见倾心的瓷器，久久沉浸在收归囊中的喜悦里。

邱信富还用实际行动履行着企业家的社会责任。2010至2022年，他十三年缴纳增值税及附加税和企业所得税累计4473.54万元。此外，他还捐款20万元给杨浦区工商联光彩事业，用于公益服务项目，展现了杨浦民营经济人士的良好形象，彰显了"义利兼顾、以义为先，自强不息、止于至善"的光彩精神。

"这么多年来，我不断总结得失，有效把控风险，绝对不做超出自己能力范围的事情……"这位拥有四十年经验的创业"专业户"，对后辈们娓娓道来，贡献出自己几度转型、不断创业的妙招。

夏晓辉：在投资中领悟，在自省中成长

人物简介： 夏晓辉，男，1973 年 4 月生，汉族，无党派人士，先后毕业于上海交通大学、复旦大学，经济学博士。上海六禾投资有限公司董事长。第十四届上海市杨浦区政协委员。获评 2014 年度"金牛私募投资经理"（三年期股票策略）、2012 年度福布斯"中国最佳私募基金经理"。曾任杨浦区工商联副主席。

夏晓辉近照

一直在做投资这一件事

1997 年，从复旦大学经济学院硕士研究生毕业后，夏晓辉参加了工作。随着浦东的开发开放，上海成立了外资管理委员会。夏晓辉首选是去这一机构，但最终却进了南方证券公司。夏晓辉说，这是"早期证券公司的一个雏形"，那时自己也并不十分了解证券市场，只因为有同学介绍他去应聘，就直接被录用了。

他在证券公司工作了四年，随后又跟着领导做了三年私募资金项目。经过七年的历练和沉淀，2004 年，夏晓辉和另外两个伙伴一起成立了自己的公司——上海六禾投资有限公司（以下简称六禾），至今已经运作了近十九年。他回顾自己过去的经历时说："其实也就是做了一件事。"

对自己耕耘多年的投资领域，夏晓辉有着超然的理解。他说："投资其实是一个认识世界和认知自我的过程，你对这个世界越了解，你对自己越了解，你的投资就会做得越成功。"刚开始做投资时，他仅仅凭着勇气和一种"对未来的美好向往"，犯过不少错误。2005 年，公司成立不到一年，股指跌到了历史最低点，六禾受到重创，两位合伙人选择离开。但凭借创始人骨子里那种执着和毅力，六禾最终坚持下来，在 2006 年和 2007 年都有不错的收益。

夏晓辉总结道，"每一次发生的困难都没有把自己打得趴下"，所以他就还有机会"重新站起来，重新出发"。回

夏晓辉在第四届中国行业发展高峰论坛上发言

头审视自己为何能够走到今天，归根结底是因为自己不忘初心，走在正道上。

六禾在挺过了这道难关后迅速发展，获得2012年度福布斯"中国最佳私募基金"以及2014年度三年期"金牛私募管理公司"的称号，并且连续三年获得"清科中国最佳创投50强"和"清科中国最佳创投30强"的称号，夏晓辉本人获评2014年度"金牛私募投资经理"（三年期股票策略）及2012年度福布斯"中国最佳私募基金经理"。

夏晓辉曾任杨浦区工商联副主席，在投资领域为工商联成员提供了很多帮助，他常常被邀请为商界同仁作关于经济形势的分析，安排核心成员来六禾参观。六禾还主导过杨浦区有融资需求的中小企业，与投资机构之间开展对接活动。

芒格、阅读与思考

夏晓辉很喜欢巴菲特和芒格，尤其是芒格。夏晓辉觉得芒格给自己最大的影响，就是他对智慧的追求。"获得智慧是一种道德责任。"夏晓辉觉得，芒格这个观点，深深地影响了自己。在他的办公室里，堆满了涉及各个领域的小山般的书籍，经济学、历史、哲学、社会学、心理学、政治、宗教，几乎什么都有。甚至在他看来，根本就不存在工作与阅读相冲突的情况，"阅读就是我的工作"，他笑道。

不仅自己坚持阅读，夏晓辉还将阅读爱好推广到了整个公司。在六禾，平时的团队建设活动就以每月一到两次的读书会形式进行，每次邀请一位员工就自己阅读过的经典名著做分享。夏晓辉相信，这不仅能使大家因阅读而受益，还能增进团队成员之间的了解与合作。

因为阅读芒格，夏晓辉也受到了斯多葛主义的影响。在他看来，这一思想对于自己在投资领域，对于长远地获得人生的智慧和幸福，都十分有帮助。2013年他参加了一个名为"圆桌"的学习活动，给了他很深的启发。他学会了将自己看作一面镜子，反思过去的思想和行为，通过自省来改变自己。他觉得，我们应该有两个自己，一个在做，另一个看着自己怎么思考、怎么做。他坚持自省的习惯，觉得"每天通过自省进步一点点，就会形成一个很好的自我进化和自我成长的过程"。

最好的学习是终身学习

夏晓辉这种反思的习惯体现在工作上，就是不断剖析和总结所犯的错误。夏晓辉可以很快地进行自我反馈：我为什么会犯这些错误？我错在哪？怎么改变？"不断地进行复盘和反思，就可以更好地发现并避开自己的盲点。"夏晓辉在多年试错和总结后，提出三条最重要的投资理念：一是要专注于长赛道和超长赛道中的可积累性公司，因为"可积累性强的地方就是鱼多的地方"；二是先战后胜，只有在具备压倒性优势的前提下才会出击；三是适当的均衡配置可以增加组合的反脆弱能力，从而让投资"走得更远"，而不仅是"走得更快"。

在夏晓辉看来，六禾要继续前行，竞争力在于团队核心成员的学习能力和进化能力。六禾有着履历卓越的核心合伙人团队，核心成员 50% 为硕士，50% 为博士。但夏晓辉并未因此骄傲不前，他说："最好的学习是自学，是终身学习，是自我学习。"学历和学位仅仅是一个基础，更重要的，是要把自己放在一条终身学习和终身成长的道路上。

对于目前公司的发展，他始终保持着一种清醒的态度。他认为，投资行业有很多非常成功的公司，在这个行业里，即使过上五年十年，"你也不能说自己很牛，很多时候，你只能把一时的成功归于运气，从事这个行业可能一直需要谦卑的心态。"夏晓辉这样总结道。

信仰长期的力量，信仰科技的力量，信仰企业家的精神，在"一张一弛的有序世界"中，夏晓辉将带领六禾继续稳步前行。

冷兆武：为生命科学提供
一站式服务

人物简介：冷兆武，男，1970年8月生，汉族，无党派人士，先后毕业于复旦大学、中欧国际工商学院，医学硕士、工商管理硕士、高级管理人员工商管理硕士。上海优宁维生物科技股份有限公司董事长。第十五届上海市杨浦区政协委员。杨浦区工商联常委。获杨浦区创新创业先进个人荣誉称号。入选杨浦区第十批拔尖人才（经营管理类）、第十一批拔尖人才（企业经营管理类）。

冷兆武近照

抗体试剂种类繁多，不知选用哪一种来做实验——冷兆武多年在生物医药公司任职，对广大科研人员的这个痛点深有感触，这成为他后来创立优宁维生物科技有限公司（后更名为上海优宁维生物科技股份有限公司，以下简称优宁维）的初衷。优宁维从"抗体专家"到生命科学一站式服务商，服务领域从单一的抗体试剂扩展到整个生物医药研究，正在逐步成为世界知名的生物制品供应品牌。

口碑：优宁维 = 抗体专家

冷兆武出生在江苏溧水一个普通农村家庭，从小就是"别人家的孩子"。傲人的高考成绩，让他从溧水来到上海。大学毕业后，冷兆武被分配至卫生部旗下的上海生物制品研究所工作，担任普通的助理研究员。

助理研究员工资不高，但是一个农村娃来到大城市，进入研究所这样体面的单位，算是端上了那个年代人人羡慕的"铁饭碗"，冷兆武本人以及他的父母觉得脸面上非常有光彩。

20 世纪 90 年代末，"下海潮"席卷全国。看到身边有同事和朋友离开原来岗位另谋高就，冷兆武跃跃欲试，也希望去崭新的环境中闯荡一番。他没有急于求成，直接自己创业，而是辞去上海生物制品研究所的工作后，先去不少外资公司"见世面"，比如上海雷勃分析仪器有限公司、美国 BD 公司上海办事处、美国默克生命科学上海办事处等，这几段打工的经历，为他积累了丰富的抗体产品工作经验和行业资源。

冷兆武处在科研服务行业第一线，本身是免疫学专业研究生毕业，工作时间越长，越能感受到科研人员的困惑和需求。2003 年 4 月，全球人类基因组计划工作完成。想要完成基因功能研究，就需要用到"抗体"这样专业的实验耗材。全世界范围内，有几十万种抗体试剂，究竟哪种适合某一特定的实验？大家都处在"摸着石子过河"的阶段，面对这道选择题时都是一头雾水。

一边是抗体需求猛增，另一边是不知道该如何选择合适的抗体，冷兆武强烈感受到抗体行业内区域代理多、乱、杂的现象，国内急需专业抗体服务商进行行业整合。那就从这道行业难题入手吧！冷兆武放弃了外企的高薪工作，于 2004 年创办优宁维。成立优宁维的宗旨，就是要让科研人员购买抗体时，"买得放心、安心、舒心"，不用耗费太多心力，节省宝贵时间，尽快投入科学实验。

为此，优宁维对全球不同门类的抗体生产商及其产品体系做了一次全面的精心筛选，五十多家行业知名品牌被纳入考察范围，覆盖基因、蛋白、细胞、组织及动物等不同层面的研究对象，涉及生命科学基础研究、医学基础研究、药物研发、细胞治疗研究等多个领域。由于每家公司都有各自的"拳头产品"，优宁维特地在产品购买平台的页面上作了详细说明，还配备专员在线答疑，这样贴心、省心的做法，深受广大科学工作者的欢迎，优宁维因此一路快速成长，走向全国市场，成为国内科研机构喜爱的抗体一站式服务商，"买抗体找优宁维""优宁维＝抗体专家"的观念，很快在生命科学研究者的圈子内流行开来，冷兆武顺利赚到了人生的第一桶金。

秘诀：专业＋敬业

随着时间的推移，越来越多的客户不再满足于购买抗体，还想获得更多的衍生产品。针对这一逐渐增长的新需求，优宁维随之扩大服务范围，除了专做抗体产品业务，还努力与更多供应商建立密切的合作伙伴关系，解决信息不对称问题，帮助客户实现一站式、个性化采购，力求最大限度地节省成本，快捷方便地找到目标产品。

冷兆武将视线投向年轻人，在校硕士生、博士生以及年轻科学家总是买错东西，花费不菲，拿到的却是并不需要的实验耗材。为了避免年轻研究者"踩坑"，像"小优大学堂"这样的科普讲座应运而生。多年来，优宁维每周举办讲座二三十场，每月达到一百场以上，全都免费，一年受众约有几万人。授课者将最新技术和产品资讯传递给参加者，帮助年轻科研群体掌握最前沿的科技信息，有效提升工作效率。

抗体试剂被称作"液体黄金"，十几毫升的试剂价格高达几千元甚至上万元，而且对温度、湿度等的保存条件要求非常严苛，需要专业冷链配送，其物流配送比一般商品复杂得多。在提供配送服务的过程中，公司还会经常遇到客户地址电话错误、客户联系不上、货物太大不易搬运等导致无法收件的问题。一旦遇到这些问题，公司物流配送部门会先将货物就近转运至公司分仓，对货物重新加冰保温以确保货物安全，同时迅速联系销售、技术支持或者实验室人员尽快确认客户收货信息，确保货物及时、安全地配送到客户手中。

2022 年上海疫情封控期间，公司物流团队想方设法获取通行证，努力实现在全市范围内正常配送货物。每天，物流部的工作人员身穿防护服穿梭在上海的大街小巷。针对上海总仓无法向外地发送的情况，公司设在南京等地的仓库积极承揽收发货重任，及时将货品发运至全国各地客户手中。

售前不厌其烦的解疑、售后循循善诱的指导，公司员工这种专业、敬业的精神，赢得广大客户发自内心的称赞与敬重。优宁维公司及公司员工小赵、小张分别被客户在论文末尾的鸣谢词中点名致谢，感谢他们在抗体产品选择及流式细胞术仪器的操作使用方面耐心细致的指导。某三甲医院的客户第一次上机，公司流式专员小李手把手指导客户操作，从下午两点忙到第二天凌晨五点，直到实验全部结束。每当这个客户遇到困难，小李都会在第一时间施以援手。几个月后，一封洋洋洒洒、情真意切的感谢信放在了冷兆武的办公桌上。

值得一提的是，疫情期间，冷兆武先后收到来自罗氏、睿智医药、扬子江药

优宁维首次公开发行 A 股上市仪式上的团队合影，后排左六为冷兆武

业、美迪西生物医药、鼎岳生物、劲方医药、宸安生物、赛笠生物、先声药业、中科院上海药物研究所的感谢信，信中对优宁维在疫情肆虐、多地物流叫停等不利条件下，积极协调各方资源，及时高效地满足客户对试剂、耗材等产品的使用需求，保障科学项目顺利开展，对外提供学习机会等工作给予充分肯定。

每一封感谢信、每一篇论文末尾的鸣谢词，冷兆武都极为珍视，小心翼翼地收藏在自己办公桌的抽屉里。

2021 年 12 月 28 日，冷兆武带着他一手打造的优宁维成功敲开了深圳证券交易所的大门，在创业板顺利挂牌上市，冷兆武本人迎来了人生中的高光时刻。如今，优宁维在冷兆武的带领下，历经近二十年的沉淀与发展，已经毫无争议地成为国内领先的生命科学一站式服务商。

坚守：向正、向善、向上

冷兆武坦言，公司成功上市后，挑战一点没有减少。首先，上海等大城市高企的房租增加了公司运营的负担，而转移至二三线城市又难以接触国外市场，难以获得更多市场资源。权衡再三，他将公司总部搬迁至城郊，租金下降了，但是交通不便捷，在招聘新员工时遇到困难。稍微有点经验的员工，面对竞争对手通过猎头公司抛来的橄榄枝，给出翻番的薪水待遇，难免心动，由此导致公司离职率居高不下，就连报关、清关、采购等辅助岗位人员，也频频被对手所"引诱"。冷兆武一度非常苦恼。

人才储备竞争激烈，产品服务同样内卷严重。为了争取更高的市场份额，不少公司打起价格战，价格越压越低，利润空间不断缩小。创业多年，冷兆武明显感受到这种竞争压力有增无减。上市也是一把"双刃剑"，既是获取融资的便捷通道，也对上市公司的业绩提出更高要求。不少上市公司在股票二级市场的压力下，不得不采取相对冒进的战略。"吹气球""有泡沫"的超高速发展，从长远来看并不利于公司稳定发展。对此，冷兆武有着非常清醒的认识，绝不盲目地被二级市场牵着鼻子走。他在不同场合向股东们展示公司未来发展的战略，立志将产品、业务线做强做实，坚守他在创业初期的定力和初衷。只有基础打牢了，业务扩展、财务数据这两者才能做到互相平衡，在获取更靓丽的财务报表的同时，也能保证公司未来的可持续发展。

　　一路走来，冷兆武和公司其实面临很多外界诱惑，比如采用"打擦边球"、不合规经营似乎能赚快钱等，但是，公司始终秉持向正、向善、向上的企业价值观，坚持走正道、思利他、永向上，牢牢守住合规和反腐底线，坚决反对通过不法手段获取订单。公司内很多员工有十几年从业经历，一贯作风清廉、为人正派，哪怕客户送的一罐茶叶都不会接受。不做短期投机，不用非正当手段获利，不搞人情交易，公司及其员工队伍赢得了供应商和客户的高度认可。

　　除了挣钱，冷兆武和优宁维积极承担社会责任，热情参与公益事业。目前，优宁维已经荣列杨浦纳税百强企业，公司和冷兆武本人连续多年为希望工程捐款资助困难儿童，并通过慈善拍卖活动、小蜜蜂、益路同行、水滴筹等公益组织或公益形式捐资助学助医。

　　2020年新冠肺炎疫情暴发，冷兆武带头捐款10万元并号召公司全员募资捐款，善款总计269341.52元，公司通过各种渠道采购到消毒药水1000桶，医用手套20000双，防护服600件，这些物资随同善款分别捐献给武汉、北京、上海的医疗机构和上海市慈善基金会等，为医疗机构的疫情防控提供有力支持。2021年7月，为支援深受暴雨困扰的河南同胞，优宁维通过郑州红十字会向河南捐赠20万元，免费为广大河南科研工作者提供科研试剂，助力河南科研工作者。2022年3月，公司为上海交通大学闵行校区师生提供生活物资，支援师生抗击疫情。一个月后，还为援沪九江医疗队提供防疫消毒物资，提供防护保障。

　　行百里者半九十，尽管实现了财务自由以及人生价值，外表儒雅的冷兆武依旧非常谦逊，坦言自己和公司永远行走在奋斗的路上。他表示，未来努力的方向，不只是立足国内市场，更要放眼全球，走出国门去，展示中国企业和中国企业家的良好风采。

汤德林：医疗器械行业的"新眼光"

人物简介：汤德林，男，1982年11月生，汉族，中共党员，毕业于比利时联合商学院，经济管理硕士。上海新眼光医疗器械股份有限公司创始人、董事长。第十四届上海市杨浦区政协委员。杨浦区工商联副主席。荣立中国人民解放军火箭军某导弹旅基地三等功，获2012—2013年度上海市优秀农民工、第八届至正杯上海科技企业家创新奖等荣誉。入选科技部2013年创新人才推进计划、杨浦区第九批拔尖人才（经营管理类）。

汤德林近照

2000 年 12 月,一个年轻人走进军营服役,他刻苦钻研,用 VB 语言开发出一套人员车辆管理系统,荣获基地三等功。五年后,他从部队转业到温州一家医院,当了眼科设备维修工。他自己动手,改装了一台已经老化的眼底照相机,这台"改装机"为他赚了大概两万元。从那以后,他从医院辞职,正式开始创业。

这个年轻人就是汤德林,上海新眼光医疗器械股份有限公司(以下简称新眼光)的创始人、董事长。对创业商机的独特眼光、服役练就的雷厉风行,让汤德林带着新眼光在市场中拨云见日、稳步前行。

从第一桶金到第一笔投资

汤德林到医院做设备维修期间,正值数码技术在国内兴起,数码相机渐渐蚕食原本属于传统胶片的江山,医院中一批价格昂贵的眼科设备也因此走近报废的边缘。这时,医学院一位教授向他分享了一个设想:如果能把眼底照相机的非数码信号转换成数码信号,稍加改装,这些昂贵的仪器说不定还能继续服役。接着,教授画图纸,汤德林负责装机,第一台"改装机"就此诞生,并顺利找到了买家,这是汤德林在眼科领域的第一单生意。"我觉得这是一个商机,于是便辞职自主创业了。"汤德林说。

辞职后,汤德林每天自己去跑市场,有时候,为了和眼科科室负责人洽谈改装项目,一等就是一整天。先前在医院的从业经历,让他对医院的需求有着深入的了解:在大量运用胶片相机而非数码相机的时代,医生往往白天看病,下班后窝在暗房冲胶卷。如果改装机器,不仅医生能更早下班,医院还可节省一大笔购买新设备的费用。因此汤德林志在必得:"只要能跟医院方见上面,十之八九就可以谈成合作。"很快,温州当地几家医院的眼科设备改装市场就被打开,汤德林收获了创业后的第一桶金,创业的未来图景也逐渐在脑海中清晰起来。

就在此时,温州遇到了"假货风波",许多山寨厂家开始焚烧自己的产品。他担心,继续留在温州创业会让人们对产品质量产生疑虑,于是决定转向上海发展。"在上海创业是很幸福的",2005 年,上海新眼光医疗器械股份有限公司在同济大学科技园注册成立,汤德林作为创始人,担任新眼光的董事长。创立之初,同济大学科技园就将新眼光评为"高科技企业",新眼光也得以享受"两免三减半"的优惠政策，即前两年免缴企业所得税，第三年也可以减半缴税。

即使优惠政策缓解了税负压力，但资金不足仍然是公司初创时困扰汤德林的一大问题。当时，新眼光的运转方式是：先做第一个客户的业务，等到第一个客户的钱款到账后，再拿这个钱采购原料去做第二个客户，如此往复，新眼光就这样坚持着度过了创业的前五年。"只能这么做，作为农村的孩子，我也不可能向家里要钱。"汤德林感叹道。

资金链顺畅地运转起来是从 2011 年开始的，上海市大学生创业基金会给了新眼光 500 万元的天使投资，这是汤德林创业后得到的第一笔投资支持，"大大提高了我们企业的发展速度"，回忆到此，汤德林大大地松了口气，"终于不需要再等客户的钱了"。

挂牌新三板，冲击创业板

创业以来，汤德林心中一直有个上市的计划。新三板被他认为是企业上市的第一站，先挂牌新三板，之后再登陆创业板——一些尚未达到场内上市资质的企业往往会选择这条途径。为了挂牌新三板，汤德林先是把公司资产从 100 万元左右增加到 750 万元，购买机器设备，增加固定资产，再从个人积蓄当中拿出 200 万元增资，他准备了 22 本申报材料，准备期间，几乎每天都在熬夜。

新眼光原本打算用三年的时间挂牌新三板，之后再等待机会登上创业板，用他自己的话说，这是"循序渐进"。然而，从 2011 年 6 月与中信建投签署保荐协议到 2012 年 9 月挂牌新三板，新眼光只用了不到一年半的时间。那一年，全中国只有八家企业登上新三板，这让汤德林感到振奋："整个中国那么多很牛的企业，我们居然成了八家之一，上新三板是对自己创业的一种肯定。"登上新三板对客户和企业本身来说也大有益处，"上了新三板，客户也会放心很多，不用担心过两年你就倒闭了。同时，新三板对于企业规范运作是非常有益的，因为挂牌要符合信息披露、财务管理、内部机制等规范，虽然不是上市，但也是公众公司了，员工团队也会为此感到自豪"。

在汤德林的计划中，挂牌新三板，一是想以此作为登陆创业板的跳板，二是上新三板能够为新眼光扩大知名度——由于是扩容后首批踏入新三板的企业，各

新眼光在新三板成功上市，左一为汤德林

路媒体和政府部门对新眼光都关注有加。2013 年，上海市政府领导在视察新眼光后支持公司扎根杨浦，直接在杨浦区特批给新眼光一栋楼作为其办公地。

工商联也在新眼光发展全程给予了大力支持，"工商联其实就是一个创业者的俱乐部，它在我们心里其实有类似于'娘家'的感觉"。作为上海创业者，汤德林在这里感到特别温暖。经营中遇到困难，汤德林通常会在工商联定期举办的沙龙中坦言、求教。"因为工商联里有很多六七十岁的创业者，我经营企业十六年，而他们可能已经四十年了，比我经验丰富得多。"当刚出来创业的新人感到迷茫时，汤德林又会来为他们解惑，"在这里我既是导师又是学员"。

瞄准需求，不断研发

从改装胶片机开始，新眼光始终在新品研发上孜孜不倦地前行。

2005 年之前，医院眼科采购的眼底照相机全是胶片的，当时国内有 1200 台，全世界有 1 万台，以每台改造价格 8 万元计算，眼底照相机数码化改造的市场是 8

亿元。面对这片巨大的红利市场，汤德林却思考起可能到来的危机："这块市场很快就会被开发完，之后我们做什么呢？"

他首先想到的是裂隙灯，裂隙灯同样也是眼科必备的检查设备，在新眼光改造之前，国内有约 12000 台，全世界有约 5 万台，以每台改造价格 3 万元计算，其市场规模为约 18 亿元，但在汤德林看来，裂隙灯依旧是一个细碎市场，改造完毕之后，新眼光又该往哪里走？

当时医院里医患关系矛盾逐渐升级，一个念头闯入汤德林的脑海：医疗仪器能否为改善医患关系做些努力？于是，新眼光果断锁定手术显微镜录像系统的研发，推出新产品。在医患纠纷数量逐年上升的背景下，新眼光改造了原先仅为医生一人可见的手术录像系统，使其能够把整个手术过程录下来，为医患矛盾提供了解决之道。"让好医生不再蒙冤，让庸医受到应有处罚，一旦发生医患矛盾，手术录像系统就可以成为呈堂证供。"汤德林认为这项事业有它的社会意义。

后来，新眼光又与德国卡尔蔡司公司合作，卡尔蔡司每卖出一台手术显微镜就会配套采购一台新眼光的录像系统。国内市场规模约为 2 万台、全世界约为 5 万台。汤德林终于感到一些满足："这套手术显微镜不仅仅眼科用得上，骨科、神经外科等六七个科室都能用上，市场非常大，虽然这种设备在国外也有，但是售价要高于我们的产品，因此我们的市场前景非常好。"

2020 年，新冠肺炎疫情下，新眼光难以正常开工，即便如此，新眼光的研发仍然没有中断，研发人员都在家中照常工作。疫情期间青少年普遍上网课，汤德林敏锐地关注到网课背景下青少年视疲劳会越发严重，因此，新眼光将下一步的研发方向瞄准了青少年近视防控。新冠肺炎疫情对新眼光的业务冲击不可忽视，但汤德林依然乐观："我觉得这种影响是阶段性的，只要扛过去了，未来就会走得越来越好。"

罗险峰：敏锐把握数字
传媒的高新技术

人物简介：罗险峰，男，1969 年 9 月生，汉族，民革党员，毕业于复旦大学，工商管理硕士。上海四维文化传媒股份有限公司董事长、总经理。上海市杨浦区第十五届人大代表，第十一、十二、十四届杨浦区政协委员。入选杨浦区第八批拔尖人才（经营管理类）。曾任杨浦区总商会副会长。

罗险峰近照

领先乃永续之本

作为一个土生土长的上海人，罗险峰对这片土地上创新和包容的氛围了解颇深。"领先乃永续之本"，是罗险峰为公司定下的经营理念，二十多年从未更改。凭着这一理念，他牢牢把握高新技术发展的脉搏。1995 年，罗险峰创办了四维广告公司，随后的十年里，他与时俱进，带领团队不断开拓进取，于 2005 年整合建立了上海四维文化传媒股份有限公司（以下简称四维传媒）。

"十三五"时期，国家为推动数字创意产业，大力促进形成文化引领、技术先进、链条完整的发展格局。这个背景，既是机遇，更是对四维传媒早年探索的肯定。早在 2015 年，罗险峰就在公司内部建立起集设计、软件、策划、管理等各种专业人才的研发团队。依托自主开发的一百多项数字出版软件，公司逐渐形成了完善的文化创意产业链和多元的一体化服务流程。2019 年年初，国家出台了一系列扶持政策，加大对知识产权的保护力度，为 IP 产业发展营造了更宽容也更积极的环境。四维传媒乘势向前，稳步扩大国内市场份额，从教材教辅《牛津英语》《一课一练》到文学青年心仪的刊物《萌芽》，从家喻户晓的《故事会》到小朋友们人见人爱的"巧虎系列"，四维传媒在内外兼容中蓬勃发展。公司还积极响应各级政府的需求，承接了《松江报》《金山报》《公卫报》《山阳报》等多项政府购买年度服务项目，相互借力，既是扶持，更是双赢。

向外走的步伐越跨越大

成为国内领先的数字传媒领域高新技术企业之后，罗险峰在不断地思考着还能做什么？还应该做什么？2021 年让四维传媒再次回到大众视野的是一项"向外走"的成功尝试——全资子公司上海四维数字图文有限公司取得了迪士尼全球服务公司授权，在 2021—2024 年间成为迪士尼品牌商品的授权生产商。多年来，迪士尼公司一直是全球最大的品牌授权商，"这次合作对四维传媒拓展海外文创业务、提升海外文化市场影响力具有重要意义"。近年来，四维传媒已通过了 FSC、BSCI、SEDEX 等多项国际认证，与全球知名文创公司 DG、全球零售业巨头沃尔玛、塔吉特、美国四大体育联盟、美国高校联盟、德国 ALDI 等多家海外机构进行深度合作，向外走的步伐越跨越大。

这还不是终点，"将多元化的数字出版服务与专业化的创意设计制造相结合，为遍布世界各个领域的文创产品的合作伙伴，提供独具匠心的创意设计和便捷高效的数字出版服务"，这是罗险峰心中的新蓝图。他的愿望是，将中国创意 + 中国"智"造的优势在出版文创领域真正发挥出来——新媒体时代早已到来，公司拥有融入最先进的数字出版技术的优势，拥有集在线创意系统、中央图库系统、色彩管理系统、远程编校打样系统于一体的独立企业云计算互联网移动平台。在这样的技术支撑下，根据海内外客户的不同需求，提供更迅捷更安全的跨地区实时服务，自然不在话下。

罗险峰（右）陪同时任杨浦区委书记的陈寅同志参观企业

以人为本，回报社会

认同和尊重每个员工的存在价值，推行以人为本的企业文化，是四维传媒能够凝聚全体员工的重要因素。在"选贤与能，讲信修睦"的旗帜下，一大批技术精、业务强的复合型人才纷纷加入四维传媒。团队集结后，不仅要人尽其才，还要同心向上。秉持"四维传媒是终身学习的组织"的宗旨，公司定期组织技术骨干、管理人员开展培训与研修，帮助他们及时掌握先进的技术和管理本领，形成一支知识新、水平高、干劲足的核心队伍，构成强大的人才竞争力。

"每一个社会人，特别是受益于国家发展的企业家们，都应该以自己的实际行动回报社会。"这是罗险峰经常说的话，更是他一直坚持的实践原则。罗险峰曾先后作为杨浦区人大代表、政协委员积极参与杨浦"双创"和民生工程，做了大量富有成效的工作。2003年起，他连续多年在上海理工大学捐助多名贫困大学生，并与杨浦区社区多个贫困家庭结对帮困，资助他们的子女完成学业。四维传媒被杨浦区人事局认定为大学生实习基地后，每年都会给出定额的实习名额。考虑到那些受资助大学生的实际情况，罗险峰也会安排他们在四维传媒实习，为他们了解社会、走向职场创造条件和机会。和文字打交道的人，自然也不会忘记呵护山区孩子的阅读梦，2020年是中国脱贫关键年，罗险峰不顾市场尚未回暖，毅然启动文化援滇公益项目，援建村社图书室，捐赠优秀读本上千册。2019年9月，公司响应人力资源和社会保障部、财政部共同印发的《关于全面推行企业新型学徒制的意见》文件精神，经金山区人力资源和社会保障局批准，和上海新闻出版职业技术学校联合开展新型学徒制装订工（参照中级）项目，成效显著。

面对未来，山高水长。罗险峰与他的四维传媒不曾踌躇，心系家国，胸有成竹，乘着时代长风，继续远航。

杨海军：从农村走出来的董事长

人物简介：杨海军，男，1977年10月生，汉族，民盟盟员，毕业于西南科技大学。上海良珩建设工程有限公司董事长。第十四届上海市杨浦区政协委员、第十五届杨浦区政协常委。杨浦区总商会副会长。获上海市工业合作协会2016—2017年度优秀企业家等荣誉称号。

杨海军近照

杨海军来自中国的建筑之乡——浙江上虞。20世纪90年代后期他来到上海，入职一家建筑公司。此后几次跳槽，从造价工程师到项目经理，再到项目工程师，杨海军不断成长。经过多年的摸爬滚打，杨海军开始独立承包工程。凭着过人的胆识和智慧，他在竞争激烈的建筑市场中开辟出属于自己的天地，并且不断拓宽业务领域，2014年，杨海军收购上海良珩建设工程有限公司（以下简称良珩公司）。对他来说，这又是一个新的开始。

我与农民工交流有优势

杨海军来自农村，这使他与农民工交流有了更大优势。"首先他们会信任我，因为我也是农民出身。"他提到部分农民工甚至就是他老家的邻居、亲戚，对开展工作非常有利。从1996年到现在，他和农民工始终奋斗在一起，有夫妻俩的，也有父子一起的。"我并不会因为有了些成就，就看不起他们，时光荏苒，我还是那个我，我相信他们也都没有变。"

员工辞职率低一直让杨海军很是自豪。他认为，这得益于他和员工之间密切的情感交流。他时常会和一些闯荡多年的老员工们聚一聚，抛开工作，聊聊家常，员工们有什么困难都会向杨海军求助，小孩读书、来沪看病，这些事公司都可以提供帮助。二十余年时间一晃就过去了，杨海军觉得，他们已经成了自己的家人。

由于行业的特殊性，员工们需要在工地生活，而且没有固定的双休日。杨海军经常想办法帮助员工与家里进行情感沟通。例如，举办员工家庭活动、组织员工家庭旅游等。在新冠肺炎疫情之前，他还时常带着员工去日本考察学习，一共去了十余次。

提及一路走来的坎坷，杨海军感触颇深。他表示，建筑行业作为传统的劳动力密集型产业，农民工的知识结构体系相对来讲不够完善，工作的推动还是有难度的。幸运的是，国家对传统建筑行业一直比较支持，提供了不少帮扶政策。例如，如何让农民工融入上海这座城市是一个棘手的问题。在杨海军的记忆里，他刚到上海时拿到的是上海市暂住证，后来由于政策引导，农民工逐渐受到重视，改换为上海市临时居住证。形式上的改变代表了政策的进步，"国家帮助我们克服困难，慢慢地使农民工群体在上海大城市中有了融入感和存在感"。

像家里人一样共同对外携手并进

近些年，传统建筑业遭到不同领域的冲击。杨海军表示，以阿里为代表的电商平台对他们造成了较大影响。在线上销售的模式下，价格透明度提高，行业的成本被放到了台面上，"这直接影响了我们的造价、利润和管理人员的工资"。同时，行业内部还经常会有恶意竞争、无序竞价的现象出现。提到这里，杨海军有点无奈。为了应对这样的冲击，他做了很多努力，最重要的就是建立了合作供应商的联系门路，尽量降低成本。

这还不是行业面临的唯一问题。据杨海军说，近年来，传统建筑业大量缺人。对此他非常理解：这是一个很艰苦的行业，没日没夜地在户外工作，"作为父母来讲，总归更希望孩子找一份轻松一点的，最起码能遮风挡雨的、能吃到热饭热菜的工作"。因此，杨海军从居住环境、餐饮质量等各方面入手，尽量改善一线农民工的生活条件，让他们在良珩公司感受到家庭般的亲情和温暖。

从企业目前状况来看，杨海军表示"情感上还是蛮痛苦的"，但他觉得自己必须坚持下去，"亏钱也要继续做买卖"。每个员工背后都有一个家庭，他要对公司负责，更要对员工负责。杨海军手下有一些员工已经跟随他十余年，"说散就散对他们很残酷"，因此，他们选择像家里人一样，"共同对外，携手并进"。

良珩建设赞助"第七届城市爱心跑"

把城市改造更新当作业务重点

城市建设形势在不断变化，现在城市中的大拆大建已经不被允许，"修旧如旧，保留原貌"的呼声显得更为突出。杨海军表示，"城市更新、旧城改造"的大环境，对自己的行业具有转折性的指引意义。为了适应形势变化，应对各方挑战，良珩公司研究最多的，便是如何在上海做好城市改造更新类项目，并将此当作今后的业务重点。

良珩公司对建筑技术有很深的研究，最大的优势体现在专业性上。总结自己的创业成就，杨海军回忆道："这些年方方面面的项目都做过，其中不乏标志性工程，尤其在旧城改造方面，做得还算有点成绩。"杨海军坚持并努力付诸实施的"为甲方所想，为甲方所急，为甲方所需"的经营理念，在实践中同样是个很大的加分项，令客户满意和放心，受到广泛好评。

国家的政策支持有力推动了公司发展，营商环境的改善、减税降费等对企业降低成本与负担起到极大作用。新冠肺炎疫情对公司运行虽然有影响，但业务没有受到冲击，业务量反而有所提升。杨海军觉得，这主要得益于政府对基础建设加大了投资力度。

杨海军深感，国家现在对于民营经济的支持力度很大。作为民盟盟员、政协常委，自己要在传递企业心声、推动民营企业发展方面，"有一份责任心，做几件实在事"。杨海军还加入了工商联，因为在这个包含了各行各业的"大家庭"中，自己可以更好地了解工商界正在发生什么，"在里面能学到好多东西"，杨海军说。

曾山：建设有温度的软件企业

人物简介： 曾山，1971 年 6 月生，汉族，群众，先后毕业于上海理工大学、中欧国际工商学院，高级管理人员工商管理硕士。上海益盟软件技术股份有限公司董事长、总经理。第十五届上海市杨浦区政协委员。杨浦区工商联常委。获上海优秀软件企业家、上海市软件行业标兵、沪上十大金融创新人物等荣誉称号。曾任新江湾城街道商会会长。

曾山近照

创业要 "不纠结"

在创立上海益盟软件技术股份有限公司（以下简称益盟）之前，曾山是一个拥有理工学科背景的程序员。从证券公司的电脑部到营业部，再到自己创业，曾山表示，自己的秘诀就是三个字——不纠结。

1992 年，曾山从上海理工大学毕业，留校做研究一年后，他选择入职证券公司。一开始是在公司的电脑部从事技术类工作，当他看到筹建营业部的招聘启事后，便灵敏地察觉到这是一个深入业务的机会，这也成了他从技术转向业务的一个转折点。通过不懈的钻研和进取，曾山迅速成长，先后担任了业务部经理和资讯公司总经理等职务。

2002 年，曾山所在公司被收购，当时他面临着两条路——要么 "老实留在原公司"，要么 "自己出去做点事"，深思熟虑后，曾山选择了后者。他笑着感慨："我是一个不习惯待在舒适区的人，刚好有这样的机会，趁年轻让自己接受更多的挑战。" 实际上，在 2002 年的上海，证券市场的行业环境并不好，曾山的创业起步困难重重。最艰难的时候，曾山面临着投资人资金不到位、员工工资发不出等一系列问题。

虽然初创的销售团队只有六七人，但曾山依旧觉得，这是一份沉甸甸的责任，他需要对这些相信他的人负责。困难在创业初期是肯定存在的，曾山的做法就是坚持，他表示："熬一两个月总归能熬过去。"

回忆起 31 岁的这次创业，曾山反复提及 "不纠结" 一词。当时，在前公司工作几年后，曾山感觉自己的生活 "一眼就看得到头"，但他是一个好胜的人，喜欢挑战，更喜欢和自己较劲。于是，创业成了他的第一选择，结果也证明，曾山的选择没有错。现在，益盟公司经营稳健、管理规范，连续多年获得交易所优秀信息服务商的荣誉，也是国内排名靠前的 Level-2 数据付费用户服务商。

守正是第一原则

在益盟，曾山一直强调 "守正、敬业、开放、乐观" 的价值观。其中，"守正"被摆在了第一位。截至 2021 年，中国证监会核准具有证券投资咨询业务资格的公司有 83 家。对比同行，曾山觉得益盟的首要优势就在于文化守正。

公司初创时困难颇多，但曾山从没有过放弃的想法，他觉得自己不仅要对创业的选择负责，还要对所有的"伙伴"负责。这是曾山对自己公司员工的亲昵称呼——他喜欢把员工称作"伙伴"，把年轻员工称呼为"小伙伴"。"伙伴"在公司不仅是同事，更是有着共同目标的团队的象征。

益盟公司外景

员工培训时，曾山反复强调要做"愿意向亲戚朋友推荐"的产品，这是他做产品的一个基本判断标准。"你都不愿意把自己公司的产品向熟人推荐，那这个产品你是做不下去的。"

曾山希望自己能够持续做对用户有益的事，把用户放在第一位。为此，益盟通过专业课程、专业工具和专业服务三位一体帮助用户构建营利体系、提高投资能力。专业课程可以让用户学到知识，专业工具让用户学以致用，专业服务帮助用户解决在投资实践过程中遇到的各类困难。

在服务用户的同时，益盟也找到了自己的业务增长点。在益盟旗下的"益盟操盘手"APP 评论中，常能收到用户的五星好评，网友评价关键词多为"非常贴心""理念好""专业"。公司还数次收到用户寄来的感谢信和锦旗，这是益盟伙伴们最值得骄傲的事。

掌握做企业的"温度"

益盟的发展得益于政府的支持和政策的红利。事业小有成就后，曾山也一直思考着要如何回馈和服务社会。致富思源、富而思进，在有一定经济能力和影响力后，曾山希望公司可以尽己所能，为社会解难、替政府分忧。

一方面，他在公司内部设立了"I 基金"，主动向重病的职工家庭伸出援手，每年无偿向员工提供医疗与经济的爱心援助。另一方面，为了帮助社会上的自闭症儿童，益盟还参与到"青聪泉"公益项目中，自 2008 年起，连续十四年每年向自闭症项目"青聪泉"捐款二十万元，帮助家庭贫困的自闭症儿童进入康复训练中心。益盟员工也成立了"益工团"，用实际行动为公益项目助力。谈起自闭症儿童，身为人父的曾山动情地表示，现在很多自闭症儿童都很"认老师"，但现实情况是，很多老师都因为收入不高等原因被迫选择离开康复中心。曾山希望，这些捐款能改善老师的待遇，留下这些老师，让自闭症儿童得到更好的陪伴和教育。除了"青聪泉"项目外，益盟还多次向上海市慈善基金会、上海市希望工程办公室、陕西省西部发展基金进行捐赠与资助。

担任新江湾城街道商会会长期间，曾山热心牵头组织街道商会企业积极融入社会建设。如 2020 年年末，他成功组织街道商会企业参与"携手奔小康"结对帮扶活动，定点帮扶云南永胜县。曾山认为，"饮水思源、感恩回报"是民营企业家应有的品格。

2020 年春节，新冠肺炎疫情突然暴发，给企业日常经营带来了不小挑战，员工的健康也牵动着曾山的心。益盟从内部做起，第一时间开发了自己的小程序，方便员工在线报备，实时掌握员工健康状况，及时解决来自各地员工的防疫诉求。在商会里，曾山主动关心商会企业的经营状况、复工复产的计划进度，持续与街道、政府对接，沟通疫情下最新的工商政策等。益盟还和另外几家企业积极寻找防疫物资的采购渠道，为新江湾城周边多所学校提供爱心口罩和免洗手消毒液等防疫物资。

2023 年，是益盟创立后的第二十一个年头，回想过往的二十年，曾山认为自己问心无愧。无论是对公司内部员工，还是对公司客户，抑或对社会，曾山总是严于律己，诚信守正，努力成为一名有责任、有担当的民营企业家。"凝聚小家、发展大家"，这是曾山的"家国情怀"，也是益盟的"家文化"。益盟以此带动员工共同建设企业这个"小家庭"，创造更多的税收和就业岗位奉献给社会这个"大家庭"。

一名优秀的民营企业家，不仅应该是"经济人"，更应该是"社会人"和"家国人"。作为民营企业家，曾山先生将继续身体力行。

魏杰：当先进制造业的高端服务商

人物简介： 魏杰，男，1979年10月生，汉族，中共党员，毕业于上海理工大学，工学硕士。上海精智实业股份有限公司董事长兼首席执行官、党支部书记。上海市杨浦区第十六、十七届人大代表。杨浦区工商联常委、杨浦区青年联合会第十届委员会副主席。获上海市青年五四奖章、上海市五一劳动奖章、上海市优秀青年企业家等荣誉。入选杨浦区第十一批拔尖人才（创业类）。

魏杰近照

锐利而平和的独特气质

魏杰的身上，有一种直指人心的明了。他干脆、真实、不迂回，既有锐利的棱角与眼光，也有平和的坦诚与坚韧。这份特殊的气质并非一蹴而就，贯穿其间的，正是他对"精益求精"的坚守。

2001 年，魏杰从上海理工大学机械工程学院毕业，两年后，他离开了就任公司售后服务经理的位置，选择再次回到出发点，继续攻读硕士研究生。这是魏杰对自己的"求精"，他对自己的这个选择评价淡然——"就是一次充电"。

而这次"充电"，为他带来了新的机遇。2006 年，临近研究生毕业，魏杰已然拿到了某知名企业的录用函。当时正逢上海大力推动大学生创业，一次偶然的机会，魏杰和同门师弟合作的项目获得了上海市大学生科技创业基金会资助的 30 万元天使基金，还享受到了上海理工大学国家大学科技园给予的房租减半优惠政策。面对新的人生道路，魏杰仍旧选择了"求精"——"那就加入创业计划，看看能干点啥呗！"于是，上海精智实业股份有限公司（以下简称上海精智）就此成立，魏杰也以上海市首批大学生创业者的身份，步入了人生的新征程。

创业伊始，公司一度没有人手，没有订单，也没有方向。魏杰和同事从汽轮机销售代理开始做起，"实践才能出真知"。他整天泡在汽轮机厂，从最基础的操作开始，大事小事亲自动手实干。半年后，近 7500 万元的销售业绩给了这份坚持最好的注脚——哪怕他谦卑地称这是"三脚猫功夫"。靠着这门功夫，魏杰用一辆车、一本地图册和一份十多年不联系的汽轮机厂客户名单跑遍了江浙沪三地，一家一家地谈项目。回忆往事，他十分平淡："那时候就是在整个浙江找烟囱，烟囱旁边要是还配一个圆圆的水塔，那就是电厂。电厂里面就有汽轮机，有汽轮机，就有项目可言。"

在扎实的实践之外，魏杰身上还有着锋利的一面。事物发展必然有着螺旋上升的阶段，魏杰的创业之路同样如此。当面临付出换不来应得的收获，当面临承诺得不到信守，他毅然选择了知难而进。"挫折？我认为没有，就是选择，我的选择就是不去。"继续创业还是接受知名企业的入职邀请，斩钉截铁的"不去"与回忆往事时的风轻云淡，呈现出魏杰身上锐利而平和的独特气质。

不断挑战自我的优秀答卷

对"精益求精"的坚持，不仅体现在魏杰个人身上，更投射到了整个上海精智。公司致力于打造"全球先进制造业的高端服务商"，对每一个客户、每一笔业务，都一丝不苟认真对待。从最初一百多元的图纸，到数十万、百万乃至千万的订单，以"有单必接、有险必抢、有难必帮、有求必应"的专业精神，坚持"专注成就专业"的服务理念，上海精智对最优产品与最优服务的追求从未改变。

精智实业公司外景

"急客户之所急，想客户之所想，做客户之所需"，在魏杰的带领下，上海精智边做边学、边学边总结，总结变成经验，逐渐形成了独特的"管家式"工厂服务理念：从售前、售中到售后全维度对接，以贴身、贴近、贴心的专业化、定制化服务，形成了稳定的客户群。

自 2010 年起，魏杰带领企业不断挑战自我，逐步调整业务定位，在高新产品研发上投入大量资金，同时又设立研发中心，引进了多台先进研发设备，与上海理工大学、上海工程技术大学广泛开展科技交流合作，联合开发新技术、新项目。他们先后取得了 180 项发明专利和实用新型专利，实现了从传统的工位器具、工装夹具、模具检具等机械加工产线配套，向光机电一体化软硬件集成、自动化、智能化的制造系统解决方案供应商的转型升级，初步形成了从高端工艺装备、智能信息装备到供应链电子化的生态圈闭环。

如今，上海精智逐渐形成了智能信息装备、工艺装备、供应链电子化、塑胶科技、通讯 5G 五大业务板块并驾齐驱的发展格局，还在探索打造中国先进制造业的工业 4.0 生态圈，助力中国智造向价值链更高端延伸。

成绩与荣誉的背后是上海市政府和杨浦区工商联合会的大力扶持——扎根于上海理工大学科技园的肥沃土壤，得益于政府营造的适合青年创业发展的良好氛围，借杨浦区工商联合会的强劲东风，魏杰与上海精智一同，在十多年砥砺奋进中，交出了一份优秀的答卷。

厚植于红色文化的企业精神

一路走来，红色传统与时代气质交织，融合在魏杰的血气里，体现在他对社会责任的承担上。"我首先永远忠诚于党，入党对我来说是获得认可的、实现自我价值的最重要途径。"早在 2006 年，魏杰就已成为中共党员。

这份入党的初心，同样融入上海精智的方方面面，塑造出精智的独特企业精神。作为公司董事长、党支部书记，魏杰带头学习党的二十大精神，学习党史，组织党员干部赴井冈山、延安、古田等红色教育基地重温党的优良传统，引导党员干部们不忘初心、牢记使命，打造有梦想、有信念、有激情、重实干的上海精智企业文化，探索"红色领航、实业报国"的发展之路。魏杰坚信："思想有多远，你就能走多远。"

魏杰始终将上海精智所有员工放在心上："企业的价值是靠所有员工一起讲述的，我们每个活都是工人一手一脚干出来的，我既要引导好他们，更要尽可能地保护好他们。"魏杰把这称作"家文化"，包含四个层面的内涵——"不是一家人不进一家门""家家有本难念的经""家有家规"和"家和万事兴"。

如今，上海精智已形成一支由 60 多名智囊型管理人员、150 多名智慧型技术人员和200多名智造型技工组成的精干"战队"。公司先后获评上海市高新技术企业、上海市"专精特新"企业、上海市科技小巨人企业等。"家文化"与"红色文化"交织的文化体系，厚植信仰，显现出了旺盛的生命力。

"成为中共党员，是我一生中最大的成就。"魏杰的成功，不是削尖了脑袋往名利场里钻换来的，也不是费尽心机钻营关系换来的。在锋利与淡然之间，他说不问得失，笃志力行，便是最好的选择。

何胜祥：用生物科技守卫百姓健康

人物简介：何胜祥，男，1978年10月生，汉族，农工党党员，毕业于同济大学，理学博士。上海同科生物科技有限公司总经理，安徽同科生物科技有限公司总经理。获上海青年创业先锋提名奖、安徽省科技进步奖。

何胜祥近照

走一条别人没有走过的路

十八年前，安徽芜湖的一所中学里，何胜祥正在给一班中学生上生物课。那时的他，没有想过自己有一天会走上创业的道路。从大学本科生物教育专业毕业后，何胜祥在安徽芜湖县第二中学担任了三年的生物老师。

但是，对于当时的生活，何胜祥并不满意。一天中，何胜祥需要上的课不多，备课也并不需要花费太多时间。他回忆道："一个字，闲。"当时一同进校教书的有多位刚毕业的大学生，不工作的时候，大家就打牌、侃大山消磨时间。"我觉得这不是一个年轻人应该有的样子，年轻人应该有更高的追求。"何胜祥表示。

在这个想法的驱动下，给学生上课之余，何胜祥开始备考同济大学研究生，决心重回大学校园。2005年，何胜祥被录取为同济大学生物化学与分子生物学硕士研究生。读研期间，他渐渐萌生了把所学知识转化成产品的想法。研究生二年级时，恰好上海市大学生创业基金会的第一批资助大学生创业基金试运行，借着这个契机，在同济大学大学生创业基因的资助下，于2007年创办了上海同科生物科技有限公司（以下简称上海同科），何胜祥开始了他的创业路。

对于在读学生而言，除了资金外，何胜祥还面临着毕业的问题。在向导师表明创业想法后，何胜祥并没有得到太多支持。导师总觉得创业不是"正道"，是"另类"。他更希望学生能够继续攻读博士，出国深造，在学术研究领域深入探索。

尽管如此，何胜祥并没有动摇。"那时对创业是很执着、很热情的，只要想好了事，我很少会轻易改变。"纵有困难，何胜祥依旧一边学习，一边做产品的规划与设计。回想当初，何胜祥表示，虽然啥也没有，但创业的想法是很坚定的。他回忆，相比现在，2007年的创业氛围不算浓郁，所有的创业者都是要"自己想得很清楚"之后，主动去找各种机会，不像今天到处都是各种孵化服务和基金支持。相对来说，这么多年，杨浦区在科创扶持方面一直走在上海前沿，所以杨浦区的大学生创业成功率也最高；当然，早期的大力扶持现在也得到了回报，像上海同科2022年在杨浦区的税收上缴就有好几百万元。何胜祥骄傲地表示："我们这批早期创业者都有热情、有梦想，发自内心地想做点事，想做成点事。"

从家乡来，到家乡去

采访期间，何胜祥多次提到自己的家乡——安徽省六安市金寨县。金寨县曾是一个贫困县，也是地处大别山的中国第二将军县，被誉为"红军的摇篮、将军的故乡"。何胜祥认为，自己之所以有今天的一点成绩，与童年经历有密切关系。

尽管幼时的生活比较艰苦，但何胜祥依旧感谢那段经历。住在山里，砍柴、放牛是他经常要做的家务活。在夏天最热的时候，拿着沉重的铁刀砍柴一个多小时对一个孩子来说并不容易。"现在想想，我觉得这段生活教会了我做事要坚持、要有毅力……十多年的创业过程中，当遇到各种各样来自市场、产品和资金的困难，我总能想起扛着柴走几十里山路的画面。这让我坚信，难关一定能渡过，再忍一忍……这都是从小磨砺出来的。"

因此，在创业小有成就之后，何胜祥也在思考如何回馈家乡。2015 年春天，受惠于金寨县委、县政府对招才引智工作的高度重视，在县政府多次真诚邀请下，何胜祥怀着"产业报国，振兴家乡"的初心，带着技术团队返乡创业，入驻安徽金寨县金梧桐创业园，创办了安徽同科生物科技有限公司（以下简称同科生物），从事以分子诊断和基因检测技术为核心的分子诊断试剂及配套仪器的研发、生产、销售，这也是目前全国唯一一家，坐落在县级行政区域的分子类体外诊断试剂生产型企业。

2015 年至今，何胜祥及其企业依托高效的团队研发和成熟的生产技术平台，为广大人民群众提供了高品质的诊断产品和生命健康服务。公司已经取得了系列化的科技成果和完整的知识产权，开发临床检验试剂和仪器 40 多种，取得授权发明专利 12 项。人乳头瘤病毒核酸分型检测试剂盒（PCR 多色荧光法）、HLA-B*5801 基因检测试剂盒（指导痛风用药）、华法林用药检测试剂盒等多个产品正在向全国推广，目前已在华山医院、仁济医院、同济医院、上海市松江区中

何胜祥自己动手做实验

心医院、中日友好医院、北京地坛医院、湖南省妇幼保健院、安徽省妇幼保健院等全国80多家医院使用。

何胜祥也因此获得了安徽省人民政府授予的"安徽省科技进步奖"，并入选安徽省第六批战略性新兴产业技术领军人才，带领团队获得了"安徽省高层次科技人才团队（A类）""安徽省第十批'115'产业创新团队"等荣誉。八年来，何胜祥身体力行，履行着他"把论文写在家乡的红土地上"的承诺。

用生物技术造福社会

何胜祥始终坚信，生物技术应该是用来造福人类社会的。

2020年春节，突如其来的新冠肺炎疫情打乱了人们的生活节奏。何胜祥和他的团队没有休息，夜以继日地工作，快速开发出"新型冠状病毒（2019-nCoV）核酸检测试剂盒"，并捐赠给疫区总价值约150万元的试剂和仪器。另外，何胜祥团队还积极响应国家号召，用公司成熟的技术团队助力安徽、河北等地多家医院，建成符合生物安全二级要求的PCR实验室，并为医院相关实验操作人员提供培训，以满足新冠肺炎疫情发生时监控检测的需要。

由于从小生活在贫困山区，何胜祥对医疗健康扶贫工程十分关注。有感于"因病致贫"和"因病返贫"的状况，他希望能借助技术改变"病"与"穷"的关系。何胜祥介绍，宫颈癌是目前全球唯一可以预防的恶性肿瘤，女性因为宫颈癌而影响生活质量或失去生命是不应该的。因此，宫颈癌的早期筛查检测是非常有意义和有价值的事。两年来，在金寨县发改委、卫健委、中医院和人民医院的协助支持下，利用自己公司开发生产的宫颈癌检测筛查产品——"人乳头瘤病毒核酸分型检测试剂盒（PCR多色荧光法）"，何胜祥组织同科生物的公益团队为金寨县沙河乡、长岭乡、桃岭乡、斑竹园等十多个乡镇的两千多名适龄贫困妇女进行免费的宫颈癌HPV-DNA筛查。检测发现，当地贫困妇女HPV感染率为19%，明显高于城镇筛查已有的统计数字。对于感染严重的妇女，同科生物公益团队做持续追踪，并对后续的进一步检测诊疗给予费用支持。他说，一定不能让使用同科生物宫颈癌检测产品免费筛查出来的贫困妇女患上宫颈癌！

其实，这也是何胜祥创业初期的理想：将书本的知识转换成实际的产品，用先进的生物科技守卫平民百姓的健康。

徐雯：把中学数学从书本搬上电脑

人物简介： 徐雯，女，1977年12月生，汉族，致公党党员，毕业于加拿大渥太华大学，计算机科学学士。上海莘越软件科技有限公司董事长、总经理。第十四、十五届上海市杨浦区政协常委。全国工商联执委、全国工商联小微企业工作委员会副主任、杨浦区总商会副会长。获第五届全国非公有制经济人士优秀中国特色社会主义事业建设者荣誉称号。入选杨浦区"3310"计划引进人才。

徐雯近照

在互联网在线教育蓬勃发展的 2021 年，如果有人问：如何把初中几何的知识体系从课本中抽离出来，做成一个教育学习软件？得到的回答可能是"你已经过时了"。但时间倒退回 2008 年，徐雯问过相同的一个问题，得到的回复却是"连微软研究院都做不出来的，你这是在异想天开"。十四年过去了，徐雯的"异想天开"早已成为现实——上海莘越软件科技有限公司（以下简称莘越科技）在 2009 年就成功实现了把初中几何知识从书本搬上电脑。

父女联手攻克难关

徐雯这个想法源于她父亲徐方瞿教授的一个理想。徐方瞿教授是"平面几何基本图形解析法"的创始人，早年因研究平面几何解析而闻名全国。"父亲想做一些写书讲课之外更有成就感的事，于是萌发了把平面几何研究成果做成计算机软件的想法。"徐雯回忆道，当时她还在加拿大渥太华大学求学，修读软件工程专业。这一时期，把平面几何从纸书搬到电脑上去的想法，就在她心里扎下了根。

2005 年，徐雯毕业回国，进入美国陶氏化学（中国）有限公司（以下简称陶氏化学）担任 IT 中心 ISC（国际供应链）技术总监。2007 年，徐方瞿教授退休后又和她重新商讨了平面几何教学理论"软件化"的可行性，徐雯为此请教了一位来自微软研究院的专家，却得到了"异想天开"的回答。但这个回复并没有让她放弃，她开始利用业余时间与父亲投身于此——白天在陶氏化学上班，晚上和父亲一同工作，父亲做内容、她编写程序。到后来，业余时间已经不够了，于是她干脆辞职，开启了自己的创业之路。

2008 年，莘越科技成立，成为当时国内第一家做教育信息化项目的公司。在积累与探索中，2009 年，"《几何王》初中平面几何学习软件"成功问世。一盒光盘，一套软件，不需要连接网络，安装进电脑就可以运行。依托于个人计算机，《几何王》实现了中学平面几何教学的信息化，可以在有条件的中学开展。

然而，2009 年，中学的电脑大多集中在计算机教室，这意味着《几何王》这一套软件只能在机房教学，应用场景极其有限，遑论还有很多中学的计算机数量甚至达不到一个班级人均使用一台的标准，这些不成熟的市场条件让《几何王》的推广步履维艰。"有的校长问我们怎么不能买一套软件给学校的电脑都装上，为何要给每一台电脑都买一套。"徐雯感言道，那个时候人们的版权意识不强，盗版猖獗，对软件公司打击很大。《几何王》推出时就采用了防盗版技术，一套光盘只能装在一台电脑上，一所学校若想要组建一套完整的教学软件，则需要为一个班级的每个学生、计算机老师、数学老师都各买一套，这样算下来硬件软件成本都不低，这也使得《几何王》难以惠及中学教育。

2011年，《几何王》被列为全国教育信息技术研究"十二五"规划的重点课题，得到了政府的大力支持。在"十二五"期间，徐雯每年在全国五个省内各找六所学校做课题研究，每个学校都按照机房的计算机数量和数学老师的数量配备《几何王》，许多学校的学生终于有条件在机房上数学课，也可以在自修时间进入机房自主学习平面几何知识。有了政策的加持，《几何王》日渐成长。徐雯介绍道："在课题研究中，我们发现运用这套教学系统，老师能把抽象的几何教学通过软件图形化地展现出来，学生的理解程度和学习速度都得到了提升，学生的数学成绩也有了显著提高。"

产品升级成果迭出

卓越的效果让越来越多的学校选择了《几何王》，很多数学老师向徐雯反馈，希望再有一款从学生角度设计并能呈现学生思维过程的教学软件。2012年徐雯便带领着公司科研团队着手研究第二版教学软件。经过两年时间，公司科研团队攻克难关，"学生思维过程的显示和评价系统（初中数学）（以下简称《思维王》）"在2014年正式诞生。短短六年时间，公司的业务模式成功地从教育信息化转型为"互联网＋教育"，正好赶上了互联网高速发展的风口。《思维王》教学系统，对教学过程中学生的思维过程、思维能力进行科学性测评，在建立教育质量测评大数据系统的基础上，实施教育诊断，生成教育处方，提供优化的教学指导意见，从而实现精准教学的目标，大幅度提升了教学质量。2016年，《思维王》同样被列为全国教育信息技术研究"十三五"规划的重点课题，并在全国范围内推广与应用。2020年，《思维王》还被纳入教育部民族地区"智能教育试验区试验校"建设项目，在全国120个民族地区开展试验。

徐雯的脚步并没有就此而止，随着人工智能时代的来临，她带领着莘越科技将初中数学和人工智能相融合，开发出相应的人工智能教育软件，通过精准定位学生学习画像，预测提分范围，规划学生个性化学习路径，实现对同分不同质学生的因材施教。学生们可以在教育软件上自主学习，老师仅在辅导环节答疑解惑。学习结束后，学习报告和学习数据都会自动生成在系统中，形成学生的个人学习路径。"这款教育软件最核心的竞争力就是我们和公办学校多年合作，在课题研究中得到的大量数据"，徐雯介绍道，"在大数据的分析下，可以通过对学生的测评，预测其未来的考试分数提高区间，而且准确度很高，对学生中高考的成绩指导性较强"。

徐雯（前排右三）与研发团队合影

线上教育助力扶贫

能力越强，责任越重。新冠肺炎疫情期间，在线教育被推到了抗击疫情的最前沿。由于疫情蔓延，教育部提出了"停课不停学，停课不停教"的指导意见。莘越科技作为国内从事"人工智能＋教育"行业的先行者，自觉履行社会责任，向西藏、湖北、福建等地区捐献了价值三千万元的人工智能教育软件学习账号，助力学生居家学习，保证了疫情期间切实做到"停课不停学，离校不离师"。

徐雯还谈到，部分教育欠发达地区比如西藏、海南的学校，在疫情之中更难开展线上教学，老师缺少线上教学的适应力，学生的学习节奏也被打乱。这些教育资源相对匮乏的地区，有了莘越科技的支持，同发达地区的教育差距缩小了，师资不足的问题也能得到缓解。

为改善偏远地区教育相对落后的情况，自公司成立起，徐雯便参加到民盟中央的"烛光行动"中，为边疆地区的学校捐献设备和软件，指导老师开展线上教学；在杨浦区工商联，她参加了"光彩基金"，到江西开展教育公益项目；在杨浦海外联谊会，徐雯也和会员一起前往杨浦区对接的贵州遵义市实施教育扶贫，帮助改善孩子们的学习环境。

"莘莘学子，卓越未来。"这不仅是"莘越"二字的由来，更是对广大学子的一份美好期望。十五年来，徐雯始终秉承并大力践行着让优质教育走进课堂的理念。在她的带领下，莘越科技将继续用实际行动回馈社会，更加积极地投身到在线教育事业中。

张文标：旧书收购者成了环保企业家

人物简介：张文标，男，1981年7月生，汉族，群众，毕业于同济大学，环境工程学硕士。上海同臣环保有限公司董事长兼总裁。上海市杨浦区第十七届人大代表。获上海科技企业家创新奖、上海市水务海洋科学技术奖、上海青年创业先锋、上海市青年创业英才等荣誉。入选科技部2013年创新人才推进计划、2016年上海领军人才、杨浦区第九批拔尖人才（经营管理类）。曾任杨浦区工商联执委。

张文标近照

瞄准目标立志创业

张文标年纪很轻就出来创业了，创办上海同臣环保有限公司（以下简称同臣环保）并非他的首次创业经历。早在2005年，张文标还在武汉大学读本科时，就通过收购旧书赚到几十万元。回忆起这段"辉煌"的经历，张文标说："当时武汉大学四分之一的旧书都是我收购的，这个小小的成功给了我很强的自信，所以后来才敢选择出去创业。"

"后来的创业"指的就是他在同济大学攻读硕士学位时，与同学一起创立的同臣环保。除了之前的成功经验，中国环保行业的落后状况和大学生创业的乐观形势，也是当时促成张文标下定决心创办公司的重要因素。那时候政府和企业所需要的环保装备几乎全部依靠进口，既没有技术主导权，又要花费高额资金。于是，几个充满爱国热情和青春朝气的大学生将"改变中国环保产业落后局面"当作自己的创业初衷，决定主攻环保装备研发制造领域。

上海的大学生创业浪潮在全国范围内发展最早、声势最大。张文标等人向上海市大学生创业基金同济分基金成功申请到 15 万元起步资金，还将公司设在了同济大学科技园内，享有同济大学提供的诸多资源。"同济的大学生创业早、中期阶段配套体系非常齐全，给我们免费注册（公司），房租也很低廉。"他回忆道。张文标的老师、同学、师兄弟大部分都在上海，在这里创业也不会让他感到孤单。

好在同臣环保一开始就秉持先进的理念，坚持做科创型公司，每年投入大量科研资金。如今同臣环保共有 400 多名员工，其中 70 多名是科技人员。在张文标看来，中国的环保产业还比较粗放，而同臣环保无论是员工总数还是科研人员占比，在中国环保企业中都比较靠前。同臣环保获得专利 100 多项，其中有美国的和欧盟的，很多都得到了环保部的肯定。在上海市工程技术研发中心，同臣环保有一个自己的省部级高水平研发平台，在江苏太仓自建一个大型生产研制基地，在安徽宿州设有多个污水处理厂。

同臣环保的新发展

如今的同臣环保，依然以环保装备研发制造为龙头，主要面向市政工程，主攻污水物理如工业废水、养殖废水、污水资源化等领域。在固液分离技术上，同臣环保也做出了自己的成绩。一台将煤泥做成煤的机器，同臣环保卖给煤矿厂是几百万，但机器生产一年可以帮助煤矿厂创收 2000 多万元。更重要的是，将煤泥这类废物最大化地利用起来，做成可以使用的煤，也有利于变废为宝，改善环境。"为社会作出贡献的过程中，'顺便'赚点小钱。赚钱可以有满足，为社会的贡献是无限的。"张文标的这句话，道出了一家环保企业的社会担当。

同臣环保不断开拓创新，涉及领域也逐渐从污水污泥行业延伸到湿垃圾处理行业。同臣环保推出的"湿垃圾智能处理装备及解决方案"，从根本上实现湿垃圾"就地减量"的资源化目标，湿垃圾减量达85%，极大减少了环卫压力与成本。且湿垃圾经过同臣环保的设备处理后，可转换为新的资源再利用。这些技术和设备目前已经广泛应用于湿垃圾减量化行业当中。

此外，同臣环保还建立了"环保医院"等咨询平台，通过互联网建设数字化平台，方便部分企业和市民了解环保知识、环保产业。

可以说，在科研和技术这一方面，同臣环保已经走得比较稳健，也比较靠前了。但是张文标还是希望，杨浦区政府和同济大学、同济大学科技园可以联合制定出更加有深度的民营企业助推政策，因为像同臣环保等收益周期比较长的企业，依然需要良好的营商环境支持。

同臣环保的展厅一角

做有价值的产品

总而言之，张文标的企业管理之道有三：第一，将产品质量视作企业的第二生命，从原材料采购、产品研发，到生产制造、出厂检验，都已建立了完善的流程控制和管理体系；第二，组建一支阵容庞大的营销团队，在全国设立一个分公司和六个大区办事处，并积极将产品与服务辐射全球，投身"一带一路"建设，同臣环保目前的产品已遍布全球 100 多个国家和地区，销售业绩逐年增长；第三，推行精细管理，听取客户及员工的各项反馈及建议，做出并实施解决方案，不断改进公司管理体系及产品项目上的不足。针对工厂各个场所的整理整顿、物料处理、定制管理等实行 5S（整理、整顿、清扫、清洁和素养）专题活动，旨在普及精益生产理念与 5S 管理知识，改善现场工作环境，消除各种形式的浪费，不断提高生产效率。

谈到公司未来发展，张文标表现出了企业家的乐观和信心。在公司层面上，他透露，同臣环保已经建立了一个面向客户需求、快速响应的"铁三角"工作机制，成立由"业务员＋技术负责人＋项目经理"组成的工作团队，为客户量身定制解决方案，帮助客户解决一些棘手问题。同时，同臣环保凭借实力获得"建筑业企业资质"，承接专业工程项目，提升系统解决能力。这样，业务可以做得更大，并且再大也不会乱。在个人方面，他认为经过数年历练，自己已经锻炼出比较好的心态，越来越专注于日常工作的点点滴滴，踏踏实实担负起对全公司员工的责任。

"做有价值的产品，尽量去解决客户的一些问题，更多地为这个行业去赋能。"这是张文标踏入这个行业以来最自觉的行动，也是他一以贯之的奋斗目标。

齐文忠：新上海人的殷殷乡情

人物简介：齐文忠，男，1965 年 5 月生，汉族，中共党员，毕业于西安政治学院，工商管理学士。上海翰和实业（集团）有限公司董事长。杨浦区工商联常委、定海路街道商会会长。

齐文忠近照

为共同富裕默默奉献

"军人和企业家，从某种程度而言，像一个国家的两条腿，一条是武力捍卫脚下的土地，一条是脑力带动经济的繁荣。"对于每位优秀的军人企业家而言，在军队中锻造出的坚毅性格、严谨的处事原则和灵活的经商头脑，都是他们如今活跃在商界的重要砝码。

1984 年，19 岁的齐文忠从家乡安徽奔赴上海参军，在部队度过了四年军旅生涯。四年时间里，三伏暑天斗骄阳，寒冬腊月战飞雪，齐文忠强健了体魄，磨炼了意志，在入伍的第二年成为一名共产党员。彼时为响应国家号召，符合条件的部队内部允许开公司，于是，从助理到招待所所长、汽修厂厂长，齐文忠一步一个脚印，积累了丰富的从商经验。

1988 年，齐文忠退伍后选择留在上海经商，和家人一起创办了翰和人力资源有限公司。谈及为何以劳务公司作为创业之始，齐文忠回答："当时家乡工业不发达，劳动力过剩，很多人找不到工作，没饭吃，我就想把家乡的人带到上海来。"他也的确做到了——人力资源公司的创办带动了大量家乡闲散人员的就业。就这样，一位党员军人退伍不褪色，转业不转志，退役后的齐文忠为实现共同富裕的理想默默奉献着自己的力量。

翰和实业的一条重要经验

随着公司规模的不断扩大，2008 年上海翰和实业有限公司在杨浦区定海路街道注册成立。当年创建时仅有 8 名员工，如今已壮大到 1000 余人，成为上海翰和

翰和集团工程车队阵容

实业（集团）有限公司（以下简称翰和实业）。经营范围也由当年单一的劳务派遣，扩大到今天的物流、劳务、餐饮、水利、法律服务、保险公估、生态农业、汽车修理服务、信息科技等诸多领域，取得了多行业、多领域、多元化的融合发展成果。

齐文忠指出，翰和实业不断发展壮大的一条重要经验，就是始终坚持发挥党组织在企业发展中的政治核心作用：党建工作做好了，就是政治定力；做实了，就是生产力；做强了，就是竞争力；做细了，就是凝聚力。面对新冠肺炎疫情，公司党支部要求每一位党员、干部把思想和行动统一到中央和市委、区委的决策部署上来，以身作则，彰显自己的初心和使命，以更强担当、更大作为投入这场没有硝烟的战役。公司成立以来，先后荣获杨浦区人社局、区总工会共同颁发的"劳动关系和谐企业"，杨浦区总工会颁发的"工人先锋号"，上海市人社局、市总工会、市企业联合会／市企业家协会和市工商联共同颁发的"上海市和谐劳动关系达标企业"，上海市五一劳动奖状等荣誉。

架起家乡与上海的桥梁

作为上海安庆经济文化促进会常务副会长，上海安庆商会常务副会长，上海枞阳经济文化促进会会长、党总支书记，齐文忠架起家乡枞阳与上海的桥梁，对家乡的殷殷桑梓情，成了齐文忠数十年来在上海拼搏发展的关键词。

这些年来，家乡人来沪创业就业也好，求学就医也好，只要遇到困难找到齐文忠，他都尽己所能提供帮助。得知成绩优秀的孩子父亲去世、生活极度困难，他主动回老家找到孩子提供资助，帮助他从同济大学顺利毕业；在苏州打工的家乡青年被检查出得了白血病，他知道后第一时间组织募捐，帮助青年渡过难关；来沪谋生的家乡民工工资被拖欠，他发挥翰和律师事务所的资源优势，出面维护民工权益。新冠肺炎疫情暴发后，齐文忠始终牵挂着家乡民众和在沪工作的乡友，陆续捐赠了防疫物资十万余元。上海疫情防控期间，齐文忠及时联系家乡政府运来了 55 吨食用油、大米、鸡蛋、腊味等（均 100 多万元）生活物资，申领通行证、组织人员分发到在沪工作封控在家的乡友。家乡在 2018—2020 年发生两次特大洪灾时，齐文忠及时组织促进会募捐，向家乡捐赠了 40 多吨大米、棉被等生活急需物资和 70 多万元现金。谈起这些，齐文忠摆摆手说："这都不是什么大事，只是为家乡人民提供些力所能及的帮助，乡情难忘罢了。"

齐文忠不仅仅关注公司当下的发展，更着眼于家乡未来的福祉，家乡枞阳承载了他太多记忆，秀美的山川始终让他魂牵梦萦。2017 年，"田园综合体"作为乡村新型产业发展的亮点措施被写进中央一号文件，齐文忠第一时间想到了家乡的青山绿水。翰和实业作为项目投资商，借助政府的政策优惠，委托上海农科院和上海交通大学规划建筑设计有限公司，完成了对枞阳县大窑圩田园综合体项目的概念规划，最终决定打造集枞阳农业历史文化展示、现代农业科技示范、农业规模种植、温室栽培观光、水产规模养殖、田园康养及田园农业休闲观光等于一体的现代农业产业园区。目前，该项目已经列入安徽省 2020 年重点项目，项目园区道路和高标准农田建设也已于 2019 年 12 月开工。谈到这个项目，齐文忠充满了自豪："枞阳之美，美不胜收。"

赤子情系桑梓，是中华民族亘古不变的美德。一善之功不难为，难于不懈付年年。齐文忠闯荡江湖的这些年，心中始终怀着对家乡的无限深情和难以割舍的情怀，这份情怀既不问出处，也不求回报，"只是觉得应该这样做，就这么做了"。

周新春："强毅力行"我先行

人物简介：周新春，男，1970 年 2 月生，汉族，中共党员，毕业于上海城市建设学院，工学学士。上海铂宝集团股份有限公司董事长、总经理。中共上海市杨浦区第十一次代表大会代表，第十三、十四届杨浦区政协委员。杨浦区总商会副会长。获 2004 年上海市质量能手荣誉称号。

周新春近照

周新春，这位从江苏南通走入上海杨浦的民营企业家，身上自然地焕发着"强毅力行，通达天下"的通商精神。他，创办实业孜孜以求、锲而不舍；助教育人慷慨付出、不问回报；服务社会真心实意、尽力而为。他，是新时代工商精英中的一个典范。

行壮志逐梦申城

周新春出身于革命家庭，曾祖父是一名中共地下党员，祖父辈四人投身抗日战争与解放战争，两人壮烈牺牲，父亲曾参加抗美援越战争，荣立三等功两次、二等功一次。与上海一江之隔的南通，诞生了被称为"中国第一个实业大王"的张謇，他开启了实业救国的道路，南通也将"强毅力行、通达天下"作为通商精神的表述。受家庭氛围和家乡精神的影响，1991年周新春从上海城市建设学院（后并入同济大学）毕业后，选择回到家乡，投身实业。

周新春的第一份工作，是在南通通星油嘴有限公司担任技术员。这是一家与上海柴油机厂合资生产内燃机配件、附件及汽车配件的制造业公司。凭借着踏实肯干、技术过硬和善于创新的突出表现，从1991年到1995年，周新春从技术员升到了科长，再从科长升到了公司高管。在职业发展一路顺畅的时候，25岁的周新春受张謇先生名言"以强毅之力行其志"所感召，觉得自己应该走出家乡，到更大的舞台上去施展抱负。上海与南通隔江相望，周新春深深地被这片改革开放的热土所吸引，思索再三，他毅然决然选择停薪留职——到上海去，追求心中的实业梦和强国梦。

回忆起从南通到上海的第一次"跳跃"，周新春形象地说："假如我是一个渔夫，即使我钓鱼的技术再高，在老家钓鱼，也只能钓到一些普通的池虾河蟹。但如果让我去太平洋钓、去海钓，那么也许我会钓到名贵的东星斑和珍宝蟹。"

来上海后的第一份工作，是在上海通兴建筑安装工程总公司（后更名上海通兴建设集团有限公司，以下简称通兴建筑）任职。彼时的通兴建筑还是集体所有制企业，周新春意识到，公司的经营管理方式已经滞后于当时的市场经济发展，效率低下，效益也不尽如人意，颇有捧着"金饭碗"讨饭的味道。跟他有同样想法的，还有几位南通老乡。于是尝试创业的念头时时冲击着周新春的脑海。

经风雨终成大业

1998年，28岁的周新春正式开启创业之旅。"从深层次来说，我是为了实现

'实干兴邦，通达天下'的远大理想，从个人发展角度，我是为了延续自己对于干事创业的热爱，实现人生价值最大化。"周新春这样说道。这一年，周新春跟几位志同道合的好友一起，计划从建筑施工这个熟悉的领域入手大干一场。但是等待他的，却是人生的至暗时刻。他跟随好友一起在嘉定黄渡镇（现并入安亭镇）承建了一个保税区仓库项目，一共开发约 200 多亩土地。"那时有点像现在说的'蹭热度'，一提到保税区，大家就两眼放光，为了赢得投资方的信任，我们答应对方要求，预付了一笔质量保证金。"为了筹齐这笔 180 万元的资金，周新春可谓用尽了"洪荒之力"，但是项目运转到一半，却因业主方资金链断裂，最终成了"烂尾楼"工程，直接导致周新春已经交付的 180 万元和前期投入全部打了水漂。"当时对我的打击真的是太大了！""思想太超前，行动太莽撞，大大超越了现实需求。"周新春认为，这是导致他遭遇"黑色 1999 年"的主要原因。

此后，周新春继续留在通兴建筑发展。从 1999 年到 2008 年，周新春逐渐成长，担任了公司高管。十年历练，培养了他坚韧不拔的个性和注重细节的品质，教会了他如何以市场为导向、以客户为中心经营企业，同时也让他积累了相当的人脉资源，为他的二次创业打下坚实基础。南通人骨子里的执着和倔强，让周新春绝不轻易认输。

2008 年，周新春感到"天时、地利、人和"都已具备，于是，上海铂宝集团股份有限公司（以下简称铂宝）在上海的杨浦区应运而生，这是他倾注心血最多、

铂宝集团设在南通市的生产基地

最引以为傲的实业新天地。周新春介绍："铂金中的'铂'是一种天然的白色贵金属元素，其生成需要一个'大浪淘沙沙去尽，沙尽之时见真金'的过程，是一种十分稀缺的宝物。我觉得，虽然我们的创业之路崎岖不平，但是创业的初心和热情弥足珍贵，应当永远保持，所以就给公司起了这个名字。"

这是一家集汽车零部件制造、焊接材料生产、建筑工程、教育等为一体的综合性企业集团。公司成立后一直加大对不锈钢、铜（铜合金）、镍（镍合金）等焊材材料的研发投入。公司设有独立的焊材实验室，引进哈尔滨焊接材料研究所所长刘正等高级人才，构建起人才集聚、培养、激活体系，培育出不少高素质科技创新人才。公司还跨前一步，持续开展产学研的深入探索，与上海材料研究所、复旦大学材料科学系、燕山大学材料工程学院、佳木斯大学材料科学与工程学院等多家科研机构和高校院系深度合作。目前，公司已获得各种专利 104 项，专利的应用场景涵盖了核电、压力容器、船舶、机车等。铂宝的合作伙伴包括中化建、中集、佛吉亚、天纳克、一汽大众、上汽通用、凯隆科技、威孚力达等国内外知名企业。可以说，在不锈钢焊接材料领域，铂宝已经走到了头部位置。2011 年公司实行股份制改制，于 2015 年 7 月 1 日以新材料产业正式在全国中小企业股份转让系统挂牌上市。

重人文倾力助教

作为一家以制造和材料为主营业务的企业，铂宝很早就开始涉足一个跟主营业务毫无关联的板块——教育，这与周新春受到的家庭影响以及他个人对于企业家精神的理解密不可分。对于周新春来说，做教育绝对不是做产业，而是一种传承，一份情怀。

周新春介绍，他的曾祖父是一名通东大儒，生前创办的私塾在新中国成立后改名为南通县新民小学。周新春认为，企业家精神有几个层面：第一层就是能把自己的企业做大做强，带动就业；第二层就是要关注教育，培养人才；第三层是热心公益和慈善，造福社会。这三个层面，都与人息息相关，以人为本就是这种精神的内核。人，在任何时候都是根本的要素；教育，则是提升要素的关键。

2013 年，周新春开始涉足教育领域。至今，周新春共为上海外国语大学附属双语学校捐款捐物 200 余万元。2016 年，周新春投资并购上海控江中学附属民办学校，同年创建控江民办小学。2017 年，由铂宝投资创办与"铂宝"谐音的上海博宝教育培训有限公司成立。这些，终于让周新春逐步实现了他多年来实业强国、教育兴国的理想。2020 年，他还专程前往遥远偏僻的贵州省遵义市湄潭县，捐赠 20 万元支持建设县图书馆。

担道义尽心履职

作为杨浦区政协委员，周新春一直十分关注"大众创业、万众创新"这个"双创"群体，以一种深切的人文关怀，为这个群体努力争取更多的社会包容、理解和支持。用周新春的话说，"真正热爱创业的人并不多，我们一定要保护好这些创业的'种子'，星星之火，可以燎原"。行百里者半九十，创业从来都不会一帆风顺，那些创业失败者，有的才刚刚跨过门槛，因为经营不善或者资金链断裂等原因，实在无力按时偿还银行贷款，于是就被列入征信黑名单，这对他们来说是莫大的打击。经历过"黑色 1999 年"体验的周新春对此感同身受。所以，他多次通过政协、工商联等渠道为初次创业失败的人呼吁，希望政府能够针对创业群体出台相对温和的信贷政策，对于那些初次创业失败的人，如果查明并非恶意拖款违约，可以把他们列进征信"黄名单"，而不是一刀切地直接拉入"黑名单"。如果给这些人一到两年的缓冲期，把这口"气"接上来，也许这些企业就可能"活"过来，一旦成功，他们所创造的社会价值是不可估量的。

2018 年铂宝成立党支部，周新春担任书记。他十分重视企业党建，带领铂宝人坚持以党建促进业务、引领发展、奉献社会。2022 年 4 月上海疫情封控期间，铂宝积极履行社会责任，服务人民群众，表现十分突出：向杨浦区大桥街道捐款人民币 20 万元、捐赠物资价值 10 万余元，向五角场街道捐赠物资价值 10 万余元，向幸福村居委会捐赠抗疫物资价值 8 万余元，向南通市通州区东社镇捐赠抗疫药物价值 30 万余元，向杨浦区加州水郡居委会捐款捐物 5 万余元等。

谈及往事，无论得失，周新春都显得十分淡然。百尺竿头，更进一步。如今，他心之所系的是，如何在民营企业高质量发展的新考场上，再交一份出色的答卷。

陈睿：永远相信创作的力量

人物简介： 陈睿，男，1978 年 1 月生，汉族，无党派人士，毕业于成都信息工程大学，工学学士。上海哔哩哔哩科技有限公司董事长兼首席执行官。第十三、十四届上海市政协委员。上海市总商会副会长。获第六届上海市优秀中国特色社会主义事业建设者荣誉称号。入选 2019 年上海领军人才、杨浦区第十批拔尖人才（经营管理类）。

陈睿近照

不同于其他民营企业家，陈睿的办公室里没有老板台、大沙发之类的标配。初春淡淡的阳光洒在一张普通的工作台上，这里就是陈睿办公、会客、吃饭的场所，一个简单而又高效的地方。也许相对 90 后、00 后的用户和员工来说，75 后的陈睿不那么年轻了，但他却为所有充满进取心和富有创造力的青年人，搭建了一个平台，即哔哩哔哩（以下简称 B 站）。在 B 站，天南海北的青年们通过弹幕同频共鸣，用创意、才思成为时代的主角；许多中华传统文化的创意表达正在被世界看见，千年华夏文化焕发出新的生机与更多可能。在陈睿的引领下，B 站从小众的 ACG（动画漫画游戏）社区破圈成为主流视频内容平台，实现了从社团到公司的转型，社区规模及公司业务的快速成长。2018 年，B 站在美国纳斯达克成功上市，2021 年，又在香港联合交易所二次上市。

哔哩哔哩在港交所成功上市，左八为陈睿

选择的智慧

陈睿从小生活在成都。2001 年从成都信息工程大学毕业时，他的母亲希望他留在成都工作，然而当时领先的科技企业都在北京、上海、广东。是留在家人身边成为"慢生活"的一分子，还是去更广阔的天地奋斗创业？面临选择的陈睿向选修课老师寻求建议，老师回答说"爱人再远，你也应该去找她"，这句话击中了陈睿的心怀，燃起了他的激情。没有更多犹豫，他向许多知名企业投了简历，顺利拿到了华为的录取通知书。恰巧，金山软件也来成都招聘，陈睿本来只是打算去听一听，没想到却因此走上了另一条完全不一样的职业道路。

陈睿从高中起就喜欢写程序，金山的宣讲会让他再次燃起了这份热爱。他想是不是应该遵从内心，去做喜欢的程序员，而不是专业对口去做通信工程师？这个选择并不容易，当时华为开出月薪 6000 多元的条件，而金山才 3000 多元，况且在 20 多年前，在很多人眼里做软件并不是一个正经行当。"只有真正喜欢，你才能把它做好。"最终，陈睿还是放弃高薪，选择了坚持爱好，加入金山软件，成为中国第一代"码农"。凭借出色的专业能力，陈睿很快成为金山毒霸软件研发小组的骨干、技术总监、事业部总经理。

2008 年，陈睿敏锐捕捉到了信息安全行业中的机会，成立了中国首个云安全厂商"贝壳安全"。创业初期，团队一共就六个人。为了省钱，他们就自己在淘宝买服务器，自己装操作系统，自己上机架。于是，陈睿白天干活，晚上装服务器。一次在上服务器的时候，陈睿一脚踏空掉进了通风道，一条腿受伤出血。忍痛爬起来后，他自我解嘲"血祭服务器，此乃吉兆"。对此陈睿解释道："云服务器对于创业，就好比过去打仗用的剑，古时候铸名剑，需要滴点血进去，那滴了我的血的服务器运算速度就会更快，运转就会更稳。"2010 年，"贝壳安全"被金山合并，陈睿成为金山网络（现猎豹移动）的创始人。

创业期最忙的时候，陈睿的神经每天都绷得很紧，生怕漏干一件事情、多一个疏忽，公司就会陷入麻烦、危机，甚至垮掉。但每天只要上网浏览 B 站半小时，他就能得到很好的放松。"那是一个更好的世界，是一群志同道合的人共同的精神家园，大家在这里可以不带任何身份、属性平等地交流兴趣爱好。"陈睿看到了 B 站独特的气质——这是一个生产快乐的社区。不同于其他科技产品只是让大家远离烦恼，B 站能给用户带来更多学习的愉悦、交流的欢畅、休闲的安乐。2010 年，陈睿成为 B 站前两万名"铁杆用户"之一。

2011 年，陈睿联系到 B 站创始人徐逸，赶赴杭州会面，两人一直聊到凌晨三点。这次会面后，陈睿决定成为 B 站的天使投资人。他之所以做出这个选择，不是因为确信会有回报。那时在他看来，B 站还是一颗蛋，并不知道它会孵出什么来。他只是希望这个能给人带来快乐的 B 站，在初创资金用完之后能注入新的动力，让这个美好的社区一直存续下去。因为这不仅仅是他一个人喜欢的网站，也是千千万万青年人热爱的心灵港湾。2014年，陈睿正式加入B站并担任董事长，用自己多年积累的实战经验，带领B站走向更广阔的世界。

几年间B站迅速发展，原来的办公楼不适应了。杨浦区浓厚的创新创业氛围，以及对科创企业的极度重视，让陈睿选择搬家到杨浦。"我们还没搬过去，杨浦区以及五角场街道办事处的领导就主动上门，询问我们需要什么服务。那时候我们还是一家小的创业公司，政府对我们这么看重，让我内心感觉特别温暖。"如今，B站的新总部——位于杨浦滨江的哔哩哔哩园区正在建设中，总建筑面积78.5万平方米，预计2026年建成，B站将在杨浦有一个更大的"家"。

都说"选择比努力重要"，但身处瞬息万变的时代，没有人能在当下知道什么是正确的选择。陈睿的选择始终遵从发自内心的喜爱，他认为面临选择时，有人会考虑很多，但其实只能或应该只考虑一个点，要同时满足多个维度就会难以取舍。正是在这样的智慧引导下，陈睿选择了心之所向，选择了心意相通的"最佳合伙人"，选择了心驰神往的创业目标。年轻生命力的爆发就在于善做选择。

创作的力量

正式加入B站后，陈睿着力将一个"自由生长"的网站转变成一家正规化运作的企业。B站势如破竹的成长，陈睿认为是先有因，后有果。他说："用户是最懂产品的，守护用户就是坚守B站的价值观。"B站的用户80%为90后、00后，他们普遍拥有较好的文化素养和审美能力，兴趣爱好多元，追求精神世界的富裕。基于这样的文化需求，陈睿致力于把B站打造为青年人最喜爱的社区，让所有创造者有一个施展才华的舞台，让文化创新在这里发源和聚集。要实现并坚持这样的愿景，陈睿认为核心在于保持B站的活力。

青年们为什么会喜欢上B站？原因在于B站是懂青年人的。从铁杆用户成为B站的掌门人，陈睿深知守护B站"底色"、维护社区氛围的重要性。B站倡导弹幕礼仪，保护因兴趣而生的社区意识与分享精神，在这样的健康环境里，年轻一代不仅在B站聚集，而且参与、互动的热情高涨，成为B站创造力量的一部分。广大用户通过弹幕创造了众多网络梗和热门词汇，通过二次创造催生了许多互联网热门事件，B站由此成为互联网文化的发源地之一。2019年B站推出"最美的夜"跨年晚会，伴随着满屏的弹幕和走新又走心的节目，晚会观看量甚至超过了一众地方电视台，一夜爆红。近几年，B 站每年推出五四青年节演讲短片，同样火速出圈，看 B 站五四短片已成为不少青年的"节日仪式"。尤其是 2022 年，莫言写给年轻朋友的信《不被大风吹倒》，温和真诚地与青年人对话，给予青年们朴实的启发和强劲的鼓舞。陈睿说："我们始终把青年人当朋友，与大家一起成长。"正是在这样的情怀下，B 站拥有了朝气蓬勃的青年人，拥有了源源不断的生命力。

这些年轻、有才华、有创意的创作者在 B 站创作的大量优秀作品，构成了 B 站生机勃勃的内容生态。活跃 UP 主（B 站创作者的简称）创作高质量视频内容——高质量视频内容吸引忠实粉丝——忠实粉丝激励 UP 主持续创作的社区生态，为 B 站带来了源源不断的发展后劲。如今，B 站已成为"内容海洋"，从放松娱乐扩展到学习充电。大量宝藏 UP 主依靠优质作品打动用户，并让用户"忍不住想要分享"。如科技区 UP 主"老师好我叫何同学"对话苹果首席执行官库克，展现了当代青年的风采；生活区 UP 主"拉宏桑"在 2022 年上海疫情期间担任楼长，获《人民日报》、新华社、央视新闻等多家主流媒体关注报道；知识区除了罗翔老师、汪品先院士等大家耳熟能详的 UP 主外，累计入驻名师学者 645 位，是全网入驻院士最多的平台。UP 主也成了社会主流认可的新兴职业，B 站 2022 年第四季度财报显示，超 130 万 UP 主通过多种渠道在 B 站获得收入。2022 年，在原有的 7000 多个内容圈层外，B 站还新增加了 700 多个内容品类，B 站的口号"你感兴趣的视频都在 B 站"已成为现实。

除了鼓励 UP 主自主创作内容，陈睿带领的团队还非常重视传统文化的正能量引导，纪录片、动画片等蕴含传统文化、具有深远价值的内容形态，也在 B 站重新焕发生命力。陈睿说："传承传统文化最重要的是青年人，只有青年人喜欢，传统文化才能发扬下去。"当下，中国青年的文化自信正在崛起，他们不仅对有深度的、有意义的东西感兴趣，而且对表达方式和视角也有着更高的追求，传统的文化表达和史料搬运，已经无法吸引青年人。而 B 站在这方面却又有独门妙诀，非常善于抓住青年人。2017 年以来，B 站累计上线纪录片 4718 部，出品纪录片 122 部，已成为国内最大的纪录片出品方和观看平台，《众神之地》《人生一串》等纪录片深受好评。在 B 站，国产动画的观看量超过了国外动画片。现象级作品《那年那兔那些事》创新讲述历史的方式，既有萌点又戳泪点，激发了众多青年的爱国热情。2023 年，B 站与上海美术电影制片厂联合出品的《中国奇谭》成为开年爆款，《人民日报》评价这部动画"讲究传统的中式审美，又饱含创新技巧"。国内首部《三体》IP 改编的影视作品《三体》动画片上线，引发中国式科幻热潮。陈睿认为："文化的传承不是原封不动地照搬，是每一代人用自己的方式去演绎这种文化，而视频可以跨越语言和文化的隔阂，让中国文化内容走向世界。"

过去五年，随着硬件设备和宽带的进步，视频正取代文字、图片成为主流的内容载体，我国网络视频用户的数量也高达 10 亿人左右。在视频化浪潮下，一方面，B 站内容持续破圈，从最初的动画，到游戏，再到音乐、科技、生活、时尚、Vlog（视频形式的日志、记录或博客）、知识、国风等，各类风格的视频百花齐放。另一方面，借由内容的成熟和用户的高黏度，B 站的商业版图也徐徐展开，提供游戏、直播、电竞、漫画和线下活动等多样化的产品和服务。2022 年第四季度财报显示，B 站月活跃用户达 3.26 亿人，月活跃 UP 主数量达 380 万人，日均视频播放量达 39 亿次。

远行的底气

生于忧患，死于安乐。陈睿清醒地分析道，B 站尚在成长期，还未经历过真正的大风大浪，要始终存有"一脚踩空，万劫不复"的危机意识。尤其是外部环境不断发生着变化，人工智能、元宇宙、ChatGPT 等新一轮科技革命和产业变革加速推进，将带来科学范式变革和创新模式调整。如何应对变化并保持成长，陈睿认为是"不变"。

与很多互联网企业不同，B 站的魅力在于它是一个自由创作、分享交流的平台，保护着创作者的才华，同时为用户提供高质量的内容。"B 站的价值是充满活力的社区氛围，创造内容才是第一要义。唯有用内容驱动增长，与用户建立情感连接与共鸣，成为大家的心灵归宿，公司才能真正持续发展。""B 站要做的始终是练好内功，即便发生科技颠覆性变革，B 站希望与用户和创作者一起迁徙，在新的科技载体上建设更加美好的精神家园。"陈睿说道。

年轻生命力的延续一定是要经风雨、见世面。敬畏未知、渴望未来、遵从内心的选择、崇尚创作的力量、身负强大自驱力的陈睿，必将带领 B 站经受住风浪考验，行稳致远。

洪骏：致力促进安全防范系统智能化

人物简介：洪骏，男，1981 年 12 月生，汉族，无党派人士，毕业于上海理工大学，管理学学士。上海铭洪实业有限公司董事长。第十五届上海市杨浦区政协委员。杨浦区工商联常委、杨浦区工商联青年商会副会长。受聘任上海安全防范报警协会上海市技防专家。

洪骏近照

青年，常常在历史进程中扮演先锋角色。一代代青年投身创业潮流，奋进新征程，建功新时代。洪骏，上海铭洪实业有限公司（以下简称铭洪实业）董事长、杨浦区工商联青年商会副会长，也是千千万万青年创业人之一。聊起自己二十多年的创业历程，他感慨颇多，一路走来遭遇的困难、收获的成长都不算少，但过往皆是序章，他时刻准备迈步向前再出发。

深思者早行

洪骏的创业生涯开启得比同行要稍早一些。

新世纪来得像梦一样。万众期待的千禧年，让无数人都感受到了一种呼唤。还在上海理工大学念书的洪骏也不例外，这种呼唤令他寝食难安。上海本地人、家境优渥、知识分子，这些身份标签足以让一名初出校园的青年学生找到相当不错的就业岗位。然而，还是在校生的洪骏却动了自己创业的心思。"可能是受到周边氛围的影响。"洪骏笑着回忆道。结合自身专业背景及父辈创业指引，洪骏思考分析着国家经济发展趋势，将眼光投向实体制造业。从起初涉猎制作加工业，逐渐转向布局弱电智能化及软件行业，洪骏以自己的创新精神和灵活思维，带领企业在市场竞争中谋得广阔前景，并以此作为可持续、集团化发展的战略起步。

"创二代"的身份，并没有使洪骏比其他创业者少吃苦头。做学生只要完成好作业，当老板可得考虑方方面面。项目经理、工程设计师、项目预算员……既当老板，又跑业务，还要兼顾技术、生产和财务，创业初期的洪骏恨不得有几个分身。现在回想起当时"无所不能"的自己，洪骏都感到有些惊讶，"那是自己从学生转变为真正创业者成长最迅速的一段时间，孜孜不倦地学习、稳扎稳打地实践"，洪骏称之为"一次质的飞跃"。创业是在黑暗里想象、在摸索中前行的过程，洪骏并不知道那束光亮什么时候会照进来。即便如此，最艰难的时刻他也从未有过退缩的念头。"只要是要做的事情，我没有退路。"恰逢当时杨浦区营商环境日趋规范，营商氛围逐渐浓厚，这也给青年创业者洪骏带来了莫大的鼓励与支持。"比如说政府对我们这些企业给予了多方位的帮助，市场越健康，中小企业就能越做越稳。"

善谋者致远

诚信、高效、创新、超越，这是洪骏自身努力的方向，也是铭洪实业发展的关键。秉持"质量第一、信誉至上、优质服务"的经营方针，铭洪实业在二十多年里逐步树立起口碑，展示出良好的品牌形象。作为国内最早从事公共安全防范系统工程设计与施工的单位之一，铭洪实业为几百个现代化住宅小区、办公楼宇、医院、学校、部队等用户完成了一系列的弱电智能化及公共安全防范系统工程，直接用户累计达几十万户。2020年的疫情让许多中小企业经营受到影响，洪骏却主动化危为机，带领铭洪实业以顽强拼搏的工作精神和定向高效的服务态度，积极深入社区、医院、校园等公共场所，研发人脸测温、人员识别等智能防范系统，为建设平安城市、构建和谐社会作出贡献。从"小而精"的传统安装企业，逐渐成长为以技术为支撑、定制化开发的综合性企业，洪骏二十多年的经营理念在于：用发展的眼光看待市场，在变动中把握经济规律。

洪骏的远谋不仅体现在业务发展中，更是关注到每位员工的个体发展上。"人是企业建设的核心"，重视企业的每一个人，与大家共享奋斗成果的想法始终牵引着洪骏的心。"现在跟着我十年以上的人有好多，我希望能够把他们培养好、照顾好。"如何让员工特别是下一代积极融入企业发展中？洪骏注重用"以老带新"的方式培育企业人才、打造企业文化。从公司的60后、70后、80后到90后，"不

铭洪实业团队合影，第三排左三为洪骏

光是工作技能，还有同事间相处的经验，都是一代一代传承下去的"。为了给员工提供更广阔的发展空间，在创业的第一个十年，洪骏就将公司的人才战略提升到一个新高度，帮助员工确立主人翁意识，以企业家的标准要求自我，规划职业，提升自信，掌握本领，在企业发展的同时实现人生价值。

经过近二十年的艰辛创业，铭洪实业已经发展成为一家拥有电子与智能化专业资质和上海市公共安全防范工程设计施工一级资质的集团化企业，在江苏、浙江、安徽、江西等地设有分公司或控股子公司，在国内各大城市出色完成了众多重大工程，跻身安防系统优秀工程企业，集体和个人多次受到行业嘉奖。

领航青春创业路

出生、成长、读书、创业，杨浦见证了洪骏四十多年人生里大多数关键时刻。作为土生土长的杨浦人，洪骏对杨浦始终怀有一份深深的情感。"哪怕外地出去旅游两个月回来，回到杨浦就觉得好像回到家一样。"正是出于对故土的深情和眷恋，洪骏矢志不渝地为杨浦的发展悉心经营。

作为杨浦区工商联青年商会副会长，洪骏正着力将青商会打造成一个更有活力的品牌，一个实实在在互帮互助的"共同体"，通过形式多样、种类丰富的组织活动，将杨浦区的创一代和创二代团结起来。"创造更多的条件，给每一位参与者做好'手拉手'的准备工作"，促成青商会品牌优势和企业发展优势之间的良性互动。2019 年，青商会代表杨浦区参加讴歌新中国成立 70 周年活动，获上海市青春活力奖。2021 年，为庆祝建党 100 周年和区工商联青商会成立 70 周年，青商会专门拍摄了纪念 MV《唱支青春之歌给党听》，"这不光是一件有意义的纪念活动，也宣传了我们杨浦，宣传了区青商会。三五年以后回想起来，也有一份感情寄托在此"。

洪骏，铭洪实业领头人，自学生时代到创业至今，推动并见证着企业向前迈进的每一步。他以不懈的奋斗精神、睿智的经营战略、实干的行事作风，书写了时代潮头中青年创业的精彩篇章。

徐微徨：圆律师梦，热市民心

人物简介：徐微徨，男，1970年11月生，汉族，民建会员，毕业于上海海事大学，法学硕士。上海胜康律师事务所主任。上海市杨浦区第十五、十六、十七届人大代表。杨浦区工商联常委。获上海市司法行政工作先进个人、杨浦区首届十佳律师等荣誉称号。入选杨浦区第九批拔尖人才（专业技术类）、2019年司法部全国千名涉外律师人才、2020年度杨浦区高层次人才。

徐微徨近照

从家乡到浦江畔，圆的是律师梦

2000 年，一个年轻人在上海农场下明分场的同学家中紧张地准备着律师资格考试。同学家的房子后面是广袤而安静的林场，每天他都会到林场后面的河边看书，一边复习一边幻想着有一天自己能在黄浦江畔的写字楼里办公，做一名有抱负、有成就感的上海律师。

这个年轻人就是徐微徨。四年后，他实现了自己的梦想，以律师身份进入了上海的一家小律所工作，同年 9 月又转到法德永衡上海分所。徐微徨至今仍记得法德永衡搬到荣成大厦时他内心难抑的激动，"因为我的办公室窗外就是黄浦江两岸"。

年轻的徐微徨并不止步于眼前的工作与生活。36 岁那年，他决定报考上海海运学院研究生，专攻海商法，弥补 26 岁那年秋天名落孙山的遗憾。

2008 年硕士研究生毕业后，曾作为徐微徨梦想起点的法德永衡上海分所已经注销。多年扎实的工作经验和在高校的学习积淀则让他看到了新的可能：自己成立律所。彼时上海的航运中心刚刚落成，迫切需要海商法相关的人才。掐准这个关口，徐微徨申请成立了上海胜康律师事务所（以下简称胜康）。胜康是英文单词"Think"（思考）与"Sync"（同步）的谐音，他认为，不论是个人还是企业的发展，都离不开对外界的思考和对自己的反省，始终追求与时代发展同步。

创业初期，律所面临着诸多困难，"持之以恒""金石为开"，徐微徨不断激励自己。胜康走过十几年，团队的流动性很小，三分之一的核心人员在公司工作的年限均超过十年，这离不开徐微徨在缺乏人才之时一个个上门说服的真诚和坚持。从律师到律所，他不断充实着自己的梦想，脚踏实地地向前走。

从民企到工商联，抓的是好时机

"十多年前如果说我的律所要做涉外知识产权法律服务，别人可能会说，你这是天马行空。"徐微徨笑着说。然而，从海商法到知识产权法，这样的转型在当时看来像一场孤注一掷的冒险。但徐微徨认为，胜康之所以能成为杨浦区最早一批具有国家知识产权局批准的专利代理资质的律所，在涉外法律服务领域上发展得风生水起，恰恰是因为这一次冒险。

胜康成立之初，正值越来越多外地甚至外国企业开始落户上海，人流、物流和贸易的增长让徐微徨看到了涉外知识产权法律服务市场的潜力。如果不转型，一方面，航运的运价、运费波动较大，涉及部门复杂繁多，工作难度很大；另一方面，律所内专攻海商法的人才较少，竞争力不强，从长远的角度来说很难走出来。

当时，律师事务所需要满足有三名以上专职律师，同时持有专利代理师资格证的条件，才被允许开办专利代理业务。转型中的胜康在人才储备上下足了功夫，律师、专业代理师和专业辅助人员（翻译人员、管理人员等）达到 1 : 1 : 1 的比例。2010 年《专利法》修改后取消涉外专利代理机构的审批，2013 年上海自贸区成立。这恰恰验证了徐微徨的那句话"机会总是留给有准备的人"。

徐微徨（前排中）和他的律师团队

尽管律所是注册登记在司法局而非工商局的特殊民营企业，但徐微徨认为，企业间互动交流的意义是非同寻常的。2009 年，徐微徨加入杨浦区工商业联合会，广泛联系更多企业，相互携手成长，共同发光发热。在工商联，他一面从和各条口组织的交流中深化对于政策形势的看法，实践"想企业所想"的共同体意识；一面加入工商联的法律顾问团，提供法务相关的问题咨询，帮助对接银行的银企合作项目。除此之外，徐微徨还积极办班开课，专注于提高商会成员的法律风险把控能力。

从律所到人世间，热的是市民心

除了律师这一社会角色，更令徐微徨骄傲的是他的制度性角色——杨浦区第十五、十六、十七届人大代表。"人民赋予我这个权力，我就要尽心尽力做一名合格的人大代表，这是我最重要的工作。"

徐微徨希望能用自己的专业所长普及法律知识，让艰涩冗长的法条在形象简洁的叙述中被市民所理解、所吸收。这些年来，徐微徨走进杨浦区长白新村街道党工委、商会，环上理工—军工路沿线企业、国家大学科技园、中小学校园与党建服务中心等多家单位，宣讲《民法典》近20场，覆盖人群5000多人次。

每场宣讲的内容、环节，徐微徨都要反复思虑、精心准备。"对不同群体的讲法应该是不同的，因为每个群体的关注点是不一样的"，他坦言，要将《民法典》的内容浓缩在两三个小时的简短时间里，不做功课是不行的。几场讲座下来，徐微徨敏锐地发现了《民法典》更侧重社会治理、市民生活和整体和谐的特点。例如，人民群众关心的增设居住权、守护"头顶上的安全"（禁止高空抛物）、离婚冷静期等问题，就是公法元素融合到《民法典》的生动诠释。"以前说这个就是自己家的事，出了问题就找人民法院寻求司法救济，但现在多了一个创新社会治理模式与矛盾多元化解机制的全方位托底。"通过灵活多样的方式、喜闻乐见的语言和鲜活生动的案例，徐微徨使《民法典》走入市民生活，更加深入人心。

徐微徨认为，作为人民代表要经常与人民群众换位思考，前提就是深入社区，现场考察，体验每一个居民的实际生活。他观察到松花江路95弄小区缺乏健身步道、老年人出门散步难的困境，也发现了军工路铁路道口—延吉东路115弄"无名路"小区居民出门存在安全隐患，马上告知主管部门予以处理。徐微徨意识到，人的发展离不开区域的发展，人文、环境、经济、社会是相辅相成的。胜康律师事务所所在的上海理工大学科技园区正是集高校、企业、社区等于一体的街区，具备极佳的产学研用相结合的地段条件。在深思熟虑的基础上，徐微徨于 2017 年 1 月向杨浦区人大提出了《关于建议构建以"环上理工"创业创新街区为代表的杨浦区产学研用相结合技术创新体系的议案》，被杨浦区第十六届人大一次会议采纳。

从家乡到浦江两岸，徐微徨始终牢记着年轻时立志做律师的初心，在这条道路上紧跟时代步伐，锐意创新进取。一如他给青年创业者的寄语所言："参与社会、服务民众是每个创业者不可或缺的一部分，珍惜时光，做更好的自己。"

陈雪峰：把回收这件事情做得更好

人物简介： 陈雪峰，男，1980 年 2 月生，汉族，无党派人士，先后毕业于同济大学、复旦大学，理学硕士。上海万物新生环保科技集团有限公司创始人、首席执行官。杨浦区工商联副主席。获上海市优秀青年企业家、"科创投"杯海聚英才创业大赛金聚奖等荣誉。入选 2020 年上海领军人才、2021 年度张江国家自主创新示范区杰出创新创业人才。

陈雪峰近照

今天你善待它们了吗？

每当夜幕降临、万籁俱寂，人们即将进入睡眠的时候，不知道你有没有留意过，黑暗中依然有许多双"眼睛"在不停地眨啊眨：智能手机的提示灯、无线网络的适配器、电子监控的夜光眼……电子产品已经深度渗透到了日常生活的方方面面。数字化时代人工智能的出现，把人类从重复、危险和繁琐的工作中解放出来，智能手机等电子产品已日渐成为人类的好伙伴、好帮手。也难怪，我们早上一醒来就拿在手里的，和晚上睡觉前依依不舍的都是智能手机。当电子产品日渐变得智能化，有一个问题浮出水面：电子产品有生命吗？如果有，它们能"活"多久？

据统计，全世界平均每人22个月就会换一部手机，而这些用过的旧手机可回收、可利用、可降解的只占其中的17%左右，剩下的80%以上都会沦为电子垃圾。全世界每年产生的电子垃圾约有5300万吨，平均每人每年会生产8公斤以上的电子垃圾！想一想，你家抽屉里是不是就有三五部用过的旧手机，而你还在纠结什么时候才能跟它们彻底说"拜拜"。如何善待这些退役的电子产品？如何延长它们的生命价值？如何减少电子垃圾的产生？这些问题，陈雪峰早在十五年前就深刻地思考过。

陈雪峰来自湖北中部的一个小城，从小梦想着成为一名科学家或者军人。填报高考志愿时，陈雪峰执着地认定上海的高校，"上海是全国经济最发达的城市，海纳百川，有着极强的包容性和创新性，我特别想来上海看一看"。于是，1998年，他凭借优异的高考成绩顺利考入同济大学，本科毕业后他选择到复旦大学攻读计算机专业硕士研究生。2006年毕业后，陈雪峰去了赛科斯信息技术（上海）有限公司，在这家知名外企公司当了四年的产品经理。

就在陈雪峰工作后的三四年间，一场悄无声息的变革正在人们身边上演，中国大步跨入了移动互联网时代，以苹果手机为代表的智能手机风靡一时。追求时尚、酷炫和黑科技体验的80后、90后日益成为电子产品消费的主力军。但是陈雪峰发现，随着智能手机更新迭代的加速，闲置二手手机巨量产生。它们大多"阳寿未尽"，却苦于没有一个好的去处，不仅造成个人财产价值的损失，也对环境产生了不小的伤害。

此时的陈雪峰萌生了一个念头：一定有一种方法可以改变这些二手电子产品的命运，一种让它们得以"续命"的同时又可以产生商业价值的模式。在这种想法驱动下，陈雪峰联合几个志同道合的小伙伴于2009年开始创业，在2011年年初创立"爱回收"品牌，专注于手机、笔记本等电子产品的回收业务。陈雪峰给自己的企业定位为"科技＋环保＋互联网"类型的循环经济企业。

这正符合中国未来经济发展的趋势。自2008年起，国家先后出台了《中华人民共和国循环经济促进法》《国务院关于加快发展循环经济的若干意见》《"十四五"循环经济发展规划》《科技支撑碳达峰碳中和实施方案（2022—2030年）》等重要文件。陈雪峰欣喜地认为，在国家不断释放利好政策的背景下，垃圾分类回收和循环利用行业作为废旧物资循环利用体系中的重要组成部分，有望迎来一个黄金发展期。

万物新生，多方共赢

通常一提到"爱回收"三个字，映入我们脑海的似乎就是纸板箱、塑料盒、矿泉水瓶、旧衣物等可以循环利用的生活物品，价值昂贵的珠宝首饰等似乎跟"回收"并无关系。但在陈雪峰眼里，万物皆可"回收"。从二手电子产品，名牌箱包、腕表，到可以保值增值的黄金、钻石、名酒，再到花样繁多的摄影器材和各类鞋服等，"爱回收"统统都收！陈雪峰说，公司的理念就是：让闲置不用，都物尽其用。

"'新生'不息 我们一直在路上"万物新生2022年集训活动合影

从成立之初专门针对二手 3C 产品（计算机类、通信类和消费类电子产品三者的统称）的回收，再到当前重点推进的"多品类"战略，这进程中有太多难忘的故事让陈雪峰感慨万千。

一次艰难的线下"牵手"。说到"爱回收"，很多人的第一印象就是商业中心的"爱回收"线下门店。早在 2014 年，"爱回收"就开始线下布局，这一看似简单的商业决定，在当时却让公司遭遇了一场意想不到的"生死劫"。"互联网公司要去做门店，那是又苦又累还被认为很蠢的事，基本没有人认可。"陈雪峰回忆。2014 年上半年，"爱回收"拿着线下门店模型与投资人谈融资，没有一家机构愿意投钱，甚至连 TS（投资意向书）都被撕毁了两次。直到 2014 年下半年，世界银行旗下的国际金融公司（IFC）主动找到"爱回收"，基于社会价值和公益价值的考量进行了投资。此后，随着线上线下商业模式的融合联通，和大数据技术、供应链能力的逐步进化，"爱回收"实现了规模与利润的高质量增长。

手机回收"三步走"。陈雪峰分析："30 岁到 45 岁之间的一线城市或准一线城市中的白领群体，他们年轻、时尚、消费意愿强，是我们的重要目标群体。""虽然中国有广泛的线下二手 3C 交易市场，但由于市场分散、缺乏行业标准，出于价格、交易时间、隐私安全等考虑，很多机主并不愿意把手机拿到二手市场去交易。"为了解决这几大痛点，"爱回收"主要做了三件事，用陈雪峰的话来说就是"三步走"：第一步，手机交给我。在回收端，"爱回收"在全国 269 个城市开设了 1935 家门店，并开设上门回收和邮寄回收服务，为用户提供便捷的回收渠道。第二步，手机"检"清楚、"擦"干净。在处置端，"爱回收"自主研发新技术，打破传统人工质检模式，通过自动化技术对手机进行质检定级，把质检精准度提升至 99%，将"非标"的二手手机标品化，为后续交易奠定基础。同时，"爱回收"通过自研的二手电子产品数据清除系统"爱清除"，为用户提供旧机数据清除服务，切实保障用户信息安全。第三步，手机卖出去。在销售端，针对 C 端用户，B2C 平台"拍拍"让商品直达 C 端；针对 B 端中小商家，首创的 B2B 平台"拍机堂"让产品实现高速流转，平均周转周期在 3 天内（行业平均时间为 10 天）。

品牌升级，初心不改。"爱回收"在 3C 产品的回收和以旧换新核心业务之外，还在门店内增设影像器材、箱包、腕表等品类的回收。陈雪峰认为，随着集团业务覆盖范围愈发广泛，"爱回收"的名字已经不能完全代表企业。为了更加符合企业的发展理念，体现企业的社会价值，2020 年 9 月 22 日，爱回收宣布将集团品牌从"爱回收"升级为"万物新生"，下辖爱回收、拍机堂、拍拍、海外业务 AHS DEVICE 及城市绿色产业链业务"爱回收·爱分类"。通过培育绿色低碳生产生活方式及可持续的消费理念，提高资源利用效率，防治城市废弃物污染，助力实现"双碳"目标。这也正是上海万物新生环保科技集团有限公司（以下简称万物新生）"让闲置不用，都物尽其用"的初衷所在。

爱回收，传播爱

谈到对"公益"的理解，陈雪峰说道："商业本身就是最大的公益。"自 2019 年"爱回收"推出城市绿色产业链业务"爱回收·爱分类"以来，截至 2023 年 5 月末，累计在全国 35 个城市投放超过 16000 台智能回收机，用户突破 700 万人，日均回收可回收物 1200 吨，累计回收 71.2 万吨，累计减碳 126.7 万吨。"2022 年一整年，全国通过智能回收机进行投递的用户，累计获得了近 2 亿元的现金收益。"2022 年尽管受疫情影响，万物新生却实现了"逆势增长"，全年财报显示，当年营收接近百亿大关，为 98.7 亿元，同比增长 26.9%。

每一部通过万物新生而焕发新生的二手手机，从进入流通环节的那一刻起，"三赢"的好事就发生了：手机的旧主人因为处理或置换了二手手机而获得收益，手机的新主人能够以称心的价格买到中意的智能手机，而万物新生则通过回收、质检、销售等一系列环节而产生经济效益。最重要的是，这些小小的作为，其实是一种能够深远影响生存环境、持续造福子孙后代的大善之举。

为了让"让闲置不用，都物尽其用"的环保理念更加具有社会意义，万物新生积极投身公益事业，自 2018 年起携手"一扇窗计划"公益组织，开启了公益助学项目"回收爱·山村儿童数码助学计划"，旨在募集城市中闲置的电子科技设备，在山村中搭建在线教学体系，通过在线教育，帮助山村的孩子们开阔视野。截至 2022 年末，该项目累计资助学校 56 所，累计完成授课 2068 小时，累计帮助学生 10770 人。后续，万物新生将联合更多品牌及合作伙伴发起专项援助计划，持续为山村儿童的学习教育贡献自己的力量。

2020 年 9 月，中国明确提出 2030 年"碳达峰"与 2060 年"碳中和"目标。

当前，在"双碳经济"日益成为国家重大战略的背景下，万物新生正致力于打造ESG（环境、社会和治理）样本企业。万物新生的存在，让我们看到了陈雪峰这样的民营企业家所具备的家国情怀和高瞻远瞩，那就是，将经济利益与环境保护相结合，将商业发展与社会责任相结合，将企业命运与国家治理相结合，寻找一种全局最优解。

如今，万物新生的业务范围已经覆盖中国、美国、日本、印度等二手电子产品自由贸易市场。在谈及万物新生未来的设想时，陈雪峰说道："从商圈回收到社区回收，从高值消费用品到低值生活杂物，从可选消费到民生日常，我们专注于把回收这件事情努力做好，做得更好！"

葛基中：扛起跨境贸易综合服务的大旗

人物简介：葛基中，男，1956 年 5 月生，汉族，中共党员，先后毕业于上海海事大学、法国雷恩商学院，工商管理博士。上海欧坚网络发展集团股份有限公司董事长、党委书记。上海市杨浦区第十六、十七届人大代表。杨浦区总商会副会长。国际报关协会同盟（IFCBA）主席、上海国际商会副会长、上海世界贸易中心协会副会长。获中国民营企业文化建设先进个人荣誉称号。

葛基中近照

在三尺讲台讲过课，在绿色军营扛过枪，在上海海关做过审计，最终创业成功，勇立商海潮头。他从一名技工学校老师开始，几度转身，逐步成长为报关企业的翘楚，踏着改革开放的节奏一步步登上世界舞台，担任国际报关协会同盟（IFCBA）主席、上海国际商会副会长、上海世界贸易中心协会副会长。他就是上海欧坚网络发展集团股份有限公司（以下简称欧坚网络）董事长、党委书记葛基中。

不惧挑战，"下海弄潮"

1992年邓小平南方谈话以后，改革开放的春风吹遍神州大地，中国迈入了全新时代。走出校门、军营后的葛基中，此时已在上海海关从事了三年审计工作。在南方谈话精神指引下，上海海关抽调一批机关干部并招聘社会有志人士，自筹资金，于1992年8月组建了全国第一批专业报关企业之一的上海报关总公司。葛基中毅然走出上海外滩的海关大楼，参与报关总公司的筹创，担任公司总经理助理兼办公室主任。在这个岗位上，葛基中第一次接触到报关管理、资金运作和人事培训等业务，逐渐熟悉了报关企业经营的全过程。

公司成立还不到半年时，国务院下发通知要求"政企分离"。是回机关还是干企业？葛基中毅然选择了继续"下海弄潮"，至此公司更名为上海报关实业公司。20世纪90年代，我国对外经贸迅速发展，国际合作日益频繁，外贸进出口货量与日俱增，公司很快在业务经营中掘到了第一桶金。1993年5月上海将举办第一届东亚运动会，万人体育馆的建设需要进口大量设备，同时浦东新区的开发建设方兴未艾，报关任务同样极其繁重，公司义不容辞地承担起所有重大项目进口产品的报关工作。从陆家嘴拔地而起的金茂大厦，到外高桥保税区的建立，处处都有葛基中奔走忙碌的身影。

1996年，顺风顺水的公司迎来一个重大转折，由于国家政策调整，曾经依靠政策倾斜获得的相关优惠发生变化。转折意味着考验，并因此引发了企业危机。首先是公司掌舵人的"怯位"，紧接着一批业务骨干、操作高手纷纷跳槽。此时的葛基中临危不惧，毅然走上总经理的岗位。1996年3月，葛基中带领60多名同事成立了上海欣海报关有限公司（以下简称欣海报关），背水一战，投入滚滚商海，开始了名副其实的创业。成立伊始，公司就开展三个"抓"：抓全员培训、抓信息化管理、抓提高服务质量，成为第一家通过ISO9000质量管理体系认证的报关企业，大大提升了市场竞争力。

2005 年，报关市场完全放开后，市场竞争变得异常激烈。其他公司大打价格战，葛基中却另辟蹊径，以提升服务品质、拓展服务内涵赢得市场信任。2009 年 12 月，欣海报关被上海选定为唯一一家世博会指定报关企业供应商。进入信息化发展时代后，网络贸易悄然兴起，成为新的商战阵地，2010 年，富有前瞻眼光的葛基中对欣海报关及旗下公司迅速展开整合，成立欧坚网络，推动现代物流企业向跨境电商服务企业转型。

经历二十多年磨砺，葛基中从一名海关新人，成长为见证中国报关市场从无到有、从简到繁、从单一到综合、从粗放到精细发展的业界资深行家，他所领导的企业也交出了令人刮目相看的答卷：欧坚网络已经成为以通关为核心的跨境贸易综合服务平台，为全球进出口贸易商、跨境电商平台、外贸中小企业提供一站式清关物流服务及综合解决方案，堪称报关行业集成化、信息化建设的典范。

立足本行，面向世界

报关行业向来要和世界打交道，既要让各国企业"走进来"，也要让中国企业"走出去"。作为全球最大的货物出口国、第二大进口国，无论是作为供应链的上下游，还是作为最终产品的消费市场，中国市场都举足轻重，为世界各国所关注。2004 年，中国成为国际报关协会同盟的常务理事国，中国报关行业逐渐进入国际视野。

浸润报关领域三十载，葛基中积累经验无数，取得不凡成就，注定将承担更大的责任。2020 年 11 月，时任中国报关协会会长的葛基中当选国际报关协会同盟（IFCBA）主席，这是中国人首次在该同盟担任主席一职。当选主席后，葛基中一是把中国更多的报关政策、防疫举措分享给同盟秘书处，向世界展示一个更全面、更真实的中国，吸引更多企业来华寻觅商机、共谋合作，为促进国际贸易发展和"一带一路"建设作出积极贡献。二是积极维护世界贸易稳定秩序，针对美国—危地马拉—世界安全贸易业务联盟利用人权问题打压中国进出口贸易的某个提案，葛基中以世界海关组织的基本原则为依据，提出明确反对意见予以抵制。三是在赴新加坡参加 IFCBA 理事会期间，与新加坡中国商会和新加坡企业开展广泛沟通，促进了新加坡企业落地上海。

中国国际进口博览会（以下简称进博会）是中国推进新一轮高水平对外开放的重大举措。从 2018 年第一届起，欧坚网络凭借出色的报关服务能力，连续五年成为进博会综合贸易服务商联盟理事单位，作为展商和采购商积极参与搭建进博会"6 天 +365 天"交易服务平台。2020 年 11 月第三届进博会举办，欧坚网络积极提供"代理参展""云贸通""进博 e 关务"等服务，"多管齐下"确保落实订单任务。为提前预热、营造氛围，集团与杨浦区商务委联合举办"服务进博会倒计时 50 天"活动，拜访法国、德国、克罗地亚、波兰等各国商协会，提供必要支持。"代理参展"，缘于部分有参展愿望却因疫情而取消的客商，马来西亚一家从事燕窝贸易的老客户，将提供资料、申请展位、联络对接、客户洽谈等业务全部委托集团办理。"云贸通"则是集团在首届进博会上搭建的线上交易平台，整合跨境贸易供应链环节上的各家企业，提供不同环节的综合服务，助力客户跨境无忧，在该届进博会上取得采购签约 34.84 亿元的好成绩，连续三年完成区委下达的指标。2022 年 9 月，第五届进博会消费品展区、服务贸易展区展前供需对接会在国家会展中心（上海）举办，集团新推出的云通关智能报关 5.0 系统，为更多进出口企业和 500 强企业提供系统对接、数据库梳理服务，真正实现了快捷便利通关。

欧坚网络在第四届进博会上与瀚誉欧洲签订合作协议，后排右为葛基中

"报关行业一定要跟上时代步伐，创造'互联网＋'模式，让通关更加信息化、智能化、智慧化"，在葛基中看来，"积极参与进博会相关服务，全力投入'一带一路'建设，才能有效推进企业的国际化，为实现人类命运共同体作出应有贡献"。

党建引领，学而思进

身为集团党委书记的葛基中，高度重视企业党建，在"抓制度、激活力、做实务"上下功夫，开创了具有时代特色的"两新"企业党建局面。从"两学一做"学习教育活动，"不忘初心、牢记使命"主题教育、"四史"学习教育，到庆祝建党100周年，欧坚网络形成了"围绕发展抓党建、抓好党建促发展"的浓厚氛围，引导职工特别是每位党员坚定理想信念、勇担社会责任、自觉加强历练，不断提高政治判断力、学习领悟力和个人执行力。在100多名党员带动下，集团业务快速发展，获得经济效益和社会效益双丰收。

在党组织的重视和部署下，欧坚网络的"学习型企业"建设同样有声有色。葛基中率先垂范，持续不断为自己"充电"：从上海财经大学的企业工商管理培训班、复旦大学的工商管理硕士培训班，到上海海事大学工程硕士、上海交通大学和法国雷恩商学院联合培养的工商管理博士。他持续多年坚持学习理论，奔赴长三角、珠三角、渤海湾以及武汉等地进行调研，了解全国各地报关行业的发展，撰写出题为《中国报关企业经营现状与未来发展趋势》的调研报告，报告紧密联系行业实际，系统提出企业建设专业化、集成化、信息化、规模化的"四化理论"，分析深刻，观念超前，在行业中广受好评。除了自身坚持不懈地学习，葛基中还为全体员工创造终身学习的机会，建立培养专业报关人才的"欣海大学"、培养跨境贸易综合服务人才的"欧坚网络大学"，课程内容覆盖贸易、关务、归类、检务、仓储、物流等多方面，集团还安排各业务部负责人系统学习工商管理硕士课程。随着企业的不断发展，年度培训费用也逐年大幅度增加。

帮困扶贫，回馈社会

葛基中拥有中国民营企业文化建设先进个人、全国"十大牛商"等诸多荣誉，令他最在意的是杨浦区人大代表的身份。他恪尽代表职守，关心社区群众，帮扶弱势群体，积极引领企业每位党员、职工自觉履行企业和个人的社会责任，一起以实际行动回馈社会。

早在2016年6月，欧坚网络响应党中央决战决胜脱贫攻坚号召，出资上百万元聚焦产业扶贫、消费扶贫，与贵州省道真县建立长效扶贫合作机制。其间，多次组织集团董事会、高管及党员代表前往道真，开展爱心助学、高山蜂蜜定制等扶贫工作，推动"一亩茶园帮扶一个家庭"党建扶贫特色项目建设，帮助当地茶农过上好日子。

2017年年底，在葛基中的倡导和推动下，欧坚网络出资20万元建立"欣海爱心帮困基金"，成为杨浦区大桥街道社区公益基金会捐赠发起单位之一。集团党组织与大桥街道广杭新村片党委开展共建，认领公益项目清单，圆梦社区微心愿；与社区困难学生结对助学，资助学生完成学业；组织党员捐出私人物品，参与社区公益义卖；向居委会迎春联欢会提供奖品；定期开展社区新春帮困慰问、重阳敬老关爱主题活动。

2020年新冠肺炎疫情暴发，作为第一批提出在上海口岸提供免费清关服务的企业，欧坚网络举全体员工之力，协调各方资源，完成了来自美国、澳大利亚、马来西亚等10多个国家累计捐赠的1000多万件防护物资的清关工作，为身受疫情困扰的同胞送上急需物资。

进入疫情防控关键阶段后，欧坚网络多次组织"抗击疫情·爱心捐款"活动，第一时间向杨浦区红十字会、大桥街道捐赠工作口罩4000只，向周边6个社区居委会赠送防疫物资累计金额达30余万元。

迄今，欧坚网络先后获得全国质量先进企业、全国物流行业先进集体、中国民营企业文化建设先进单位、上海市五一劳动奖状、上海市进博先锋先进基层党组织、上海市第四批企业文化示范基地、上海现代服务业联合会特殊贡献奖、杨浦区先进基层党组织等荣誉。

葛基中敢为人先的精神和服务社会的情怀，激励着无数创业者继往开来投身经济建设大潮，风吹浪打不动摇，齐心共圆中国梦。

黄志明：力夺家庭智能充电领域的"隐形冠军"

人物简介： 黄志明，男，1974 年 8 月生，汉族，中共党员，毕业于同济大学，管理学博士。上海挚达科技发展股份有限公司董事长。上海市杨浦区工商联执委。获上海现代服务业联合会优秀企业家等荣誉称号。入选 2019 年上海领军人才、杨浦区第十批拔尖人才（经营管理类）。

黄志明近照

四十年前，这名出自沙县的高考状元，坐了 22 个小时的绿皮车来到繁华的上海。从同济大学毕业后，黄志明进入令人羡慕的上海大众汽车有限公司（以下简称上海大众汽车）工作，成为这家公司最年轻的部门经理之一。职业生涯如鱼得水的他，却勇敢地辞去原职，毅然决然投身新能源汽车充电这条"创业赛道"，奉行"将一件事情做到极致"的原则，十多年来辛苦打拼，终于将自己的企业打造成家庭智能充电细分领域的"隐形冠军"，在家庭绿色能源数字科技的研发路上一马当先。

学霸本色：最年轻的部门经理之一

同济大学汽车工程系，是这名沙县一中理科高考状元的理想归宿。经过刻苦钻研，他在本科求学期间就收获了一项国家专利——如今上海公交站台上多画面智能滚动灯牌，就是这项专利的实际应用。毕业前夕，他荣获"上海市高校十大优秀学生干部标兵""上海市优秀毕业生"等称号。院系领导本想让他留校任教，或是保送他攻读研究生，但他婉拒了领导的好意，还是选择了更具挑战性的企业技术职业。上海大众汽车这家中外合资企业，是汽车工程专业很多毕业生首选的就业目标，黄志明那一届仅有三人拿到 offer，他就是其中之一。

进入上海大众汽车后，他发现自己的本科学历在同事中是最低的，身边不乏名校的硕士、博士，甚至海归高端人才。他只能进入一线车间带班生产，从发动机厂车间工程师干起，每天耳畔机器轰鸣。换作一般人可能就此沉沦，但黄志明从未泄气，相反，他认为在生产一线同样能干出成就。他带领工人师傅们组建创新小组，对技术难题积极开展攻关。1999 年，他参与过程质量控制体系的技术研发，成果获得德国大众汽车总部好评。仅过了两年，他就升任发动机厂技术部经理，成为上海大众汽车最年轻的部门经理之一。此后，他还参与了上汽大众动力总成有限公司的筹建，后来担任规划部与物流部部长。

放弃"铁饭碗"：勇闯充电桩创业赛道

黄志明管理的团队中，多数人拥有硕士和博士学位，这让他有了提升学历的动力。2003 年，他开始攻读复旦-港大的国际工商管理硕士，利用周末刻苦进修。一年后，他升到了公司总监级别。职业发展顺风顺水，却让黄志明感到一丝隐忧。总监再往上是集团副总裁，那是金字塔塔尖了，他几乎触到了自己在上海大众汽车职业生涯的"天花板"。当然，只要没有大的变故，他可以按部就班地走下去。但是一眼看到头的日子，他不喜欢。趁年轻，闯一闯，这样的念头悄然萌发。

黄志明没有直接选择"裸辞"。2007年，他考入同济大学经济管理学院攻读博士学位。再次回到同济求学，他发现中国新能源汽车即将从行业初期步入爆发期，成为汽车行业未来的"主引擎"。2010年年初，国家大力推动新能源汽车发展，特别是在当年的上海世博会上，新能源汽车得到生动细致的展示。他感到，自己在这个领域可以大有作为，梦想的火花点燃了心中的创业激情。2010年7月初，36岁的黄志明放弃当时人人羡慕的"铁饭碗"，毅然走上单枪匹马的创业历程。

新能源汽车是一个较大的领域，究竟选择哪个切入点？黄志明在辞职前思索良久，最终选定充电桩这条创业赛道，创办上海挚达科技发展股份有限公司（以下简称挚达科技）。杨浦是黄志明母校所在地，更是他从老家迈向更大世界的第一个落脚点，有着浓厚杨浦情结的他，毅然选择了杨浦，把创业的第一个脚印烙在大学路上。那时候黄志明还是个博士研究生，获得了杨浦区政府对大学生创业的支持，得到一间免费办公室。这间20平方米的小屋，成为他挥洒青春汗水的"战场"。从只身一人到十几人，这个小团队从产业发展规划、IT系统联网平台开发做起，初步实现了汽车行业和IT行业的跨界融合。

挚达科技公司一角

2012 年，新能源汽车这个新兴领域一度"寒风阵阵"。受制于技术条件，当时的新能源汽车续航能力不足，充电设备不完善，车主使用麻烦。到底还要不要发展新能源汽车？这个领域未来有良好的发展前景吗？业内外人士纷纷置疑，国内新能源汽车发展一度陷入低谷。

危机并不意味着末日，危机往往潜藏着机遇。黄志明团队沉着、冷静，经过无数个日日夜夜的分析研判，他们坚定认为新能源汽车代表着绿色低碳经济的发展方向，必将有非常广阔的前景，眼下不过是暂时的行业寒冬。

转机发生在 2013 年。当时美国特斯拉公司计划到中国销售电动汽车，黄志明敏锐觉察到好机会的来临——购买了特斯拉电动汽车的车主，必定需要配备充电桩，而安装、升级、维护充电桩等服务，必定要由专业的团队来做。特斯拉一定会在中国寻找能够提供售后配套服务的合作伙伴。

黄志明主动与特斯拉取得联系，前后沟通了九个月。他带着特斯拉的团队考察国内社区和家庭的用电环境，让他们知道中国的家庭用电和美国不同，在社区安装充电桩要跟物业打交道，这是一个专业工作，需要专业团队跟物业沟通，之后还有专业施工、监管等。最终，黄志明凭借自创的"智能充电产品＋落地安装＋社区充电共享"整体解决方案获得特斯拉认可，成为特斯拉在中国的首批私人充电专业服务提供商。

创业初期，身为老板的黄志明事无巨细亲力亲为。他曾守候在电话机旁，详细记录客户需求，主动充当客服角色。他甚至穿上电工服、带上工具，亲赴北京为车主上门服务。这位车主要了黄志明的名片，看到名片上印着博士头衔，惊叹这位电工居然拥有顶尖的学位。从此，博士老板开宝马车上门安装特斯拉充电桩，成为车主们的美谈。

成功诀要：将简单的事情做到极致

公司运行逐渐步入正轨后，黄志明从未满足已有的成就。即使新能源汽车充电桩这样的细分领域，竞争同样非常激烈，稍有不慎就可能让市场份额旁落。如何在激烈的市场竞争中立于不败之地？黄志明又开始到实践中寻求答案。

有一天他在拜访客户返回公司的路上饥肠辘辘，便走进路边的沙县小吃吃点东西。虽然冠以"小吃",性价比却极高,将简单的东西做到极致,正是沙县小吃出名的原因。黄志明豁然开朗:他这个土生土长的沙县人,就要做充电桩领域的"沙县小吃",不仅要疏通新能源汽车客户充电的堵点,还要在性价比上超越竞争者,将这个看似简单的细分领域做到极致。

想要做到极致,必然要在技术和产品上不断突破、升级,让客户享受到称心又贴心的服务。2015 年,公司开始自主研发并制造私人充电桩,与公共充电桩不同,后者主要服务出租车、网约车、长途运输车等,体积庞大,价格昂贵,而私人充电桩切实帮助家庭用户更便捷地充电,产品体积较小,结构简单。针对不同用户不同场景,挚达科技提供不同解决方案:对于有固定车位的用户,提供硬件产品 + 上门安装及售后服务;对于没有固定车位的用户,采用社区共享充电服务模式;对于有屋顶(比如别墅和乡村住房)的用户,还可以采用光储充一体的家庭智慧能源管理服务。这些细致的解决方案不仅是本土化的,还是特性化的,让客户倍感满意。黄志明团队还在特斯拉私人充电安装服务经验的基础上,不断将私人充电桩安装和售后服务流程化、标准化,开发出"桩到家"平台,定义了行业安装服务流程,为此团队整整花费了三年时间,最终获得了莱茵认证。平台借鉴了美团的服务模式,没有自己的电工,却可以集聚全国超过 350 个城市的电工,在线上开展业务培训,所有电工在平台上自己接单接活,触角伸向每个家庭和社区。

近年来,挚达科技又推出家庭能源数字化解决方案。他们开发出的 ZD BOX 硬件(一种智能控制硬件,利用计算模型,提供合理分配家庭能源产出、使用、并网销售的策略,让家庭成为微电网),把私家电动汽车变为移动储能单元,通过双向充放电桩向电网传输电力,使电动汽车兼具负荷管理和系统调峰的作用,实现能源的合理分配,并达成电网与用户双赢。

德国管理学家赫尔曼·西蒙提出的"隐形冠军",是指拥有全国甚至全球领袖地位的中小企业。挚达科技堪称家庭智能充电细分领域的"隐形冠军",其全国充电服务覆盖约 350 个城市,与全国约八成、累计超过 70 家的电动汽车品牌开展合作,积累用户已超过 120 万人。据中国充电联盟官方数据统计,截至 2023 年 4 月底,国内随车配建私人充电桩保有量达 406.7 万台,挚达科技占比高达 29.5%。也就是说,在中国使用家充设备的家庭中,大约每四户就有一户使用的是挚达科技产品。随着消费者的不断认可，挚达科技获得了"天猫汽车2022年度达人热推品牌"，产品还出口日本、瑞典、德国、美国等近20个国家。公司成立至今已取得40余项专利，先后获得工信部专精特新"小巨人"企业、上海市"专精特新"企业、上海市高新技术企业、杨浦区双创小巨人等荣誉，黄志明本人获得2019年上海领军人才称号。

如今，黄志明的公司已经在杨浦扎根13年，从一间20平方米的办公室起步，发展到5000平方米的公司区域，从一个人创业扩大到上千人团队运营，2021—2022年连续两年实现业务超100%增长，2022年销售总额超过7亿元，先后获得大型能源集团和新能源头部车企战略投资。目前，公司已完成股份制改革，正在全力冲刺IPO（首次公开募股），利用国家大力发展新能源汽车产业的政策红利，夯实家庭智能充电细分领域龙头老大的地位。

黄志明的睿智，让他在创业时选择了一个蓬勃发展的行业；黄志明的执着，又使他在这个"小而美"的领域异军突起，向着国际领先的目标阔步前进。行百里者半九十，已到知天命年龄的黄志明一如年轻时踌躇满志，丝毫不因眼前的成功而沾沾自喜。未来，公司将继续以上海为辐射源，布局全球市场；以家庭为聚焦点，把产品及服务做得更加简单而完美。总之，一定要让新能源汽车的充电变得更加快捷、高效与科学。

贾梦虹：勇占材料分析检测的制高点

人物简介：贾梦虹，男，1983 年 11 月生，汉族，中共党员，毕业于同济大学，材料学博士。上海微谱化工技术服务有限公司总裁。杨浦区工商联副主席。获上海市科技系统青年五四奖章、上海科技青年企业家创新奖等荣誉。入选第三批国家"万人计划"科技创业领军人才、科技部 2015 年创新人才推进计划、2014年上海领军人才、杨浦区第九批拔尖人才（经营管理类）。

贾梦虹近照

在企业内部与员工交流思想时，贾梦虹经常会说："任何一件事对于人生是陷阱还是馅饼，在当时是看不明白的。有可能当时看是陷阱，回过头再看却是馅饼。"因为，在贾梦虹的人生中，常常遇到看似是陷阱最后却成了馅饼的事，比如，阴差阳错地报考冷门的材料学专业，错过复旦大学的研究生面试，最后都没有成为阻碍他发展的绊脚石。是对于陷阱和馅饼的判断错了吗？并不是，是贾梦虹靠着无比强大的自信心、自驱力，从容面对各种挫折，走出了一条坦途。

奔赴创业热土

2001 年高考结束后，贾梦虹估分填报志愿，将目标锁定在理工科和北京高校，决定报考北京航空航天大学，翻开招生专业目录，材料科学与工程赫然排列在首。"看到排第一就报了，进校后才得知，目录是按照首字母顺序排列的。"回忆起如此这番跨入材料科学大门的经历，贾梦虹风轻云淡地笑道，"其实，这一切都是最好的安排"。

就读于北京航空航天大学本科期间，贾梦虹热衷于各种校园创业，交友、旅游、求职培训都成了他的商机，创业梦想在他心里逐渐扎根。本科毕业后，他决定去往心目中的创业热土——上海，一边深造专业，一边考察机遇。他同时报考了复旦大学与同济大学的研究生，可惜在同济大学的面试结束后，才发现邮箱里早已过期的复旦大学面试通知。在只能去机房上网的 2005 年，这样的错过只能换来一声叹息。最终，贾梦虹进入同济大学材料科学与工程学院攻读硕士学位。

2008 年硕士研究生毕业后，贾梦虹在上海最早的创业实训基地同济大学科技园，接受了全国第一支支持大学生创业的基金——上海市大学生科技创业基金会同济分基金的 20 万元天使投资。"大众创业、万众创新"如今已是人人耳熟能详的口号，支持大学生创业的各项政策如雨后春笋般接连出台。然而在 2008 年贾梦虹创业时，创业并不被大多数人接受和认可，"那时候在老家，我妈在街上遇到熟人问你儿子毕业去哪工作都不好意思讲，因为那个年代没有'双创'这个词，感觉没去上班就是不务正业"，幸而父母开明，贾梦虹也有着对于创业的执着，这一年，他创立了上海微谱分析测试中心，毅然走上了创业之路。白天在实验室做材料分析，晚上自己制作公司网站、在各大论坛发帖，通过各种互联网渠道宣传公司业务，并在互联网上获得了第一位客户。"我们是互联网的一代，2008年互联网已经进入各行各业了，所以我们选择在互联网上寻找客户，至今我们也是行业内互联网营销的标杆。"贾梦虹不无自豪地说。

凭借扎实的技术功底和开阔的商业视野，2009年，贾梦虹带领公司转型发展，率先提出"微谱分析"概念，将使用微观谱图对未知成分进行分析作为公司的主营业务。2012年，公司发展翻开了崭新的一页，全年业务额突破1000万元，以"服务华南，布局全国"为目标，公司正式定名为上海微谱化工技术服务有限公司（以下简称微谱），还成立了广州分公司，逐渐成为影响全国化工行业发展的领导者，驶入业务发展的快车道。至2015年，微谱年销售额超1亿元，服务客户遍及巴斯夫、拜耳、大众等众多世界500强企业。目前，微谱服务的客户遍布全国，在27个城市建立了公司，拥有近3000名员工，年销售额超过10亿元，成为材料分析检测领域的龙头企业。

微谱公司年度受表彰者合影，右四为贾梦虹

深耕检测领域

对贾梦虹来说，选择在材料分析检测领域进行创业，是一件自然而然的事，一方面想学有所用，充分发挥自己的专业特长，另一方面也希望能服务于关联企业，积极助推其发展。一如微谱公司的愿景："让科技进步更快，让产品质量更好，让人类生活更安全、更健康！"

为了持续提升专业知识水平，贾梦虹在 2011 年回到母校同济大学攻读高分子专业博士学位，创业课题与博士课程内容高度契合，让贾梦虹在两条道路上的发展都游刃有余。对于企业经营，贾梦虹定下了两条准则，一是把技术当作核心竞争力，二是绝不盲目扩张。历经 15 年的发展，微谱已经从当初同济大学科技园的一间小屋，成长为一家大型研究型检测机构。微谱以成分分析作为核心技术，为各行各业提供分析检测业务，服务国内外客户近 10 万家，重点范围涵盖新材料高端制造、生物医药、生态环境、食品农业、美容健康等行业。

微谱高水准的分析检测技术，拥有广阔的市场应用空间。如在环保领域，可以对复杂废水进行定性定量分析，在知晓废水成分后，针对性地开展废水处理流程的工业设计。在材料研发领域，对新材料进行成分分析，可以破解高端进口材料的成分密码，解决高新技术中的一些"卡脖子"难题。微谱还与政府监管部门积极合作，造福民生，如在食品、化妆品等领域，通过检测物质成分，来判断商品是否存在造假、过量添加等问题。微谱还受公安刑侦部门委托，检测破解新型毒品的分子结构，助力打击违法犯罪行为等。

最为惊险的几个案例发生在医疗救治单位。比如，青岛有名儿童误食了家中的老鼠药，由于不知道老鼠药的构成成分，医疗救治遭遇困难，患者家属找到微谱的青岛分公司，分公司连夜将样品送至上海。上海的实验室在收到样品后不到半小时便给出了老鼠药的成分分析结果，使医院得以对症下药及时施救，携手挽回了孩子的生命。

常年深耕于材料分析检测领域的微谱，已荣获国家中小企业公共服务示范平台、国家服务型示范平台、上海市科技小巨人企业、上海市专利工作示范单位等荣誉，这既是对微谱过往业绩的认可，也是对其未来发展的勉励。

勇担社会责任

　　早在 2003 年，当时还是大三学生的贾梦虹就加入了中国共产党，到 2023 年已有 20 年党龄。作为一名年龄不大的老党员，回忆起自己的创业历程时，贾梦虹最常提到的一个词就是"感恩"："国家大力支持大学生创新创业，我也得到了全国第一笔支持大学生创业的基金资助，而且是基金的第一期项目，非常感恩国家的鼓励政策，让我能心无旁骛地干成了一心想干的事。"

　　怀着对国家、对社会的感激之情，贾梦虹有着特别强烈的办好企业的信念。他常说："把客户服务好，把员工照顾好，把企业经营好，就能给国家多纳税，这是一种最基本的社会贡献。"如今，微谱已经跻身杨浦区纳税百强企业。除此之外，贾梦虹还热心公益事业，勇担社会责任。2020 年武汉疫情期间，贾梦虹个人捐款 10 余万元，公司也积极参加抗疫过程中的消毒验证检测、食品安全监测，为抗疫尽一份力。2022 年疫情防控期间，即使公司业务受到影响，也没有进行裁员，而是积极为员工提供急需物资。贾梦虹还组织公司与杨浦区的部分街道社区合作，利用自身专业联合举办科普活动，开展食品、化妆品的安全教育，让科学常识走进百姓生活。

　　翻开微谱的服务手册，就会发现公司业务与国家"十四五"发展规划中提到的战略产业高度吻合，"解决若干'卡脖子'的技术问题，应对国家面临的一些挑战，同时也促进自身的发展"，是贾梦虹永远的追求和对于微谱未来发展的期许。

叶银兴：中小企业的称职管家

人物简介： 叶银兴，男，1962 年 11 月生，汉族，中共党员，毕业于澳门科技大学，工商管理硕士。上海叶兴投资管理有限公司董事长。上海市杨浦区第十六、十七届人大代表，第十至第十三届杨浦区政协委员。获上海市工商联优秀基层商会会长荣誉称号。曾任杨浦区工商联常委。

叶银兴近照

叶银兴，一位立足上海杨浦的民营企业家。从 1991 年创业至今，他坚毅笃行，在创业路上风雨兼程勇往直前；他不忘初心，始终保持党员本色弘扬先锋精神；他热心公益，长期扶贫济困为民解忧作出突出贡献。

三十多年来，从企业家到基层党组织带头人、政协委员、人大代表，叶银兴不负重托、不图虚名，在实践中探索，在进取中远行，为杨浦的转型发展和社会建设，谱写出可圈可点的美好篇章。

创业路上不停步

1962年，叶银兴出生于浙江慈溪一个普通家庭。年幼的他耳闻目睹父辈劳作的艰辛，渐渐懂得"一生之计在于勤""一颗好心抵得过黄金"的道理。生活的磨砺造就了他吃苦耐劳、坚强不屈的品格。这都为他以后融入大千世界、走稳人生道路奠定了扎实基础。

1979年，高中毕业的叶银兴进入慈溪当地一家乡镇企业，成为塑料模具行业的技术工。在担任一线工人的艰苦岁月里，他努力工作、虚心求教、刻苦钻研，迅速掌握了专业技能，很快成为模具制作的行家里手。因为开拓业务的需要，从20世纪80年代末开始，叶银兴多次到上海出差。见到大城市的繁华发达，他萌生出到上海去创业的念头。

机会总是垂青怀揣梦想又做好准备的人，党的改革开放和富民政策给叶银兴带来改变命运的人生机遇。1991年，叶银兴从家乡来到上海组建创业团队，在杨浦区许昌路上，注册成立了上海三峰机电设备供应站。在朋友介绍下，叶银兴逐一电话联系，并先后拜访了沪上100多家业务关联企业。勤奋换来了收获，第一笔与宝山区百花电扇厂合作的模具加工业务，扣除成本后净利润达2万多元，在"万元户"稀少的年代，他赚到了人生的第一桶金。

不久，叶银兴又敏锐地捕捉到上海工业精加工市场的发展机遇。2004年，在解决了资金、设备、技术、人才等各项难题后，叶银兴在杨浦区河间路上成立了上海叶兴机械成套设备制造有限公司。上海机械制造行业竞争激烈，公司逐渐站稳脚跟，一步步壮大起来。

此后，叶银兴继续扩大创业版图，瞄准市场需求成立上海康乃馨酒店管理有限公司，先后投资古北湾大酒店二楼饭店、南京路步行街海仑宾馆三楼饭店等产业，迈开了跨行业拓展的新步伐。

"栽下梧桐树，引得凤凰来。"杨浦区政府鼓励创业、引导市场的一系列政策，让叶银兴看到了更好的机遇，再次迸发创业激情。2011 年，上海叶兴投资管理有限公司（以下简称叶兴投资）应运而生，随即投资改建周家嘴路一处 1 万多平方米的旧厂房，建成杨浦区中小企业总部园区。十多年来，叶兴投资为广大中小企业入驻杨浦、融入上海市"双创"承载区提供了良好的办公场所、商业服务和物业管理，招引 100 余家企业在此落户经营，累计上缴区级税收 5000 多万元。

杨浦区中小企业总部外景

"两新"党建探新路

入党二十多年来，叶银兴不忘初心，保持本色。他曾担任多个基层党组织负责人职务，认真贯彻党的方针政策，大力开展丰富多彩的党建活动，积极发展先进分子加入党组织，为强化壮大基层党组织做出不懈努力。

20 世纪 90 年代，在改革开放的浪潮中，不少党员从企业走向社会。下岗者觉得失落和苦闷，"下海者"感到孤独和无援，他们需要倾诉、帮助，渴望有一个自己的"家"。此时，正值叶银兴担任四平路街道"四海"党支部副书记。其间，他配合书记努力探索"两新"组织的党建新路，增强党支部的号召力，形成党内的凝聚力，使党员们在党组织中找到温暖，摆正心态，调整情绪，在社会上继续发光发热。近年来，"四海"党支部多次被评为杨浦区"五好"党组织、上海市"两新"组织"五好"党支部、上海市"两新"组织党支部优秀网站，吸引《解放日报》、上海电视台等媒体多次采访报道。

2012年，杨浦区长白新村街道商会联合党支部成立，自此开始叶银兴连续担任两届书记，他时时注意发挥表率作用，定期联系慰问每位党员，主动关心党员生活工作，及时给予困难党员实在的帮助，把业主党员和企业骨干党员有效地凝聚起来。叶银兴认为，"两新"组织的商会支部比较特殊，党员来自各个行业，他们更期望组织的关怀、参与组织的活动、找到自己的归属感。为此，他每月组织商会企业举行组织生活会，就党建、企业难题等展开交流探讨；定期组织商会成员参观红色教育基地，追忆革命历史，传承优良传统；还组织党员走进敬老院，看望慰问低保、高龄、特困和孤寡老人等。党建有效促进了商会建设，由于工作出色，2010年叶银兴获得"上海市工商联优秀基层商会会长"荣誉称号。

2019年，经上级党组织批准，叶兴投资公司成立了党支部，身为总经理的新党员杨龙担任书记，在叶银兴的言传身教下，在公司党建中发挥出重要作用，实现了组织活动制度化、学习教育常态化。公司全体党员发扬党的优良传统，诚实守信，团结奋进，在业内树立了良好口碑，赢得广大客户的信任。

心系家国有担当

三十多年来，叶银兴情系杨浦、胸怀大志，在持续拼搏中不断提升人生价值。他先后担任杨浦区第十六、十七届人大代表、第十至第十三届政协委员。经济和政治地位变了，但是人生观、价值观一直没变。他始终把奉献社会、服务人民放在心上，想方设法投入时间、精力、财力，为社会建设和公益事业尽心尽责。

身为人大代表和政协委员，叶银兴深知自己肩上那份沉甸甸的责任。他频繁走访基层、倾听群众诉求，先后围绕杨浦区湾谷建设、招商引资、政策保障、养老事业等多个议题深入调研，为地区社会经济发展、提高为民服务水平等积极建言献策，以实际行动切实履行一个代表和委员的职责。

2006年8月，经甘肃省定西市政府驻沪办事处牵线协调，叶银兴捐助25万元资金，在定西市安定区筹建上海银兴希望小学。2017年10月，上海叶兴投资管理有限公司携爱心人士公益团，前往云南省腾冲市五合乡，向五合乡整顶完小学捐款 20 万元，在海拔 1600 余米的高黎贡山校区建起信息化教室。多年来，叶银兴无数次奔走于云南、贵州、甘肃、广西、西藏等多个地区，帮助当地贫困儿童背起书包走进课堂。为了建设各地的希望小学，迄今他已累计捐款 300 余万元。

2020 年新冠肺炎疫情暴发后，叶银兴主动向杨浦区红十字会人道救助基金捐赠 10 万元用于资助疫情防控。2022 年疫情期间，叶银兴得知新江湾城街道、控江路街道等区域居民楼道开展静态管理时物资紧缺后，迅即捐赠防疫资金，并为居委会和志愿者捐赠方便面、牛奶等物资 140 箱，为抗疫一线的基层干部和"大白""小蓝"们"雪中送炭"。

"企业不能只以盈利为目的，也要为社会创造价值。"推动叶银兴矢志前行的巨大动力，源自他扎根杨浦、心系家国的深厚情怀。叶银兴表示，相信上海的营商环境会不断改善越来越好，如有机会，自己还将投资杨浦滨江，进行再次创业，为杨浦的转型发展、为民众的美好生活作出新的贡献。

李华敏：守护患者的自信与微笑

人物简介：李华敏，女，1973年3月生，汉族，中共党员，先后毕业于南开大学、上海交通大学，工商管理硕士。时代天使集团创始人、执行董事及首席执行官。第十五届上海市杨浦区政协委员。杨浦区工商联副主席。获2014年度中国口腔医学科学技术进步重大贡献奖、2017年度中国牙病防治事业贡献奖等荣誉。入选杨浦区第十一批拔尖人才（科技类）。

李华敏近照

古龙在《大英雄本色》中写道："笑得甜的女人，将来的运气都不会太坏。"有这样一位女性，二十年来专注于口腔隐形矫治技术，一直把"用科技创造影响世界的微笑"当作创业的使命，通过自己长期不懈的努力，实现了让人们变得自信而美丽的夙愿，她就是时代天使生物科技有限公司（以下简称时代天使）创始人李华敏。

时代天使自 2003 年创办以来，在李华敏的带领下，以"医学为本 + 科技创新"为双轮驱动，致力于推动中国口腔健康事业的发展。公司以丰富全面的产品线、海量的亚洲人口腔数据和多项创新专利，打破了海外技术垄断，树立了民族品牌超越国外品牌的范例。

历经风雨终见彩虹

李华敏出生于 1973 年，父亲是南宁天使口腔病防治医院的创始人，曾经参与组建中国牙防基金会，在业内拥有较高威望。1995 年李华敏从南开大学审计专业毕业后，在深圳、香港先后从事过审计和财务主管的职务，但是五年后触碰到了升职"天花板"，于是她决定回家乡跟父亲一起开办牙科诊所。为了扩大规模，她通过融资的方式先后在家乡南宁和上海开办了连锁牙科诊所。

从粘托槽到弯钢丝、加力，传统矫治方式的每一步都依赖正畸医生的手工操作。"其实口腔领域，最难的是医生的标准化，因为口腔治疗是一个技术活，每个患者能不能得到好的治疗和体验，很大程度取决于医生的技术水平。"李华敏说。2003 年，她听说首都医科大学与清华大学的教授正在研究口腔隐形矫治技术，认定它具有将治疗标准化的潜力，便和父亲一起出资投资该项技术，成立了时代天使。

接下来的三年里，团队成员开始了无数次的临床试验。其间，公司的财务报表不如其他高科技企业那样靓丽，未出现爆发式增长。"潜伏"了三年之后，2006 年，时代天使首款口腔隐形矫治器产品标准版拿到了医疗器械注册证。

那时，中国隐形矫治市场刚刚起步，专业做口腔正畸的医生本身就不多，对他们来说，时代天使的这个新产品，似乎否定了他们多年来在本专业领域的钻研。对于大多数口腔科全科医生来说，要说服他们接受这种更先进、操作更简单的正畸方法，也并非易事。在这样的背景下，融资的 1000 万元不到一年就所剩无几了。总经理辞职，股东不愿再投入，新的融资遥遥无期，时代天使陷入了僵局。

接着，员工们也纷纷离去，公司发展遭遇困境。

2008 年，李华敏把时代天使总部从北京搬迁到上海。席卷全球的金融危机爆发后，公司稍有起色的势头急转直下。早期的隐形矫治市场不成熟，时代天使无法躲过这波"海啸"的冲击，公司进入了至暗时刻，一度面临清算。

李华敏连续多日彻夜未眠。想到还有 1000 多个尚未发出的矫治器，产品背后是患者对公司的一份信任。既然如此，就要对得起这份期许，困难再大也要坚持下去。为此，她千方百计苦苦维持公司运营。为了节省资金，剩下的 28 个人全部窝在一间商住两用房中办公，面积不足 100 平方米。为了给员工发工资，她抵押了自己的房产，同时将父亲诊所的所有收入都用来支撑公司的正常运转。这样的日子，过了十个月。

直到 2009 年，公司才有了新的转机。全球生物医疗领域投资公司——奥博资本正在寻找有潜质的投资项目。机缘巧合，在得知时代天使现状的第二天，奥博资本董事长王建便约见了李华敏，这次见面，他们的谈话持续了六个小时，王建被李华敏的真诚和执着所打动，决定实地考察时代天使。这让李华敏又喜又忧，因为自己的办公场地拥挤不堪，这样的公司他人怎么会认为值得投资。然而，感动王建的，恰恰是李华敏他们的激情和活力，环境这么艰苦，队伍却如此坚强，王建认为，这样的团队一定能成就大业。经过一年考察，2010 年 3 月奥博资本向时代天使注资约 600 万美元。缓过一口气的时代天使，开始改变营销策略，扩大市场影响，终于迎来了光明。

2011 年，李华敏与时代天使来到上海市杨浦区，得到了区工商联等机构的支持。随着时代天使的产品和技术日趋成熟，更多的资本向时代天使抛出橄榄枝，最终李华敏选择上海松柏企业管理咨询有限公司作为长期合作伙伴。松柏投资是中国口腔领域最大的投资者之一，在全球产业链上布局广泛，他们既看好中国隐形矫治的发展，也和天使团队拥有共同的信念，这是李华敏选择与他们合作的原因。随着生活水平的提高，人们普遍开始重视牙齿的清洁保养，越来越多的人认识了隐形矫治器，也有越来越多的人使用隐形矫治器，时代天使刚好迎合了时代发展，加快了前进步伐。

医学为本 + 科技创新

在二十年发展道路上，时代天使一直坚守：围绕医生的痛点，以科技创新推动实际难题的解决。这就要求时代天使的各个部门都要走到客户服务的第一线去，深入了解、尽量满足医生在临床上的种种需求，而非"闭门造车"。

一些需求来自诊治过程。过去，正畸医生判断患者的牙齿状态需要通过多个不同的片子和数据，而时代天使据此推出的智能根骨系统（Intelligent Root System），将患者的口扫数据和根骨数据进行融合，帮助医生更便捷地观察牙齿根骨的真实状态，获取有关牙冠及牙根移动的准确数据，掌握解剖结构，明确边界风险。

另一些需求则来自患者端。在佩戴隐形矫治器时，如果患者不注重牙齿清洁，容易发生龋齿，对少儿患者来说尤其如此。为了让隐形矫治器更具有个体针对性，时代天使从零开始收集案例，一步步地建立起庞大的亚洲人口腔数据库。经过二十年的积累，目前数据库内样本已经非常丰富，可以帮助医生设计出让患者佩戴更舒服、矫治更精准的隐形矫治器。

对于刚开始接触口腔隐形矫治技术的医生，时代天使提供全流程培训服务，包括如何取模、如何粘附件、如何操作软件，以及如何与患者沟通，帮助他们迅速完整地掌握全套技术程序，提升自己的诊断治疗水平。

对于富有经验的正畸医生，时代天使的数字化产品及技术帮助他们更加高效精准地展开诊治。在接诊阶段，借助各类数字化口扫设备终端，就可对患者口腔信息进行扫描，数据一键传输至时代天使的系统中，快速呈现预期的模拟隐形矫正结果，几分钟后即可看到治疗前、预期治疗后的牙齿外观，相比传统牙模取样，效率大幅度提升。

基于人工智能技术协助医生完成的病患诊断及隐形矫正方案设计流程，让矫正结果变得可预测、可追踪、可量化。同时，时代天使的医学设计师团队会根据不同病例特征优化矫正方案，助力取得最佳矫正结果。

除了日常业务上的辅助，时代天使还开设了各种类型的线上线下业务交流。仅 2022 年就开展了上千场的线上线下技术沟通会，围绕口腔医生在临床工作中遇到的各类问题，给出专业化解决方案。

时代天使也关注在读的"准医生"，与中国牙病防治基金会联合发起"育龙计划"，让更多正畸医学生在研究生阶段就能接触到先进的数字化产品及技术。2022年，"育龙计划"第一期项目已顺利实施完成，总计 183 名研究生在导师指导下成功参与隐形正畸病例的诊治。

截至 2022 年 12 月 31 日，时代天使已注册 143 项专利及 16 项软件著作权，拥有完整的产品结构，实现了三个覆盖，即覆盖不同适应症、不同年龄阶段、不同价格需求。2022 年，时代天使的全国市场份额已经超过 40%，真正成为行业领域的龙头企业。

让中国人笑对世界

二十年来，时代天使始终秉持"客户至上"的服务理念，让无数普通人找回了自信的笑容，每一位患者背后，都有一个动人的故事。

二十多岁的莎拉在大学毕业后选择隐形正畸治疗。之前，她的上下牙列咬合不好，食物咀嚼不充分，经常造成消化问题，严重拥挤的牙齿状况也不利于日常清洁，容易引起龋坏、牙周炎等。矫治后，莎拉的牙齿变得整齐美观，牙颌面比例也十分协调，大大提升了她的社交自信心。

小姑娘圆圆，才八岁已经出现了明显的"地包天"症状，家人带她去找专业的正畸医生进行诊断治疗，医生利用生长发育潜力进行干预，及时阻断错颌畸形。经过一段时间的治疗，圆圆的牙颌面状况得到明显改善。

还有一位患者，在初诊时已接近退休年龄，扭扭歪歪的牙齿一直是她的"心病"，多次想整牙，却因为担心金属托槽不美观而放弃。听说隐形矫治技术的优势后，下定决心决定整牙。由于她非常注重口腔卫生，牙周状况良好，符合正畸要求，经医生专业治疗后，她终于在花甲之年拥有了一口整整齐齐的牙齿。

多年来，一些中国奥运健儿在面对镜头时，呈现出一口不很美观的牙齿，李华敏决定要替为国争光的骄子们办点实事。2017 年 9 月，时代天使与国家体育总局训练局达成合作，开启"冠军微笑计划"，为中国乒乓球队、体操队、女子排球队等的运动员持续开展全面的口腔健康检查，提供专业正畸咨询服务。随着鲜艳的五星红旗在奥运赛场冉冉升起，运动员们热泪盈眶，一张张自信、微笑的脸庞，被定格在无数镜头中。

　　2020 年新冠肺炎疫情突如其来，对于需要提供线下口腔技术服务的时代天使而言，风险与压力陡增。国内疫情较为严重时，公司销售金额为零，每个月还有巨额支出。诚然，公司面临着巨大的经济压力，李华敏关注得更多的还是社会责任。时代天使与中国牙病防治基金会联合成立"时代天使关爱基金"，捐赠人民币200 万元作为新冠肺炎疫情防控项目的专项基金，在驰援湖北省疫情防控工作的同时，持续关注口腔医护人员的感染防控和自身健康。

　　2021 年，时代天使在香港成功上市，站上了国际舞台。2022 年 9 月，公司收购了巴西一家企业，在海外建立起技术服务渠道，提高了时代天使在海外的声誉。就这样，李华敏带着中国先进的口腔隐形矫治数字化产品和技术，走出国门，走向世界。

时代天使在港交所成功上市，锣右侧第一人为李华敏

　　对于未来，李华敏显得从容不迫、踌躇满志："面对复杂多变的大环境，需要加强对风险的把控，保持风险与收益的平衡。当然，最重要的是服务好每位患者，用日新月异的口腔隐形矫治技术，守护他们的灿烂笑容。"

赵丽佳：为民营经济鼓与呼

人物简介： 赵丽佳，女，1969年10月生，汉族，无党派人士，毕业于美国亚利桑那州立大学，工商管理硕士。上海明佳企业发展（集团）有限公司董事长、总裁，上海经佳文化产业投资股份有限公司董事长。第十三、十四届上海市政协常委，第十一、十二、十三届上海市杨浦区政协委员。上海市总商会副会长、杨浦区总商会副会长。获上海市首届房地产优秀青年企业家、上海市工商联优秀民营女企业家等荣誉称号。

赵丽佳近照

对于生长在上海的赵丽佳来说，魔都既是她的家，也是她兴办民营企业的肥沃土壤。1993年，还在读大学的赵丽佳已经着手规划创业："上海是座具有前瞻视野的城市，充满机遇和活力，集团可以从这里起步。"

将近三十年过去了。理想的营商环境、优质的城市沃壤，助推着赵丽佳带领明佳企业发展（集团）有限公司（以下简称明佳集团）快速成长。

创业三部曲

"你的定位决定你的未来。"赵丽佳认为，只有定位清晰、目标明确，企业才能有更好发展。近三十年来，明佳集团走过了三个阶段。1993 年，明佳集团跻身上海最早一批房地产开发公司，从开发到销售，全产业链不断完善，逐渐夯实根基。进入第二阶段，明佳集团逐步将战略重点转向投资行业。从 LP（有限合伙人）到直投，再到 GP（普通合伙人），赵丽佳一步步尝试，走出房地产之外的创新之路，从原来房地产的"单核驱动"逐步走向"投资 + 房地产"的"双核驱动"，这也让"明佳房地产"逐渐转变为"明佳集团"。进入信息时代以来，线上经济的发展使人们对于物理空间的需求越来越小，不少行业的产业结构发生重大变化。赵丽佳敏锐察觉这一动向，抓住契机，快速出击，开启明佳集团的第三阶段。在投资领域，集团与中国邮政、新华社共同投资建立"上海邮币卡交易中心"，交易量如今已是全国第一。2012 年起，科创生态建设逐步取代了传统的园区建设，秉持着"产业 + 资本，基金 + 基地，活动 + 大赛，国内 + 国外"的商业模式，明佳集团聚焦航空航天产业、人工智能和生物医药三大领域，通过赋能头部企业大量标的，赋能中小企业全方位的资金、渠道、人才和成果转化机遇，粘住企业，构建起完整的科创生态，实现了与园区企业的合作共赢。

如今，在"坚持创新、敏捷高效"的核心理念指引下，"双核驱动"的明佳集团在行业中逐步走向领先地位。

不只是企业家

赵丽佳有着上海市政协常委和上海市总商会副会长的身份。她对自己的定位是：一个"让领导层看到行业及社会发展问题"的代表。她着眼的不只是明佳集团，更是杨浦区乃至全上海民营企业的现状，"只有这样才叫有代表性"。

作为政协常委，赵丽佳一直积极在民营经济和民生议题上发声："关于为中小企业融资纾困""加强职业教育培训建设，促进社会就业"等，每年，赵丽佳都会递交若干新的提案，希望将民营企业家和民众百姓的呼声及时向上反映。身为上海市工商联副会长，赵丽佳更愿意将工商联称为"娘家"，"我创办企业的时候，工商联作为民营企业的代表，集中反映我们的诉求，让我很有归属感，如今作为副会长，也希望能把这种传统传承下去"。新冠肺炎疫情期间，在上海出台相关政策后，市工商联迅速协调央企物业的租金减免事项，排除了民营企业的后顾之忧。

赵丽佳已经逐渐将这种对行业与社会的关心，转变为自己日常工作的一部分。每年，她总要抽出一定时间去调研、观察和发现依然存在的问题。最近，她正忙于准备"如何高效地推动科技成果转化"的书面材料。"有太多科技成果在高校走不出来，但市场却无比渴求这些技术"，她希望能通过自己的努力去改变这种状况。

做一家有社会责任感的企业

父母皆是共产党员的赵丽佳，在耳濡目染之下，与党始终同心同德，怀揣

公司开展党建活动合影

着做"责任企业"的心，坚定地要让企业回馈社会。在赵丽佳的主导下，明佳集团逐步形成了自己的企业文化——"做一家有社会责任感的、基业长青的百年企业。"

目睹党员群体向上向善、吃苦耐劳的优秀品质，赵丽佳很早就产生了公司一定要有党组织的想法。在赵丽佳的积极推动下，2003年明佳集团建立起党支部，成为杨浦区首批建立党支部的民营企业之一，随后又于2016年建立了团支部、2019年建立了工会组织。党工团组织成为企业管理者和广大员工之间沟通的纽带，把双方紧密联系在一起，并承担起建设企业文化的重要角色。在近二十年的时间里，党支部发展了不少党员。

以"爱心助学""爱心关怀"和"爱心帮助"为主题的社会回馈活动，是赵丽佳在企业初创一直推行至今的重要项目。在"爱心助学"过程中，明佳集团与多家单位联手，设立专项奖学金，捐助贫困或创业大学生，赵丽佳应邀担任了上海财经大学创业导师。"爱心关怀"着眼于社区，公司组织员工进入社区担任志愿者，赵丽佳带头做具体工作，她表示"我们的社区关怀是实干而不是作秀"。而"爱心帮助"则是公司给予员工的福利，员工如果有困难可以申请补助，由党工团和公司直接快速受理。对赵丽佳来说，最欣慰的是明佳集团每年为社区孤老的捐款项目，"一开始，每年的捐款大部分是我自己的，看着员工捐款从最早50元到现在能捐到300元、500元，我看到了公益的效果和爱心的力量"。

经验与寄语

经营民营企业将近三十年的赵丽佳，将自己的经验总结成三句话：一是"民企要有坚定的信念"，要坚信党的领导；二是"要有三股劲"，创新发展的狠劲、客户导向的牛劲、吃苦耐劳的韧劲；三是坚持底线思维、坚持利他精神、坚持规范运行。

"当然，记得要回馈社会！"赵丽佳特地补充道。

林杰：以数字化转型开创国际物流新局面

人物简介：林杰，男，1975 年 11 月生，汉族，无党派人士，毕业于上海海事大学，法学硕士、高级管理人员工商管理硕士。上海环世物流（集团）有限公司首席执行官。第十四届上海市政协委员，上海市杨浦区第十五、十六届人大代表，第十五届杨浦区政协委员。杨浦区工商联副主席。

林杰近照

三个硕士学位

1994 年，林杰从福建考入上海海事大学，学习国际航运、海商法等专业知识。硕士研究生毕业后，林杰进入香港和外国企业工作。当时，中国境内的贸易主要由境外买家主导，中国境内工厂以代工模式为主。2001 年中国加入世贸组织后，林杰觉得未来中国境内的工厂将由代工模式转为生产自有品牌，这将使得进出口物流需求大幅度增加，对于自己创业来说，这是一个绝佳机遇。2001 年，上海环世物流（集团）有限公司（以下简称环世集团）总部在上海成立。环世集团拥有国际海运、国际空运、国际陆运、化工物流、工程项目物流、跨境电商物流、仓储码头服务七大产品线，可为全球客户提供端到端的国际综合物流服务。

作为国际化物流企业，环世集团主要任务就是"把中国的货物运到全球"。如今，很多中国制造业迁到国外设厂，货物运送到国外目的地后，还需要从港口运送到客户。因此，在国外设立分部，是完善货物网络的重要一环，这要求环世集团在当地投入必要的人员和设施。环世集团在中国七大口岸设立了 43 家分支机构，先后在泰国、印度尼西亚、印度、巴基斯坦、阿联酋、澳大利亚、美国、波

林杰在环世物流集团全球合作伙伴大会上发言

兰、土耳其、英国和尼日尔等国设立了 24 家海外分支机构，业务范围覆盖全球六大洲。在林杰看来，环世集团的优势，第一在于公司职员的专业性，第二在于公司总部位于上海，具有独特的区位优势，能够很好地辐射全中国，第三则是环世物流赶上了过去二十年中国外贸高速发展的年代，依托国家的宏观经济政策，如"一带一路"项目走向了全球。

2014 年，环世集团在新加坡设立了国际总部。林杰觉得，在新加坡的市场资讯获取上，自己"缺少一个抓手"，正好新加坡国立大学开设了高级管理人员工商管理硕士课程，林杰就去报名考试了。他说："我觉得读书可能是一个比较好的途径。"新加坡地方不大，圈子很小，入学后，他获得了很多新鲜资讯，也结识了一批同行朋友。三年后，林杰又去报考了清华大学五道口金融学院的高级管理人员工商管理硕士。因为他发现，企业做大以后，非常需要金融知识作为辅助工具，"大部分做产业的人其实并不懂金融，做金融的人又不懂产业，这并不是个例"。2020 年，林杰利用自己在清华五道口金融学院学到的知识，为环世集团顺利拿到一大笔投资。他感叹："如果不去读，我就不知道如何去搞这个东西，比如，怎么引进投资方，怎么做融资，对吧?"他反复强调，学习是一件终身的事，"只要活着，你就得学习"。

疫情期间的物资方舟

新冠肺炎疫情期间，环世集团主动免费运送捐赠物资直达湖北特别是武汉的相关医院。根据环世集团公众号统计，环世集团总共运送来自新加坡、阿联酋、马来西亚、巴基斯坦、泰国、澳大利亚、南非和韩国等 21 个国家的捐赠医疗物资 40 批次，其中包括口罩、防护服、护目镜、医疗手套、体温计，总重量 28.8 吨，物资金额 6000 万元，免收运费金额总计 178 万元。此外，环世集团还通过在海外的分支机构购买防护物资并进行捐赠。由于在疫情期间的突出贡献，2020 年 12 月，环世集团被中华全国工商业联合会评为"抗击新冠肺炎疫情先进民营企业"。

谈及主动提供免费物流的原因，林杰坦诚地笑道："当时其实不知道那么严重。"2020 年年初疫情暴发，海外有许多华人华侨团体希望能进行捐助，但苦于找不到将医疗物资运输回国的途径。在大年初一这一天，一个朋友找到林杰，希望他能够帮忙把医疗物资运回国。林杰一口答应，至于运输费用，他说："既然人家也是捐助的嘛，我们不可能向捐助方收取物流费用，我们不会去赚这个钱。"他觉得，这是自己对国内疫情防控力所能及的支持，当时没有想到后来的运输量"会这么大"，但是，"我们既然说了是免费，后来就一直是免费"。

举足轻重的数字化转型

林杰深刻意识到国家的经济发展和国际贸易地位对环世集团的重要性。他觉得，如果中国是个弱小国家，要获得如今的贸易地位就是件不太可能的事情。不仅仅是制造业，中国本身的供应链体系，也逐渐在国际上体现出影响力。林杰认为："以前只是中国商品的出口，未来十年将是中国品牌、中国供应链的产品出口，这是个本质的分水岭。"眼下十分盛行的跨境电商，也将给中国对世界的出口带来推动作用。"中国大量的中小企业，比如说今天做假发的一家企业，他做得很好的话可以卖全球的。他以前没有自己的品牌，可能要帮老外代工，现在自己有品牌了，他就可以到国外的电商平台上去卖。"这是中国将会获得的贸易优势，也将是国际物流产业的优势。

随着国家贸易形势的发展和行业的不断进步，环世集团面临着数字化转型的迫切需求。从货物报关、仓库管理，到运输、递送，物流行业不同的流程之间可以看作是"协同方"。在林杰看来，每一个"协同方"都是一家"企业"，怎样让大家更好地协调、串联在一起，需要数字化系统对各种信息的全面展示。在转型过程中，环世集团获得了包括菜鸟、创新工场、IDG 资本、经纬中国、云启资本、德同资本、拙朴投资等领先的战略投资机构的数千万美元投资。另外，环世物流和菜鸟成立了合资公司"上海文鳐供应链科技有限公司"，携手阿里巴巴国际站，向跨境中小商家提供一站式线上物流平台服务。

通过高科技数字化技术与全球性物流服务能力、客户需求的有效结合，环世集团连接起航运业上下游的资源和网络，与各物流服务供应商、各船东、各航空公司、各海外代理平台等进行系统对接，为客户提供数字化、在线化、可视化、一站式的综合物流互联服务。2020 年 12 月，环世集团与上港集团、蚂蚁链、集行科技共同建立起了基于港口 EIR（集装箱设备交接单）无纸化平台、数字化货主平台及数字化集卡平台的三方互联的数字化集港运力市场，这正是环世集团数字化改革的成果之一。

环世集团与集行通的合作，实现了环世集团对不同服务能力的车队供应商侧的可视化服务节点的获取，如箱货数据，船舶动态，车辆到厂、离厂、进港、码放等一系列信息。与此同时，与上港集团的合作也实现了拖车分单线上工作、车辆情况可视化、风险提醒及统一费用等一系列功能，从不同节点实现信息化数字化的升级，提升服务的安全性和效率。

林杰认为，物流行业的数字化转型将是大势所趋，也是中国企业进步的阶梯。这是一个历史较长的行业，行业龙头基本上都是外国"已经做了几十年上百年"的物流公司。而数字化转型，将是中国企业在较短周期里弯道超车赶上外国行业龙头的一件如意法宝。

黄文俊：碧水蓝天的梦想一定能实现

人物简介：黄文俊，男，1963 年 1 月生，汉族，无党派人士。上海复洁环保科技股份有限公司董事长。上海市杨浦区第十四届人大代表，第十四届杨浦区政协委员。杨浦区总商会副会长。入选杨浦区第六批拔尖人才（经营管理类）。

黄文俊近照

真正步入环境治理行业前，黄文俊在一家化工企业工作。他发现，化工企业排放废水、废气导致周边环境恶化，附近居民甚至操作工人都深受其害。"把环境治理得更好，让水更清，天更蓝"，这一念头在黄文俊脑海中变得日趋强烈。1998年，黄文俊在上海市杨浦区正式创立上海复洁环保科技股份有限公司（以下简称复洁环保）。

核心技术：污泥处理 + 废气净化

这是一家致力于生态治理与环境保护的高新技术企业，专注于城镇污水厂污泥处理和废气净化技术装备研发。在黄文俊看来，核心技术一直是复洁环保发展的优势所在。创立之初，复洁环保的骨干队伍便主要由高学历技术人员组成，其中包括多名来自复旦大学、上海交通大学的教师和研究生。如今，公司核心团队人员的学历多数都在本科以上，其中包括多名硕士和博士。由于具有优质人才资源保障，复洁环保获得了丰硕的技术研发成果。

以污泥处理为例，数据显示，每 1 万立方米的污水会产生 5 吨至 10 吨污泥，造成极大污染。一直以来，污泥处理存在诸多问题。"传统工艺一般都是将含水率 80% 左右的污泥运送到专门的填埋场掩埋"，黄文俊介绍，"这不仅增加了运输成本，占用了较大填埋空间，而且途中还可能造成二次污染"。对此，复洁环保自主开发了"低温真空脱水干化一体化技术"，不但可以将污泥含水率由 98% 左右一次性降至 30% 以下，还能把污泥脱水与干化两个步骤合二为一。相比传统工艺，污泥的体积和重量能减少三分之二，运行费用也比传统的"脱水 + 干化"两段式工艺降低约 30%。黄文俊总结道："减量化、无害化以及未来的资源化，这是我们致力于污泥处理的三个主要目标。"如今，这一技术在全国范围内被广泛使用。

新冠肺炎疫情发生以来，复洁环保运用自身先进的污泥处理技术为防疫作出积极贡献。据悉，武汉金银潭医院附近的一个污水处理厂污泥处理处置装备及技术并不完善，病原体很容易通过这一类排放口流出造成污染。得知这一消息后，复洁环保立刻协助该厂完善相关技术，确保设备稳定运行，为武汉的水务防疫助了一臂之力。

除了污泥处理，在废气净化领域，复洁环保也拥有包括活性氧离子净化技术、生物滤池净化技术、复合物化净化技术等在内的系列废气净化技术与成套装备。由于科技创新能力突出，黄文俊所领导的复洁环保先后获得 2020 年度环境保护科学技术一等奖、2019 年度上海市科技进步二等奖、2016 年度上海市水务海洋科技进步一等奖、上海市科技企业创新奖等多项科技奖励。

精益求精：超越海外 + 扩展领域

黄文俊强调，早在公司创立之初，政府的重视和支持就给复洁环保带来极大帮助。国家和地方环境治理的总体布局，他相当熟悉。国家在"十三五""十四五"时期提出的有关绿色低碳的政策，他如数家珍。他对复洁环保的未来充满了信心，用黄文俊的话来说，就是"不忘初心"，牢记优化环境、做好服务的初衷。

"企业不追求大，要追求的是精。"黄文俊描述道。对待核心技术，黄文俊总有一种精益求精的钻劲。他认为，这种"精"，就是要把一些容易被海外同行"卡脖子"的技术开发出来并且超越他们。

"精"的追求，同样体现在复洁环保在工业领域的市场部署上。最近黄文俊提出，要将公司业务范围扩展到工业领域，他说，煤化工、煤制油领域产生的废物料非常值得关注，如何使其在工艺过程中做到节能降耗、低碳排放甚至零排放，将是复洁环保下一步致力攻克的难题。

碧水蓝天的梦想一定能实现

2020 年 8 月 17 日，复洁环保在上海证券交易所科创板发行上市。"我们在这一改革中率先享受到了科创板上市的红利"，黄文俊提到，"成功上市对公司的规范管理、技术团队建设、技术成果转化及综合平台构建来说都有着很大促进作用，为公司的持续健康发展奠定了基础"。黄文俊认为，一家企业的发展离不开资本的支持，而资本和实体经济对复洁环保的充分支持，又能够使公司为社会的环境治理创造更大的价值。

2001 年，黄文俊加入杨浦区工商联，现已担任总商会副会长一职。工商联的活动组织在他看来"相当不错"，活动常常会邀请骨干企业代表和企业家座谈，组织前往先进企业观摩学习。工商联组织的云南对口扶贫项目使得黄文俊感触良多，认识到自己能为社会做更多有意义的事情。2004 年，黄文俊当选为杨浦区人大代表。后来，他又担任杨浦区政协委员。黄文俊表示，"这些都可以让我有机会代表环保企业与政府进行充分沟通"，对于所碰到的污染问题，他可以通过人大、政协

复洁环保在上交所上市，右二为黄文俊

向政府反映，从而引起政府的重视。黄文俊所在的政协委员小组十分关注杨浦区的垃圾处理问题，他们在垃圾集中分类及处置等问题上提出了解决办法。区政府在听取该小组的意见后，优化了方案设计。

"我们都是地球上的人，把地球治理好了，人类才有更大的生存空间。"黄文俊说。他非常感谢党和政府对复洁环保的支持，"使我们能够在创新发展的路上不断前进"。他相信，只要坚持不懈，碧水蓝天的梦想一定能实现。

季昕华：优秀是刻苦得来的

人物简介：季昕华，男，汉族，1979 年 3 月生，致公党党员，先后毕业于同济大学、复旦大学，工学硕士。优刻得科技股份有限公司董事长兼首席执行官。上海市第十五、十六届人大代表，第十四届上海市杨浦区政协委员、第十五届杨浦区政协常委。上海市工商联副主席，杨浦区工商联（总商会）主席（会长）。获中国青年创业奖、中国"双创"先锋人物、第五届上海市优秀中国特色社会主义事业建设者、上海市劳动模范、上海市优秀青年企业家等荣誉。入选 2018 年上海领军人才、杨浦区第九批拔尖人才（经营管理类）。

季昕华近照

凭刻苦站稳脚跟

关于季昕华的 UCloud（以下简称优刻得），官方解释是 U 代表"用户（User）"，Cloud 代表"云计算"，由此构成优刻得的使命"用云计算帮助梦想者推动人类进步"，而季昕华还给出了优刻得另一层含义——"优秀是刻苦得来的"。

来自浙江龙泉农村的季昕华，本科就读于同济大学电气自动化控制专业，在上大学之前从未接触过计算机，第一次进入学校机房后，还是在老师的帮助下才学会开机。从那之后，他就对计算机产生了浓厚兴趣，不断自学，一步步从菜鸟成为高手。作为自手起家的创业者，季昕华的每一步成长都离不开自己的刻苦努力。

2011 年，季昕华找到老同事莫显锋、华琨，组成了优刻得最初的创业团队。创业初期，季昕华身体力行，一步一个脚印，努力将优刻得做大做强。2013 年到 2015 年，优刻得迎来客户增长第一根曲线。季昕华带领创业团队跑遍全国，亲自拜访客户，为客户解决问题，优刻得的产品和服务有口皆碑。随着大大小小的移动游戏厂商主动找上门，优刻得在业界站稳了脚跟。

2019 年年初，科创板规则发布，首次允许设置"特别表决权"，就是"同股不同权"，季昕华想成为第一个"吃螃蟹"的人。对于这一特殊的股权设置，优刻得的一些董事和股东担心引发国有资产流失问题。为此，季昕华与管理层专程飞往北京与股东们沟通：同股不同权不会改变股东们除表决权外的其他权利，不存在国有资产流失的问题。事实上，这一制度在美国资本市场已被广泛应用。通过努力和坚持，最终，季昕华征得了所有股东的同意。

2020 年 1 月 20 日，优刻得在上交所鸣锣上市。上市那天，季昕华在致全员信中写道："我们用自己的不懈奋斗证明，在中国坚持做底层的基础技术开发，也是有机会成功的；在中国即使有巨头环伺，创业企业照样可以脱颖而出。"

从浙江农村到国际化大都市上海，从 8 个人的创始团队到拥有 1000 多名员工的上市公司，季昕华用自己的亲身经历，生动阐释了"优刻得"的深邃含义——优秀，的确是靠刻苦才能得来！

优刻得公司成功登陆科创板

在风口借势腾飞

除了刻苦努力之外，季昕华的成功还得益于其敢想敢做、善抓机遇。

过去十年，是云计算势头日盛的十年，也是"大众创业、万众创新"的十年，季昕华正是站在了这样的时代风口上，迎来事业的腾飞。国家发展数字经济的战略推动，上海扶持民营科技企业创新发展的一系列政策，都是季昕华成功路上重要的催化剂。

在创业初期，季昕华及其团队并没有得到风险投资人的支持。季昕华回忆说："我前后去过许多城市，走过不少路，见过不少人，但时常感到知音难求。"当时，季昕华受到十几个投资人的轮番考问："如果BAT（百度公司、阿里巴巴集团、腾讯公司中国三大互联网公司）做了，你们怎么办？"无论怎么回答，季昕华都无法说服投资人。幸运的是，在上海市杨浦区，季昕华遇到了知音。

2010年，上海发布了促进云计算产业发展的"云海计划"，提出通过"基金＋基地"的模式来发展云计算产业。在了解了杨浦区对云计算行业的扶持政策后，季昕华当机立断，要把企业放在杨浦。季昕华解释说："对高科技企业来说，更看重的不是获得多少资金扶持，而是当地政府是否真正了解这个行业的格局和趋势，能否真正具备战略眼光来吸引企业落户。"果然，现实也证实了季昕华当时决定的正确性。优刻得入驻的云海大厦基地后来成为云计算创新资源的荟萃之地，给予了创业者最需要的生态供给。几十家像优刻得这样的云计算企业在这里告别单打独斗，抱团开拓，携手前进，一起站到时代的风口实现飞跃。

现在，随着数字经济时代的全面到来，优刻得又迎来了新的机遇。尤其是在2020年，突如其来的新冠肺炎疫情大大加速了各行各业向数字化转型的速度，精准防控、有效治理需要数字化支撑，在线新经济、数字新基建也都对云计算提出新需求，上海又是在线新经济蓬勃发展的前沿地区。季昕华表示，自己会继续走在创新的前沿，锐意进取，再创佳绩。

秉初心助人筑梦

除了为自己圆梦之外，季昕华也希望能帮助所有人圆梦，让全社会都受益于云计算的发展。

开始创业之前，季昕华曾在华为和腾讯任职，主导企业信息安全体系建设。有一次，他受邀参与侦讯一起计算机木马案，遇到了一个身陷囹圄的制造计算机木马病毒的人。季昕华问："你有这么好的技术，为什么要做这种事？"对方回答说，自己只有中专学历，找不到工作，于是走了歪路……

季昕华被这番话触动了，从那时起，他希望自己能够创造一个平台，帮助有技术的人更好地实现人生理想，改善网络生态环境。后来，季昕华创办优刻得，他的初心就是希望"让写程序、开发游戏的创业者可以像在网上发表原创小说的作者那样赚到钱，用云计算帮助梦想者实现人生追求，促进文明进步"。

事业小有成就后，季昕华不忘初心，尽己所能，帮助弱势群体，参加各类扶贫公益活动，积极回馈社会。2019年，季昕华派出团队，随致公党上海市委调研组一行，到黔西南试验区开展精准扶贫调研，向望谟县打易镇打易中学捐赠电脑及文具，并推进了远程支教、长期帮扶等工作。2020年11月，季昕华又陪同致公党上海市委专职副主委邵志清，深入四川省甘孜州白玉县，对甘孜州脱贫攻坚工作进行民主监督调研，就商务合作和对口帮扶开展相关工作。

2020 年春节，新冠肺炎疫情来势汹汹。在强烈的社会责任感驱动下，季昕华立刻停止春节休假，召集团队商讨如何利用云计算来帮助更多的企业和机构阻击疫情。除了全球搜集防护服、口罩等防疫物资并包机空运回国，优刻得还推出了"共抗疫情守望相助"的免费云资源扶助计划，和针对中小企业的"复工复产扶持计划"等一系列措施，帮助京东到家、晓黑板、丁香园等生鲜电商和远程办公、在线教育等企业，在疫情中能够在稳定的云平台上，得到持续而且优质的服务。

从求学到工作再到自己创业，无论是在哪个阶段，季昕华都是不懈努力的"追梦人"，披荆斩棘，从不言弃，终有成功。与此同时，季昕华也是"筑梦人"，秉持强烈的社会责任感，通过优刻得的平台和资源，帮助更多创业者去实现梦想。

刘国永：预算绩效管理研究的先行者

人物简介：刘国永，男，1968 年 3 月生，汉族，中共党员，毕业于南京师范大学，教育学博士。上海闻政管理咨询有限公司董事长。中国发展研究院绩效研究分院执行院长、上海市公共绩效评价行业协会会长。

刘国永近照

可能很多人还不太了解，财政预算绩效管理已经成为一个专门的研究领域。2004 年开始上海财经大学开展专题研究，2019 年上海财经大学专门成立了公共绩效管理研究院，2012 年年底该院刘国永老师创办了上海闻政管理咨询有限公司（以下简称闻政咨询），从学者转型为企业家。

该公司是一家集预算绩效管理研究、咨询、信息系统建设、大数据应用、培训等服务于一体的智库型机构，也是多所高等院校和研究单位的"产学研"基地。

经过十年努力，已在全国各地设有 20 多家分（子）公司，服务全国 90% 以上省级的预算绩效业务，服务覆盖 90% 以上的公共领域。

从学者到企业家

20 世纪 90 年代，刘国永大学毕业后到江苏省淮阴中学当了一名地理教师。1999 年他以第一名的成绩考取南京师范大学教育学博士研究生，后来又到上海财经大学在职从事应用经济学博士后研究，直到今天他还是该校的在职教师。

选择跨出高校自己创业成立公司，首先是出于研究需要。"财政资金怎么用好"这个问题，对于政府治理来说具有重大现实意义，国家相当重视。2009 年财政部出台了全国第一个关于绩效管理办法的文件《财政支出绩效评价管理暂行办法》，在顶层设计上迈出重要一步。2011 年上海市财政局成立了绩效评价管理处，上海市区预算绩效管理走向了快速发展时期。但是，行业整体仍处于探索阶段，用刘国永的话来形容就是还"没有一个成形的东西"。另外，过去依托在校学生做业绩评价的模式，面临着较大的市场冲击。在当时这种情况下，"选择在预算绩效管理领域创业，一是基于研究价值和社会需要，二是课题团队一位成员恰好从美国博士研究生毕业回国，另一位成员则刚完成硕士研究生学业，大家基于在绩效领域的专业实力和对这份事业的热爱，一起创办了闻政咨询，这两位成员现在分别担任公司执行总裁和副总裁"，刘国永说。

形成多个领域研究优势

学者的深刻眼光，专业的独到视角，对刘国永的价值观影响很大。他说，公司的日常业务固然重要，但自己更加关注绩效管理研究的走向、与此相关的政府决策，特别是如何通过绩效管理研究助力社会发展、造福民众生活。迄今，闻政咨询已累计完成各级财政重点绩效评价项目两千多个，逐渐形成了养老、公交等多个公共领域的研究优势。

以江苏省养老床位补贴政策评价为例，闻政咨询通过调研分析，指出专项资金分配因素设置不够细化、管理不够规范、社会养老服务体系建设资金投入结构不合理、部分社会养老服务扶持政策执行不到位等问题，对政策内容、补贴方式、考核管理办法、资金分配提出了很多建设性意见，江苏省基于项目评价结论重新完善了相关政策。这样，闻政咨询实现了以绩效评价研究结论促进政府养老政策完善的目标，从而让政策更好地服务于社会建设，把"老有所养"真正落实到位。

在公交领域，针对行业高质量发展、数字化转型、监管模式遭遇瓶颈等问题，闻政咨询基于大量绩效评价案例，探索建立了以大数据为基础、以绩效为导向、以智能分析应用为抓手的管理决策体系，即通过自上而下的目标引导、自下而上的数据贯通以及业财融合的绩效分析，来实现优化公交资源配置、严格成本规制，助力政府实现"亏损实时监管、补贴科学预测、运营动态优化、企业高效执行"的目标，帮助政府节约财政补贴开支，使财政资金投放更精准、效果更明显，更好满足人民群众的交通需求。

闻政咨询与阿里云签订战略合作协议，右为刘国永

给青年创业者的建议

基于切身经历，刘国永给准备创业的青年人提了几条建议：首先，选准机会。不要盲目冒险，在决定创业前，要对社会趋势、行业态势以及个人特质等方面进

行充分的思考分析，一旦进入某个行业创业，就意味着你要全力以赴，不可三心二意。其次，选好行业和项目。人的精力有限，最好先选择一个深耕，至于选择哪一个，自己的兴趣很重要，投身自己热爱的行业，再累都不会觉得辛苦。创业是人生的再造过程，不能简单理解为做生意赚钱。再次，选对创业伙伴和合作团队。人品可靠且价值观高度一致的伙伴，才能走得长远。最后，一定要熟悉中国国情，中国的社会发展和治理模式与国外的不一样，不能照搬西方的企业管理经验，要多多关注我们自己的土壤，这对公司和创业者的成长来说都非常重要。

王翌：让人工智能技术助力英语教育

人物简介： 王翌，男，1980 年 5 月生，汉族，先后毕业于清华大学、美国普林斯顿大学，计算机科学博士。上海流利说信息技术有限公司创始人、董事长兼首席执行官。上海市人工智能联盟副理事长、上海市杨浦区新的社会阶层人士联谊会副会长。获全国归侨侨眷先进个人、上海市五一劳动奖章、上海市"IT 青年十大新锐"、第五届上海市优秀中国特色社会主义事业建设者等荣誉。入选国家海外高层次人才、杨浦区"3310"计划引进人才。

王翌近照

2018 年年初，上海市杨浦区长阳创谷又迁入了一家创业公司——上海流利说信息技术有限公司（以下简称"流利说"）。"流利说"所在的独栋办公楼充满硅谷风格，而其创始人王翌正是从硅谷回国创业的计算机专业博士。同年 9 月 27 日，"流利说"成功在美国纽约证券交易所挂牌上市，被誉为"人工智能 + 教育"第一股。乔布斯的名言"求知若饥，虚心若愚（Stay hungry，stay foolish）"，时刻鞭策王翌在创新之路上不断探索，用人工智能技术助力英语教育发展。

把握机遇，开拓市场

在普林斯顿大学计算机系攻读博士学位的最后一年，创业的种子便已在王翌心里种下。当时，在高科技创业这门选修课上，他发现，科技的突破往往能让一些看似疯狂的想法成为现实。这让他突然意识到："这就是我想做的。"有了创业的念头后，王翌放弃了去麦肯锡硅谷办公室做咨询师的工作邀约，选择去谷歌担任产品经理。

在谷歌工作近两年后，王翌察觉到自己学习的速度放缓了，于是又开始酝酿新一轮改变。2011 年，他初来上海，很快被这里学英语的浓厚氛围感染，开始将目光投向英语教育领域。2012 年 5 月，"唱吧"APP 掀起一阵风潮，这给了王翌重要的灵感：是不是对着手机练英语也能行？

而促使他下定决心去创业的关键人物，是一位捏脚工。2012 年的一天，王翌陪一位外国友人去捏脚。那位捏脚师傅当时正在学英语，想凭借不错的英语能力换一份更好的工作。王翌问："假设有一个 APP，你安装了以后，它每天给你推送新的学习内容，不仅能看，也能听，还能开口说，每天只需付几元钱就行，你愿意用吗？"师傅想了想回答他，要先试用一下，如果效果不错的话，他是非常愿意付费的。

得到这个回答之后，王翌非常兴奋。他意识到，这位捏脚师傅的背后潜藏着巨大的英语教育市场——那些没有足够的时间和经济能力去传统的英语培训班学习，但仍有较强的支付意愿的用户。

2013 年，"流利说"首款学习 APP 正式诞生。最早的"流利说·英语"APP是一个练习口语的小工具，这个 APP 每天向用户推送一个简单的对话，里面有不同题材，用户只需跟着念，系统就可以打分。2013年2月上线后，"流利说"在几天内用户大增，还被苹果的应用商店推荐，激增了几十万的用户。

不断突破，敢为人先

然而，王翌不想止步于眼前："要么做大，要么回家（Go big, or go home）。碎片化的学习还不够，我想打造一个手机端学英语的系统性项目。"最初的两位合作伙伴胡哲人、林晖也是硅谷技术流海归，这使公司团队从一开始就形成了"强技术"风格。于是王翌计划，可以用智能化、数据驱动的产品提供更加个性化的学习体验，实现教育和学习史上的革命。"移动互联网，人工智能，云计算和大数据，这三大科技浪潮的叠加创造了一个机会。这是一场没有借鉴的尝试。"

2014年，王翌和团队开始研发交互式线上英语教育项目，公司一半以上的人员投入其中，在18个月的时间里打造了一个基于深度学习的自适应学习系统，可以根据用户当前的学习状况去自动地调整教学策略。"这样的学习效率很高。使用我们的人工智能老师，在欧标体系里提升一个级别的学习时间是建议学习时间的三分之一。"王翌介绍道。截至2021年3月31日，"流利说"的累计注册用户已经超过2亿，累计记录逾39亿分钟对话和532亿句录音，拥有巨型的"中国人英语语音数据库"。在"流利说®英语"之外，还诞生了"流利说®阅读""流利说®少儿英语"等英语教育类APP，以及"流利说®懂你英语A+""流利说®发音"等英语学习产品。

成功发展之余，"流利说"没有忘记回报社会。新冠肺炎疫情暴发初期，"流利说"向湖北地区的学员送出了15万份"湖北加油——流利说课程"。考虑到企业延迟复工，还特别为合作的湖北企业员工额外提供"30天商务英语学习包"。此外，"流利说"还特别定制了"防疫口语课"，捐赠给抗疫一线人员，让他们在面对海外患者时能更好地沟通，提高诊疗效率。"流利说"与上海、北京等地公益机构联手促进教育公益事业发展，截至2023年8月，公益项目累计捐赠物资、善款超过300万元。"流利说"的"爱（AI）赋能计划"通过与国内困境大学生支持公益机构合作，免费为他们提供英语赋能机会，该项目从2018年年底启动，截至2023年8月已累计支持5471人次。

立足上海，放眼世界

"流利说"先是从海宁路一栋散发着中药材味道的老大楼，搬到大连路上的海上海，后又来到长阳创谷。在王翌眼中，上海既有规范、高效、公平的营商环境，又提供了减税降费等优待政策，更加国际化的环境也能为"流利说"招揽到更加多元的人才："我们想真正办成一家伟大的公司，希望寻找未来有最好发展机会的城市。"

2020 年，上海市政府正式印发了《上海市促进在线新经济发展行动方案（2020—2022 年）》，其中提到"优化发展在线教育……推广在线职业教育和职业能力提升，围绕职业英语、行业技能、职业技能等领域，构建完善市民终身教育体系和数字化技能培养体系"，也为"流利说"的高质量发展助力。

2019 年时任哥伦比亚总统伊万·杜克·马尔克斯（右二）访问"流利说"

"流利说"在美国纽约证券交易所挂牌上市时，以"LAIX"作为股票交易代码，寓意着"Life empowered by AI to reach（X）infinite possibilities（人工智能赋能生活解锁人生的无限可能）"。未来，在人工智能技术的驱动下，"流利说"将通过对全球不断增长的在线语言学习需求的深刻了解和持续探索，提供更加个性化、便利化且兼具实用性的产品及服务，在高度重视且践行价值运营的基础上，深化"流利说"的产品价值主张，打造全周期价值服务闭环，为"流利说"的广大用户与股东创造永续价值。

"创业之路充满了荆棘与挑战，不要止步于眼前，希望青年创业者不忘初心、顺势而为，借助党和国家大力推动民营经济发展的东风，挥洒青春，贡献才智，为了远大理想不断前进。"王翌说。

乡村教育，公益先行

"流利说"始终秉持并践行着"科技是最好的公益，教育是最大的慈善"的理念。2016 年在推出自主研发的人工智能英语课程之后，便发起了"与 AI 同行"乡村教育公益行动，免费为师生们提供"流利说"人工智能英语课程，助力教育精准扶贫。谈起这个话题，王翌似乎有好多话要说，显得非常兴奋。

2016 年，"流利说"发起"智能英语云课堂"项目，将人工智能技术引入乡村教育场景，免费为乡村学生提供人工智能英语课程，帮助乡村学生提升英语水平，用科技的力量改变教育资源分配不均的现状，助力实现城乡教育公平。截至 2023 年 8 月，"智能英语云课堂"项目累计支持了全国 19 个省市的 119 所乡村学校，服务学生 26184 人次。

2017 年 6 月，"流利说"公益团队在跟进"智能英语云课堂"项目时发现，乡村教师也有提升英语的需求。2017 年 7 月，"流利说"在原有扶贫项目基础上新增了"乡村教师赋能计划"，为乡村教师免费提供人工智能英语课程和线上社群运营支持，通过基础培训与进阶培训，帮助其提升教学能力及教育信息化水平。截至 2023 年 8 月，"乡村教师赋能计划"已累计服务乡村教师超 10000 人次，分布在全国除港、澳、台之外的所有省市。

时光不停，公益不止。"未来，'流利说'将持续用科技的力量将高质量的教育资源带给每一位乡村师生，为乡村教育事业作出应有贡献"，王翌用坚定的语气表达出"流利说"的永恒初心。

杨顺发：白手起家绘宏图

人物简介：杨顺发，男，1964 年 10 月生，汉族，民革党员，先后毕业于中国人民解放军陆军炮兵防空兵学院、美国管理技术大学，工商管理硕士。上海亚泰财富企业集团有限公司董事长，上海亚泰建设集团有限公司董事长、总经理。上海市杨浦区第十五、十六、十七届人大代表。中国民营企业促进会理事、上海市企业联合会副会长、杨浦区总商会副会长、杨浦区侨联副主席。

杨顺发近照

很少有人想到，如今上海亚泰财富企业集团有限公司、上海亚泰建设集团有限公司两家公司（以下简称亚泰集团）的庞大商业版图，是董事长杨顺发白手起家一笔一画亲自描绘出来的。二十多年来他顺应改革开放的洪流，以过人勇气与拼搏精神，不断开拓，努力进取，方才有了今天集团横跨六大业务板块、涉足全国多个地域的蔚为壮观的图景。

梅花香自苦寒来

杨顺发出生于江苏溧阳，在这个技术之乡，他承袭了能工巧匠的天资，又培育出企业家的志向。青年时代，恰逢改革开放和市场经济刚刚起步的时期，各行各业蓬勃发展。杨顺发先是去南京当了三年兵工检修学徒，1986 年又到上海做建筑工，三年后升任项目经理。从最基层开始，一步一个脚印，他在每个阶段都扎实学习、埋头苦干，自身的眼界和才能得到快速提升。1997 年，创业浪潮勃兴，在建筑行业积累了足够经验的杨顺发，决定一试身手，成立上海亚泰建设集团有限公司（以下简称亚泰建设），自此走上了一段崭新的人生之路。

创业初期，困难和挑战接踵而至，项目资源、技术能力、管理质量都不尽如人意、亟待完善。杨顺发没有灰心丧气，更没有急于求成，他用超常的毅力和耐心，破解种种难题，提升经营水平。梅花香自苦寒来，2003 年，亚泰建设获得建筑机电安装工程专业承包和钢结构工程专业承包三级资质、地基基础工程专业承包三级资质，以及中国建设系统企业形象信誉 AAA 级单位称号，并通过 ISO9001：2000 质量体系认证。由公司建设的"上海港看守所"和"花卉展示中心"两个项目分别获"区优质工程"和"上海市建设工程优质结构"的嘉奖。次年，亚泰建设被上海市企业联合会、上海市企业家协会正式批准成为会员单位。此后，亚泰建设步入正轨，开始了加速发展。

六大板块撑起巍巍大厦

尽管公司发展小有成就，但杨顺发并没有为眼前利益所陶醉，他将目光投向了更广阔的天地。一方面，他稳扎稳打，继续夯实以建筑施工为核心的业务板块，陆续成立上海光复、上海千旺等建筑公司，通过一个个工程的经验积累和技能提升，上述承包资质及其他诸多资质一路晋升到一级，揽获"年度企业诚信建设奖""2009年度优质结构工程""白玉兰"奖等诸多荣誉，打造了一个又一个标杆项目。另一方面，他开始涉足房地产开发和科技园区。2005年，区、校、企三方合资成立了上海复旦软件园建设有限公司，亚泰集团由此得到了第一个开发运营科技园区的机会。

困难再次不期而至，但在杨顺发艰苦努力下，最终化险为夷。园区设在长阳路和隆昌路交界地带，也是后来12号地铁线途经之处。准备动土施工之时，12号线突然也开始动工了。园区1号楼因离长阳路太近，被地铁公司要求中止建设。建造地铁要花费好几年时间，园区建设显然耽搁不起。和区领导、地铁公司反复协调后，最终在不影响地铁工程施工的前提下，通过调整建设方案，园区得以继续开工建设。尽管最终妥善解决，但这段插曲杨顺发至今记忆犹新，这对他、对亚泰集团是磨难，也是考验。

有了首个科技园区建设运营的成功经验后，亚泰集团再接再厉，又陆续建设了兆联天下、复旦复联、中科智造等科技园区。民营企业相对灵活的管理机制和国家政策的有力支持，使这些科技园区人气旺盛，呈现勃勃生机。

2021年，亚泰集团入选年度"上海民营企业100强"，此后一路蝉联。至今，以建筑承包为主业，科技园区运营和金融投资为两大发展重点，地产开发、餐饮和文化传媒为辅助，亚泰集团形成了六大业务板块，这实乃杨顺发智慧经营之果。各个板块相互补充，互通有无，共同支撑起亚泰集团的巍巍大厦。在地域发展上，集团则以上海为大本营，拓展长三角、珠三角两大地域，在诸多城市设有分公司、子公司和办事处，阵地遍布全国。

面对数字技术发展浪潮的日渐兴起，杨顺发不畏艰难，带领集团迅速行动，与时俱进，勇立潮头。在房地产开发领域，公司致力于物联网技术的研究与应用，建设信息化数字社区、智能化家居互联的生活环境；在科技园区领域，则以金融信息服务业等为主导，形成以"产学研"为优势的产业集群。在杨顺发带领下，亚泰集团与变革同进步，与时代共发展，一路高歌猛进。

杨顺发（中）主持公司会议

公益活动中的活跃身影

亚泰集团始终以感恩社会、回报社会作为使命。这些年来，种种公益活动中，亚泰集团的身影愈来愈活跃。作为集团掌门人，杨顺发率先垂范，展现了一位优秀民营企业家的宝贵品质。很早开始，集团就积极参与街道各种捐赠活动，被评为2009—2011年度"五角场镇慈善之星"。汶川大地震和玉树地震发生后，公司第一时间组织帮扶户籍地员工及其子女，杨顺发又以个人名义向红十字会捐款数万元。2015年，亚泰集团出资50万元，在上海电力学院设立"亚泰财富奖教金"，为困难学生解决后顾之忧。2022年疫情期间，杨顺发要求各公司领导班子成立疫情防控沟通群，与所在街道、物业等保持密切沟通，联防联控，全力配合和支持街道保供物资的装卸和分发，助力保障居民的正常生活物资供应。集团组建的"社区志愿者服务小分队"，活跃在居民生活的社区楼宇，一如亚泰集团在城市建设中的当仁不让。

作为"民营企业之家"杨浦区总商会副会长，杨顺发经常深入企业宣传政策，了解困难，联系政府主管部门，切实解决企业实际问题。作为三届区人大代表，杨顺发热心对接居委会，帮助小区解决楼道整治、停车区域划分、夜灯强度不够、老公房电梯安装推进不快等问题。作为民革上海市委经济中心副主任，杨顺发与贵州毕节纳雍县签订"沪纳助学基金"协议，帮助当地二本以上学生顺利完成学业。他还于2013年注资100万元成立"上海民革·亚泰财富阳光助学基金"，承担部分长三角地区贫困大学生的学费，为莘莘学子逐梦未来提供有力保障。2016年，为支持家乡溧阳建设，杨顺发捐献50万元帮助前六村、杨卜浪村修建道路，造福家乡父老乡亲，报答故土养育之恩。

屈指算来，杨顺发已经在商海闯荡了37年。风雨兼程，步履不停。这位年近一个甲子的民营企业家，依然拥有一颗年轻的心，正意气风发地带领亚泰集团，朝着更加宏伟的目标大步迈进。

冯晓源：一位学者的"双创"情怀

人物简介： 冯晓源，男，1956年8月生，汉族，中共党员，毕业于上海医科大学（现复旦大学上海医学院），医学博士。上海五角场创新创业学院创始人、院长。中国非公医疗协会医生集团分会会长、上海生物医学工程学会理事长。获中华医学会放射学分会终身成就奖、卫生部"教书育人、管理育人、服务育人"先进个人奖。入选上海市卫生系统"百人计划"。享受国务院政府特殊津贴。

冯晓源近照

退休前，冯晓源是放射学领域的资深专家，救治病患无数，展现出医者的高尚品德。退休后，他迅速切换赛道，一手创建上海五角场创新创业学院，发挥自身专长打造智慧医疗产业未来创造营，将多年积累的宝贵经验倾囊相授，为"双创"事业无私地奉献光和热。

五角场创新创业学院的创始人

41年前，26岁的冯晓源风华正茂，入职上海第一医学院附属华山医院放射科。多少个日日夜夜，他全神贯注地查看每一幅影像图片，不放过任何病灶的蛛丝马迹，不少就医者被他及时查出隐患。病家的一封封感谢信，墙上的一面面锦旗，都是对他最大的褒奖。

皱纹，不知不觉地爬上这张睿智而仁慈的脸庞，纵有千般留恋万般不舍，他还是迎来了告别时刻。复旦大学附属华山医院终身教授、复旦大学原副校长……一个个响当当的头衔，就是他作为知名医生、权威专家的最好证明。

退休，并不意味着余生时光只能在家中蹉跎。冯晓源是一个闲不住的人，不想就这么白白浪费长期积累的临床经验。2017年，冯晓源接到一份邀约，一个充满挑战的新身份在等待着他。当时，杨浦区科技园区名目繁多却各自为政，迫切需要一个组织来有效整合园区、高校和服务机构的资源，协调各方，形成合力，帮助创业者提高成功率，把"双创"事业推向更高层面。区领导找到他，力邀他担任上海五角场创新创业学院院长一职。

学院坐落于杨浦区大学路322号，原来是一处建筑面积5000平方米的老厂房，改造后变成南北双子楼。站在这座崭新的大楼前，已过耳顺之年的冯晓源感慨良多：作为一个过来人，他有很多经验教训想和年轻创业者分享；多年积攒的丰富资源，也使他对用这个平台再展身手充满信心。他当即答应接下院长的重担，不为自身名利，只希望为创业者们助一臂之力。

创建工作头绪繁多，百端待举，冯晓源院长筚路蓝缕，勇往直前。区政府定下的"打造'双创'领域'黄埔军校'"的目标，到底怎样落到实处？这是摆在冯院长及其团队面前的一道大题。他带着团队成员走出去，逐一倾听创业者们畅谈诉求。回来后，又和大家深入研讨，形成文字，数易其稿，终于制订出一份切实可行的学院发展规划，交付实践检验。

智慧医疗产业的推动者

近年来，智慧医疗产业异军突起，很多科技型企业聚焦这一崭新领域，给患者带来福音，也产生了不菲的经济效益。怎么看待这个新兴产业？冯晓源反复提到：智慧医疗与传统医疗并不是对立关系，而是相互补充、相互促进的关系，前者用数字化手段帮助医生作出更精准的判断，同时让患者可以不受时间、地点限制，获得更有效的医疗途径。智慧医疗给医学带来进步，让患者更有保障，前景十分光明。

尽管早已脱下白大褂，冯晓源摆脱不了刻在骨子里的治病救人的情怀。除了统筹学院的各项日常工作，冯晓源更愿意结合专业所长，尝试探索智慧医疗产业。为此，他在"双创"学院创办了智慧医疗产业未来创造营。

冯晓源（前排左四）和他的学员们

教室里，窗明几净。讲台上，业内资深学者深度解读智慧医疗的前沿知识，很多信息无法从一般渠道获得。讲台下，有志于此的青年才俊们神情专注，认真做着笔记。冯晓源也坐在其中，这是首期智慧医疗产业未来创造营，授课效果如何，他的心中难免忐忑。从开学到结业，几乎没有学员因故提前离开教室，这些为创业整天忙得焦头烂额的年轻人，绝不放弃听课机会，安心坐在教室中听讲。几乎100%的出勤率，说明了创造营广受学员青睐，开局十分成功。

不过，冯晓源还是希望听到更多意见建议，不断改进课程设置。不少创业者对冯晓源说，希望获得资本支持，稳定地产出利润。这种想法没错，特别在起步阶段，确实需要政府机构予以支持。然而，财政资金不可能兼顾所有创业者。一旦形成依赖政府的习惯思维，则注定在大风大浪中难以走得更远。

授人以鱼不如授人以渔，零星资助只能纾一时之困，帮助创业者获得自身造血功能、获得稳定的现金流来源，才算真正帮到了根本。对此，冯晓源决定进一步优化课程结构，除了坐在教室里听课，还要组织学员们走出学院，与他们所需要的资源进行对接。比如，在路边某家咖啡馆，学员们可以用PPT等图文并茂的方式，向投资人介绍公司愿景。坦诚而轻松的沟通，往往可以在不经意间，一下子解决创业初期的资本难题。

学院为每个学员企业建立了详细档案，内含基本情况以及个性化需求等，根据这些档案，学院分门别类地联系与其日常运营息息相关的职能部门，比如区发改委、商务委、科委、市场监管局、人保局、税务局和司法局等部门，为学员企业"送策上门"，减少政策解读的时间成本。

从未来创造营结业，并不意味着培训结束，学员们依然能收到学院发来的高峰论坛、座谈会等通知。在这些场合，他们可以和全球知名企业家、行业专家一起研讨创新创业思路，从而拓宽视野、更新思维、提振信心。

学院公众号以及网站后台上，经常会有学员们对未来创造营的积极反馈。看到屏幕上赞扬的文字，冯晓源的脸上会绽放出灿烂的笑容。一批又一批创业俊杰从这栋南北双子楼走出来，大有"青出于蓝而胜于蓝"之势。他愿意做这些年轻人的助推器，不断为他们提供更加优质的平台和资源，期待从中培育出行业独角兽。

倾囊相授的培训师

2022年年底，第三期智慧医疗产业未来创造营开班在即。冯晓源感染了新冠，虽然在家休养，心里却念念不忘培训事务，时不时向工作人员了解进展情况。他不仅是这个培训项目的发起人，还负责讲授开营导论。为了保证顺利开班，他在康复后第一天就来校上课。

隆冬时节，寒风凛冽。冯晓源出门时穿上一件又大又厚的羽绒服，把自己裹得严严实实。他自己打车过来，步履缓慢地走向教室。在学院三楼的走廊里，他脱下臃肿的羽绒服，换上让自己显得精神的西装，期待将最好的形象留给学员。讲课的一个半小时里，他不时咳嗽，汗珠从额头滚落，脸色也不好看。学员们见状纷纷劝他坐下来休息。他对大家摆摆手，善始善终地讲完全部内容。学员们都被这位长者的敬业精神所折服，没有一个人分心走神。

这就是冯晓源的本色，总想着用自己的经验帮助更多年轻人。他的每次讲课，都不是以往内容的简单重复，而会及时融入更多对社会、对市场热点问题的思考，深入浅出，旁征博引，增加课程的深刻性和启发性。冯晓源认为，青年创业者身上有一些共性特征，他们胸怀壮志，满腔热血，敢于挑战未知领域，但也往往对创业前景过于理想化，因准备不足而陷于被动。对此，他在讲课时总要不失时机地提醒年轻人，创业一定要秉持科学精神，一要认清形势和政策，二要摸准行业热点和痛点，这需要在大量调查研究的基础上，作出缜密的分析和理性的决策。

每期创造营开班后，学院都要组建一个微信群，冯晓源会始终留在群里，他的手机里有很多这样的学员群。学员遇到创业上的困惑时，首先想到的是向冯晓源求教。他的手机24小时开机，不管是深夜还是休假日，他总是有问必答，寥寥数语，让人茅塞顿开。

冯晓源表示，未来永远属于年轻人，在青年创业者蹒跚迈出第一步时，作为前辈如果满怀爱心上前搀扶一把，可能一个伟大的项目、一位杰出的企业家，就会从这里诞生。

顾上飞：金融科技场景服务的使命

人物简介：顾上飞，男，1962年5月生，汉族，群众，就读于美国纽约城市大学。上海即科智能技术集团有限公司首席执行官。20世纪90年代在美国运通公司担任风险高级经理，2006年担任GE金融中国区董事总经理，2011年加入西班牙对外银行（BBVA）担任消费金融首席执行官。获上海市杨浦区创业之星大赛"创业菁英"奖。

顾上飞近照

由顾上飞所创办的上海即科智能技术集团有限公司（以下简称即科集团），是一个国内领先的金融科技场景平台，服务数十家持牌金融机构、数万家商户以及数千万消费者。2014 年 4 月初创时叫即科金融信息服务（上海）有限公司，随着企业的不断成长，顾上飞决定改名，将原先的"金融信息服务"改为"智能技术"，在他看来，这意味着公司的业务规模不断扩张，正逐渐朝着数字化、智能化的方向发展。

专注场景，助力小微

之前，顾上飞在一些知名跨国公司做高管，比如美国运通、GE 金融、西班牙对外银行（BBVA）等，处理这些公司同中国的业务往来，其工作核心是消费者信贷产品。消费者信贷在国外已经走过了比较成熟的发展历程。2000 年，顾上飞回国，先在香港做了一段时间的跨国公司金融业务。在此期间，他发现我国也逐步进入了消费金融蓬勃发展的阶段，大量的中产阶级崛起，由消费推动的经济增长明显，我国消费金融市场应运而生。

然而，我国消费金融的初期发展存在着种种问题。到 2014 年，信用卡在我国发展虽已近三十年，但是这一金融工具并没有同消费场景完全结合起来，消费需求和供应之间还存在断层。

顾上飞凭借自己丰富的工作经验和敏锐的洞察力，发现我国消费金融市场的困难和机遇并存，于是创办了即科金融信息服务（上海）有限公司，得到世界知名投资机构红杉资本的投资。公司在零售、医疗、教育等多个方面，开发相应的金融科技场景服务产品，通过提供分期付款等方式，既减轻消费者的支付压力，间接提高他们的购买力，又帮助商家、银行留住了客户，减少交易的流失，真正发挥出金融科技扶持小微企业的价值。围绕"消费场景"提供科技服务，是即科集团的主打模式，经过多年打磨，即科集团已经成为中国消费金融行业的中坚力量。

纵观亚马逊、苹果、华为等国内外保持行业引领的企业，无不是以满足客户需求为导向，坚持为客户创造价值。即科集团秉承初心，"专注场景，助力小微"，聚焦于服务中国数万小微企业主——他们是城市创新和乡村振兴的建设者。在过去九年多时间里，即科集团坚持帮助这一覆盖面最广泛、处于社会上升通道中的群体，通过科技的力量为小微企业赋能，帮助小微企业建立和发挥信用价值，推动金融科技服务实体经济，助力脱贫攻坚和乡村振兴。

顾上飞认为，金融科技帮扶小微企业主要有三个着力点：一是提升消费动力，扩大商户收入；二是稳定就业，反向支持消费动力；三是通过消费金融业务连接，推动小微企业自身从持牌金融机构获得支持。即科集团就是凭着与持牌金融机构的合作共赢，成为商户、客户、持牌金融机构之间的重要连接器，助力小微企业的持续发展。

即科集团的成功一方面离不开顾上飞对于金融活动自身规律的洞察与把握，得益于公司积极寻求与专业持牌金融机构的合作；另一方面，还与顾上飞积极的人生态度、重视决策管理和人才培养的工作态度密切相关。顾上飞说："创业虽然非常苦，非常累，但痛并快乐着，它让我持续提升且活力四射！跟那些二三十岁的年轻人相比，我出来创业时的年纪算是比较大的了。这样，就需要更多的勇气才能走出舒适圈，但同时也带来了难得的优势：丰富的经验、对本行业的深入了解，以及对金融规律特别是消费金融规律的熟练掌握和应用。"

顾上飞有着在世界龙头企业管理消费金融二十多年的经验，对欧美国家、我国香港和内地的消费金融市场发展了解非常深入。二十多年的历练和沉淀，使得顾上飞从一开始就知道创业这条路一定是漫长而且布满荆棘的，最重要的不是年轻气盛的爆发力，而是长跑的耐力。

杨浦是创新创业的宝地

选择将公司总部放在上海、放在杨浦，也充分体现了顾上飞的深思熟虑。

上海是国际金融中心，复合型科技和金融人才济济，国际化程度也高。杨浦区环境优美，正在建设第四代国际社区，区政府有良好的政策导向，各方面都为即科集团提供了极大的便利。公司位于毗邻五角场城市副中心的重要位置——尚浦领世，园区拥有荣获 LEED 金奖标准的甲级写字楼，交通方便，国际化气息浓厚，周边名校聚集，还拥揽生态公园；公司附近聚集着字节跳动、耐克、汉高、上海家化等多家世界 500 强企业，以及很多优秀的、充满潜力的科技公司。杨浦区为公司与公司、高管与高管之间创造了许多交流互动机会，呈现出和谐向上的营商环境，是创新创业的一块宝地。

即科集团外景

顾上飞在上海已经生活工作了二十年。上海杨浦对于他来说，是一方乡土，是一片热土，更是一片沃土。"我的生活非常规律，每天早上从家里出发，在来公司的路上，迎着东升的朝阳，感受着新一天的美好。晚上下班走到大学路上，看到年轻人一个个充满活力，我就很开心。"善于时时体味愉悦生活的人，喜欢了解消费需求的人，在工作中往往迸发出蓬勃向上的生命活力。而且，消费金融很大一部分就是要紧密关注消费市场的发展，满足人民群众对美好生活的需要。在顾上飞这里，这是生活方式，是商业逻辑，也是企业持续发展之道。即科集团用科技服务消费场景，就是落脚于大众的日常生活所需。企业融资不是集团的唯一目标，方便普通人群生活和赋能小微企业发展才是顾上飞更加关注的重点，这是金融科技的使命。

跑一场经营马拉松

顾上飞很愿意将他的经验与青年创业者分享。许多人在创业初期往往会不自觉地放大伪需求，所以他说，首先要善于发现真正的市场需求，这样可以增加成功的机会。有些创业者往往自己"想象"出一个市场需求，等到花费很大的代价把产品做出来一看，市场并不需要，这时损失就大了。其次就是要有足够的坚持，做企业就是跑一场经营马拉松，要有好的心态和体力，不断给自己充电，给企业和合作方赋能。要想两三年就让一个公司获得显著成功，基本上是一个奢望，经过五年十年才有起色反而是普遍情况。另外，要重视优秀人才、现金流和产品迭代等具体方面，既要抓好企业发展细节，又要很好地进行全局设计和战略把控……

顾上飞站在更高的维度，诠释出他的淡定与从容，他将继续带领着即科集团在金融科技场景服务的赛道上勇往直前！

江志华：让社区生活更美好

人物简介： 江志华，男，1976年9月生，汉族，致公党党员，毕业于英国赫特福德大学，市场学硕士。上海小邻通实业有限公司创始人、董事长。上海市杨浦区第十六届人大代表、杨浦区第十七届人大常委会委员。杨浦区总商会副会长、杨浦区私营企业协会副会长。获上海市工商联青年创业者联谊会"十大青年创业者之星——服务之星"荣誉称号。入选杨浦区"3310"计划引进人才。

江志华近照

意外走上创业道路

"我以前是从事金融行业的，早知道创业这么艰难，很可能就不干了"，江志华俏皮地开了个玩笑。会客室的窗户很大，几乎占据了半面墙，窗外绿植交错，晴天的阳光毫无阻挡地透进屋子，明朗而生机勃勃。他身着蓝色西装，头发梳得一丝不苟，细框眼镜后的双眼炯炯有神。不知不觉，他已经将精力全都奉献给了上海纵横交错的每一条街道。这张从他的生活体验联想到千千万万家基本需求而建立起来的网，逐渐代替了他原本的金融事业，待他回神，已经再也割舍不下。开始了，就停不下来，而且还要持续前进。

触发他创业想法的，是些微不足道的小事。2005 年，在英国留学取得硕士学位的江志华回国之后，在上海从事金融行业。作为异乡人，在居家生活中他遇到了大大小小的麻烦，搬家搬到一半工人突然停下坐地起价，空调维修被敲诈，防水补漏被拒绝售后服务……根据自己的遭遇，他推想到这可能也是令不少居民头痛的事，看似琐碎，却严重影响生活品质。"上海这样的国际化大都市，应该需要一支正规、诚信、有保障的社区服务团队。"于是，他放弃了金融行业的工作，开始走上创业之路。

2014 年 6 月，上海小邻通实业有限公司（以下简称小邻通）正式成立，一站式、有保障是小邻通的基本定位。通过对家政服务、房屋维修、家电维修、搬家、开锁等近百个项目的整合，小邻通让社区居民可以便捷地在平台上预约各种服务。小邻通对平台的管理非常严格，服务人员的认证、服务流程的规范、服务价格的制定等各环节，都有一系列详细规定，最大限度规避了服务过程中存在的欺诈、乱收费、拒绝售后服务等行为。从成立至今，小邻通已为数百万个家庭提供了咨询或上门服务，完善了社区服务配套，提升了居民生活质量。

徐虎精神发扬光大

小邻通公司入口处的 LED 大屏上，展示着全国知名劳动模范徐虎的照片。江志华说，徐虎是小邻通所有服务人员认真学习的榜样，徐虎"辛苦我一人，方便千万家"的精神，也是所有服务人员积极传承的精神，我们要把这种全心全意为人民服务的优良传统发扬光大。2020 年年底，小邻通成立了"徐虎劳模工作室"，并设立了"小徐虎奖章"，作为公司对社区服务人员的最高嘉奖。

2021 年 2 月，小邻通在徐虎的大力支持下，收购徐虎物业公司 60% 的股份，成为第一大股东。"多年前，小邻通就已经成立了独立的物业公司，现在有徐虎物业品牌的加持与团队赋能，我们将正式进军物业领域，这是小邻通继社区服务领域之后迈出的全新一步。我们将大力建设传统物业、云物业、智慧物业三大板块，更好地服务社区居民。"江志华自信地说。据了解，小邻通旗下已拥有包含各类专业项目在内的 20 多家全资或控股子公司，这些子公司成为小邻通在社区服务、物业服务领域阵容十分强大的生力军。

江志华非常重视小邻通的品牌与声誉，据他透露，在行业内小邻通被投诉到市场监督管理局的比例极低。平台有诉必答，致力于给投诉者一个满意的处理结果，绝不含糊。

探索拓展业务板块

2020 年年底，小邻通已初步完成了公司集团化布局。除了社区服务、物业服务，小邻通的业务板块还扩展到社区融媒体、社区新零售、社区生活圈、智慧社区建设等各领域，充分利用公司资源，积极回报社会，参与社会公益，承担社会责任。

在社区融媒体领域，小邻通建立起了上海地区较具影响力的社区自媒体阵地，不仅为社区居民提供社区资讯、便民信息，还积极传播党和政府的声音。疫情期间，面对谣言四起的情况，小邻通充分利用自身传播优势，主动开展辟谣与防疫宣传工作。在社区新零售领域，小邻通借助社区网络流量优势，实现从种植基地到社区的产品销售业务，还积极参与各地扶贫，多次帮助贫困地区农民销售农产品。

在社区生活圈，小邻通主动参与社区公益，组织了数百场便民活动，内容丰富，广受欢迎。小邻通还积极配合政府，利用公司资源建设多个"家门口的服务站"，打造"15 分钟都市生活圈"，极大地方便了社区居民生活。

2019 年 12 月，小邻通与中国图灵奖唯一华人得主姚期智院士和清华大学合资成立的图灵人工智能研究院，共同成立了图灵小邻通智慧科技有限公司。合资公司的成立，为小邻通在智慧科技领域的发展，尤其在智慧社区建设、社区大数据系统搭建、社区智慧养老、社区生活数字化转型等方面的发展提供了强有力的技术支撑与品牌赋能。

江志华指导员工工作

"让社区生活更美好",是江志华创办小邻通的初心。他说:"这不是一句空话,不是一句广告词,而是真正发自我内心的服务宗旨。"2021 年 3 月,经致公党上海市委推荐,江志华被中共上海市委统战部选送到闵行区挂职担任民政局副局长。江志华表示,积极参与政府工作,不仅可以得到锻炼,更重要的是可以帮助政府在民生建设方面出谋划策,为满足社区人民对美好生活的向往出一份力。

社区服务大有可为

创业者,是江志华最满意的定位;自信和坚持,被他视为自己的人生底色。在创业的长征路上,他有过孤军奋战的迷茫,但更有八方来援的力量。杨浦区良好的营商环境,为小邻通的成长提供了肥沃土壤;党政领导的关心、市区工商联的支持,让江志华在创业路上倍感温暖。江志华认为,小邻通模式是一种创新,全国范围内没有可以借鉴的范例,自己还在不停地探索中,但这并不会动摇他认准方向就全力以赴的决心。他说:"社区服务是一个大有可为的领域,一定会诞生一家独角兽公司,但不一定是小邻通。我的所有努力,就是希望它是小邻通!"

陈齐彦：道化大千，客归一界

人物简介：陈齐彦，男，1980 年 1 月生，汉族，群众，毕业于复旦大学，软件工程硕士。上海道客网络科技有限公司创始人、首席执行官。曾是易安信公司全球范围内创新影响力排名第一的员工，获得过十多次年度创新大奖，拥有三十多项美国专利。入选杨浦区第十一批拔尖人才（科技类）。

陈齐彦近照

凝视深渊：程序员的"反骨"

提起程序员，你会想到什么？是格子衬衫、黑框眼镜，还是忙不迭地低头写代码的"码农"，抑或遨游于黑客帝国的神秘玩家？陈齐彦也曾是人们眼中的标准程序员，他低调、严谨、细致、执着，追求极致与完美，但骨子里却有一种与生俱来的倔强。

2005年，陈齐彦从复旦大学软件工程专业硕士研究生毕业，顺理成章地选择到计算机头部企业任职。凭借出众的技术能力，他曾当选EMC公司（中文名称：易安信，信息存储和管理系统及其软件、服务和解决方案领域世界领先的公司）全球范围内创新影响力排名第一的员工，也曾作为核心团队成员开发了当时Oracle（中文名称：甲骨文，是全球最大的信息管理软件及服务供应商）亚太研发集团的第一款全球发布产品。他这样的"Geek"（谐音极客，美国俚语，形容对计算机和网络技术有狂热兴趣并投入大量时间钻研的人，是一群以创新、技术和时尚为生命意义的人）注定不甘心一直都被当作外企的"池中之物"。

陈齐彦还记得，在自己所工作的两家外企，许多中国员工既勤奋又聪明，随着时间的积累，比起美国、印度等国的同事，他们有时更具有创新能力。很多有过外企工作背景的员工都认为，外企文化中的"鼓励创新"对中国员工而言极有吸引力，但核心问题在于"美国公司对你的期待是做好'装修'的事情就行了，不会让你着手设计'房子'结构，这不是技术创新问题，而是商业逻辑问题"。当事业发展遭遇"天花板"，当职业规划遭遇到"不可触摸的"地带，一遍遍地重复和虚无过后，陈齐彦终于正面凝视"深渊"，萌发了创业的念头，积攒了创业的动力。

程序员不仅仅是技术员，他们拥有自己的群体文化，同样也有着属于自己的责任感和使命感。开源社区（又称"开放源代码社区"，一般由程序员组成，根据相应的开源软件许可证协议公布软件源代码的网络平台，也为网络成员提供一个自由学习交流的空间）的存在，是陈齐彦创业的另一个力量来源。在这里，有成千上万的优秀软件技术人员跟陈齐彦一样，致力于追求自我价值的实现。他们不在同一个国度、不属于同一家企业、不属于同一种文化，但是他们团结在一起，自发形成了全世界最强大的软件工程师统一战线，为人类社会的科技进步默默无闻地作着奉献。这些群体文化和创造精神无时无刻不在推动着陈齐彦义无反顾地去创新创业。

一切就绪，只待东风。2014年年底，上海道客网络科技有限公司（以下简称"DaoCloud道客"）应运而生，陈齐彦这个土生土长的杨浦人把公司注册在杨浦区云计算基地。公司以云原生计算、人工智能为底座构建数字化操作系统，旨在为企业在数字化转型之路上保驾护航。

鹈鹕满春野：从独舞到高歌

"道化大千，客归一界"，被朋友们称为"科技哲学家"的陈齐彦这样解释公司名字——"DaoCloud 道客"的内涵。"道客"既源于"DaoCloud"的谐音，也是在二十多个备选注册名字被否定后的灵光一闪。哲学无国界，科技亦无疆，技术共享的世界一定妙不可言，"DaoCloud 道客"名字的背后，更是计算机系统设计原理与东方哲学的精妙结合。

有人说，创业的本质就是失败、失败、不断失败，直到出现意外，那就是创业成功。"那时候并不知道创业意味着什么，对于创业后面可能会经历的各种艰辛其实并不清楚，仅仅是纯粹的对技术的信仰一路引领我向前。"陈齐彦说。幸运的是，"DaoCloud 道客"的"出道"正好赶上了中国数字化的时代浪潮，"DaoCloud 道客"的成长，伴随着中国从信息化过渡到数字化的历史跃迁，见证了中国数字新基建的突飞猛进，也深度参与了探索中国基础软件自主创新的伟大实践。

"DaoCloud 道客"成立初期，软件界正在掀起一股新的热潮，那就是风靡全球的容器技术正在颠覆传统的软件开发交付方式。借着这股时代东风，陈齐彦召集了一群同样有创造力和开阔眼界的工程师，致力于云原生技术创新，打造新一代操作系统。2015 年，"DaoCloud 道客"云原生开源团队正式推出了全球首项一站式 Docker 云平台公有云服务，即 DaoCloud Enterprise（DCE）1.0，经过后续研发，"DaoCloud 道客"形成了持续开发、持续测试、持续构建、持续发布的交付闭环，在全球 Docker 生态系统（是以 docker 即容器为资源分割和调度的基本单位，封装软件的运行时环境，用于快速构建、发布、运行分布式应用的平台）内部都具有标志性意义。2017 年，"DaoCloud 道客"通过 DCE 平台首次在"双十一"期间为一家金融企业解决了交易量大时系统崩溃的难题。发展至今，"DaoCloud 道客"已在金融科技、智能制造、智慧零售、城市大脑等多个领域深耕，公司目前已完成 D+ 轮超亿元融资，被誉为"科技领域准独角兽企业"。

"DaoCloud 道客"的成功，离不开技术，更离不开跟技术相关的人。"DaoCloud 道客"的成长，需要风雨后的积淀，也需要生态圈伙伴的陪伴。陈齐彦以"四观"解释公司取得今天成绩的原因。

技术观：内外兼修，开放创新。 陈齐彦认为："科技最大的魅力就在于它特别博大，特别愿意去分享。"作为前 EMC 中国研究院总架构师，陈齐彦主导了一系列云计算及大数据相关前瞻技术开发工作；作为中国最早的开源云计算技术先导者，他在开源社区及企业客户中享有极高的声誉。"DaoCloud 道客"有专门的开源开发团队，一方面从社区汲取好的开源技术，另一方面向社区贡献代码，惠及他人。苦练内功、内外兼修，坚持创新和共享，"DaoCloud 道客"的硬核实力在行业中越来越凸显。考察 2022 年度开源社区贡献榜单，"DaoCloud 道客"在云原生计算基金会所有开源项目上排名全球第三，在核心项目 Kubernetes 上排名全球第三，在首个云原生边缘计算项目 KubeEdge 以及多云编排项目 Karmada 上雄踞第二且远超第三，自主开源了 Clusterpedia、Merbridge 等九个项目。

人才观：深耕厚植，双向奔赴。 "DaoCloud 道客"青睐底层创新能力过硬、有外企工作经验的员工，也十分注重"智力管理"，公司内部会定期举办"知识分享"和"黑客马拉松"（以 24 小时为限，鼓励程序员把好的想法变成好的产品和工具）。陈齐彦还有一套自己的人才培养理念，即新技术是需要一大批人才去使用和更新的。2023 年 2 月份，"DaoCloud 道客"联合四川省互联网学院（该学院为全国首家高等学历教育互联网学院）共同发布了云原生人才发展计划，推动大批高素质人才提前进入全球云原生开源技术生态圈，让云原生的人才布局从开源领域进行突破。

客户观：唇亡齿寒，固链强圈。 懂客户就是懂服务，真正懂企业级的市场服务。陈齐彦将"DaoCloud 道客"跟客户的关系形容为"唇亡齿寒"，上下游的公司不仅是"DaoCloud 道客"的客户，更是"DaoCloud 道客"生态圈的同盟，通过源源不断地为生态公司导入技术、商业和资本，"DaoCloud 道客"无形之间达到了固链强圈的效果。陈齐彦说，"刚开始做客户工作，启动商业模式时，真的不知比写程序编代码难多少倍"，就这样，他和团队硬着头皮上。正如"DaoCloud 道客"的"客"所代表的那样：以客户为中心，化繁为简，用心服务，让客户感受极致体验。

大局观：鸿鹄之志，咬定青山。 "DaoCloud 道客"的成功还在于善于从大局着眼，顺势而为。早在 2016 年，正当大批新兴企业竭力谋求海外上市途径的时候，"DaoCloud 道客"已开始拆除 VIE 资本结构（英文 Variable Interest Entity 的缩写，直译为可变利益实体，在国内被称为"协议控制"，是指境外注册的上市实体与境内的业务运营实体相分离，境外的上市实体通过协议的方式控制境内的业务实体，业务实体就是上市实体的可变利益实体），回归国内资本市场，成为一家中国公司，这着实让人惊掉了下巴。"虽然是超常规操作，但是对的事情总会有人发现。"陈齐彦这样评价当年的决策。追求原创，追求本土化，这不仅仅出自陈齐彦对技术的自信，更是一种情怀和责任。

古诗云："鹈鶋满春野，无限好同声。""DaoCloud 道客"打造的 IP"鹈鶋"，不仅仅是"容器技术"的比喻，更在一定意义上诠释了"DaoCloud 道客"的成功并非偶然。它从一开始落寞"独舞"到后来被发现、被认可，一路"高歌"，终于引来同声共唱。

2022 年道客与华为联合发布超融合一体机，左为陈齐彦

云原生：解构数字世界的"魔法"

陈齐彦认为，数字化已是不可逆的发展趋势，数字化的终极问题是应对不确定性，要实现从信息化到数字化的突破，需要一种更高维的方式，就是全局最优。

在整个计算机科学架构里，有一个东西一直在承担全局最优的工作，它从一个专业名词，演变为生活化语言，变成今天国家层面的关键技术，每个身处互联网时代的人都会用到它，那就是操作系统。

面对新的技术、新的环境，新一代操作系统技术拥有区别于传统的使命，那么它要解决的核心问题是什么？陈齐彦认为，是全连接、高性能、高弹性、超级调度、去中心化这五大范畴。"DaoCloud 道客"基于这五大范畴，运用云原生技术，重新解构数字世界中人、机器和数据三者之间的关系，即不再只依靠人的智力去对世界进行判断，而是经过机器处理数据之后，告诉人们如何更好地认知世界、利用世界和改造世界。要想实现这个愿景，云原生就要像施展魔法般对现有的操作系统技术进行改造升级，打造一个神奇的云原生"插座"，企业通过将数字能力构建在这个"插座"上，不仅可以提升内部的数字化能力，还可以使企业组织结构由内部治理走向外部治理，最终帮助企业成功实现数字化转型。

灯火阑珊处，有一个默默在背后支持国产化科技创新的基础软件公司，这就是"DaoCloud 道客"。"我们正在经历一场看不见的战争——信息技术或者说科技上的战争"，陈齐彦说，"科创有门槛，我们企业家要有格局，利用科技这个第一助推力，确保中国走到全球领导力的第一梯队中去"。

"长风破浪会有时，直挂云帆济沧海。"对于未来，陈齐彦信心满满。

高路拓：用数据为城市发展
"把脉""送策"

人物简介：高路拓，男，1980年3月生，汉族，群众；毕业于同济大学，工学硕士。上海脉策数据科技有限公司董事长。杨浦区工商联执委。获上海市杨浦区国家"双创"示范基地大众人才支持计划暨第二届创业之星大赛创业新锐、杨浦区创谷之星、杨浦区星耀天地数字城市贡献奖、上海市建筑学会授予的科技进步二等奖等荣誉。

高路拓近照

高路拓相信："创新是这个时代的信仰，数据是这个时代的力量。"自从进入同济大学学习城市规划以来，高路拓一直深耕于城市研究领域。随着研究的逐渐深入，高路拓找到了城市的另一种打开方式——数据，通过大数据和人工智能技术，在城市数字化上不断实践。

不甘平庸，勇闯创业之路

1999 年，高路拓从家乡吉林长春考入同济大学，申请助学贷款，开始了热门专业城市规划的学习。彼时正值中国城市化发展高峰，产业、人口不断向城市集聚，城市规划、地产开发、建筑设计等一众行业迎来大发展大繁荣。拥有优势学科的同济大学鼓励师生创新创业，很快，一家家带着"同济元素"的企业在四平路校区周围陆续成立，环同济知识经济圈的生产力越来越强，产业链逐步形成。

得益于父亲的教育方式，高路拓较早就有了自立意识。不同于大部分按部就班学习的大学生，他敢闯敢试，也敢于承担失败的风险。于是在就读硕士研究生期间，高路拓就走出象牙塔，和几个同学开始了创业尝试，成为环同济企业中的一家。他们结合专业所学，为政府、开发商提供城市规划、城市发展、城市定位等咨询服务。

经过几年的历练，高路拓掌握了创业的基本技能，有了找业务、找资本、找人才的意识，初步明白了应该如何经营一家公司。同时，高路拓也深知这样"小作坊"式的公司在市场上只能算是小打小闹，能接到的业务体量不大，企业成长性也有限。随着在城市规划行业中的不断沉淀，高路拓对未来发展方向有了愈加深刻的思考，他认为，城市化浪潮和房地产浪潮双轮推动下的规划行业，同样难免"繁花终有落尽时"。

2015 年，数字自媒体方兴未艾。一直在探索转型的高路拓，对大数据的话题很感兴趣，于是他写了一篇公众号文章——《用数据分析如何在"魔都"开一家"靠谱的馆子"》。文章一出，当日阅读量就暴涨到 5 万人次。意外之余，高路拓也立马抓住了这个新机遇，随即创立了公众号"城市数据团"，以此探知用数据阅读城市的方法能否让大众喜欢上看似晦涩的数据。怀揣着对数据研究的热情，他和团队通过数据的获取、收集、清洗、分析和可视化，做了很多关于城市的研究，尤其是一些居民关心的日常话题、热点话题，比如"双十一"打折、高考等热门话题，餐馆起名等趣味话题，学区房、水源安全等民生话题。这些研究视角新鲜、有趣，结论也极为实在、有用，公众号体现出极强的传播力，几个月内就收获粉丝 10 万。时至今日，"城市数据团"发布的文章仍然保持着平均数万的阅读量。

高路拓在新领域投下的试水石子一下子激起千层浪。许多客户纷纷通过公众号登门，让他确信"广阔世界里的普遍需求"。借助自媒体公众号的传播力，团队获得了各类资本的青睐，经过数轮融资，上海脉策数据科技有限公司（以下简称脉策科技）在杨浦成立了。"创业不是一下子成功的，而是在不知不觉中发生的。"深耕城市规划行业十余年的高路拓，能够看清机遇、把握机遇，通过运营公众号打响知名度，成功地在资本市场崭露头角，继而进军大数据领域。这不是幸运的偶然，而是给予勇者的嘉奖。

脚踏实地，深耕数据领域

"相比于规划蓝图，数据分析更让我有踏实感、成就感。"高路拓认为，用数据分析城市更能精准感知现实，从而为城市的长效建设、量化治理提供有益参考。公众号走红以后，即便收获了雪片般飞来的恳切留言、合作愿望、投资意向、项目咨询等，高路拓也没有迷失在这种令人陶醉的成绩里，没有产生"赶紧招人投钱扩大自媒体投入"的冲动。因为他要的不是流量和关注，而是稳扎稳打做好数据研究，再用数据描述城市、量化城市。在这样的新使命下，高路拓决心把脉策科技做大做强。

万物智能互联的时代，每时每刻都将产生规模庞大的数据信息。城市数字化，要先用各种各样的数据去构建、映射或解释一个城市，然后才能量化这座城市，脉策科技提供的技术产品正是为客户建立"数据底座"。"'数据底座'首先要有数据，并对数据进行治理加工。其次，因为数据本身无法回答问题，还需要计算、逻辑及业务认知，这就涉及算法。之后，还需要数据的存储、流转、计算、可视化等技术流程，需要相关的软件或工具表达。"高路拓解释道。在数据、算法和软件上，脉策科技都拥有大量的自主知识产权。

脉策科技的客户覆盖政府、企业和个人用户。高路拓表示，这三类客户资源禀赋不同。在城市建设管理领域，政府有数据缺算法，企业有算法缺数据，而个人既缺数据又缺算法。然而，他们都有着相似的诉求，即结合自身的需要对城市运行进行某方面的判断、分析或预测。

于是，高路拓带领团队开发了一个数据分析系统。该系统针对不同客户需求，提前将采购的经济、人口、交通、建筑等第三方数据源和各类业务板块的逻辑算法嵌入其中，客户只要根据需求选择应用场景，系统就能选取相应的数据包和算法，生成灵活的、个性化的分析结论。高路拓将这一产品形容为"乐高系统"，"我们把一个个数据包、算法包、软件包，拆分成乐高零件一样，用有限的零件可以组合出几乎无限的模型，服务不同客户对于城市大数据的不同需求"。

在政府业务板块，脉策科技深度参与上海、杭州的城市大脑项目，比如，曾建设了一个街镇级的数字孪生城市平台，从人、房、企、事、物这五个维度构建了一套数字沙盘模型，社区据此进行智能管理监测并推出了一系列实用便利的线上公共服务。在企业业务板块，脉策科技的数据产品应用于数字文旅、地产开发、商业零售等领域，拥有腾讯、京东、阿里、万科、华润、中国建设银行、中国平安、永辉超市等300多家标杆客户。对于个人用户，脉策科技推出了"城市数据团"小程序，疫情期间"城市达峰进度"迅速走红，该小程序达到过千万级别的日活访问，再一次印证了数据在人和城市的现实生活中的价值所在。

如今，脉策科技已成为城市大数据行业的一颗新星。脉策科技在第三、四、五届世界互联网大会（乌镇峰会）上入选"中国大数据创新企业TOP100"名单，荣获第八届中国创新创业大赛互联网行业成长组优秀企业奖，获得国家高新技术

脉策科技公司团队拓展活动合影

企业认定，以及上海市和杨浦区"专精特新"企业、杨浦区科技小巨人企业称号。

锐意进取，赋能城市发展

"元宇宙是城市数字化的下一站。"高路拓认为，元宇宙在数字孪生的基础上更进一步，不仅可以在数字世界完整映射出现实世界，而且支持用户进入虚实融合的世界，可以体验和感知。2022年下半年，脉策科技参与了杨浦区城市数字化转型建设工作，负责大创智数字孪生云上之城项目。聚焦大创智元宇宙、企业地图、掌上服务、创智朋友圈等应用，支撑大创智人才服务、招商稳商、企业生态运营等诉求。在高路拓看来，元宇宙是一种开放生态，靠一家企业单独攻克"不现实"。而脉策科技所在的杨浦大创智数字创新实践区就提供了一个开放合作的生态圈，实现了上下楼就是上下游、不出门就有产业链的愿景。

在大创智园区，创新创业的浓重气氛扑面而来，众多年轻人对使命愿景的认同、对新鲜事物的向往，带来了内驱的干劲。这样的氛围正符合高路拓对管理团队的理解。他认为，团队成员如果和自己一样拥有"为城市发展创造价值"的责任感，一定会始终保持有所作为的渴望，每天都会有很多很多想要做的事情。因此，高路拓以"自由自驱、高质量协作"理念为引导，努力使"自我管理、自发创造"成为团队每个"细胞"的自觉意识。数据治理工程师、数据分析师、算法专家、程序员等，大家各尽其责、协同有序，在努力向上、不懈奋斗的同时成就着脉策科技的发展与壮大。

回忆起从环同济知识经济圈到大创智园区的一路创业经历，高路拓对杨浦日新月异的跨越式发展体会深刻："杨浦不仅成了我们的家，很多团队成员已经在杨浦求学、创业、安家，而且我们公司的发展也是与杨浦同呼吸、共命运，无论是情感联结，还是杨浦活力四射的创业环境和唯实唯干的固有气质，都让我们舍不得离开这片土地。"

"其实无所谓一个行业的沉浮，世上真正沉浮的只有人。"面对未来世界的变化莫测，高路拓认为只要心怀远大理想、始终锐意进取，就一定能与时代同行俱进。脉策科技将继续致力于"加速中国的城市数字化"的使命，用数据为城市"把脉""送策"，为人民城市建设赋能助力。

吴剑军：实业家转型投资人

人物简介： 吴剑军，男，1968 年 4 月生，汉族，中共党员，毕业于上海机械学院。上海瑞世财富投资管理有限公司创始合伙人。第十一、十二、十三届上海市杨浦区政协委员。曾任杨浦区总商会副会长。

吴剑军近照

三十年商海浮沉，三十年弄潮不息。在人生数十载光阴中，吴剑军始终敢想敢做，在变局中谋划创业，在大局下思考未来，将个人志向、企业发展与家国命运紧密相连，乘着浩荡春风，踏着时代浪潮，不停奋进在追逐梦想的征途上。

追寻梦想

吴剑军的创业经历始于 20 世纪 90 年代。1992 年，一位老年人在中国南方的谈话吹响了时代号角，也催生了时年 24 岁的吴剑军心底的创业之梦。"那个时候，年纪轻轻，热血沸腾啊"，回忆起当年情景，吴剑军感慨不已。20 出头的年纪，精力旺盛，满腔热血，吴剑军毅然辞去一家央企研究所团委书记一职，怀揣着希望，踏上了逐梦之旅。

毕业于上海机械学院的吴剑军，选择"下海"的第一站便是自己驾轻就熟的专业。1996 年 3 月，吴剑军组建了自己的创业队伍，成立上海剑豪传动机械有限公司（以下简称上海剑豪），涉足机械制造行业。"火车分为三大类：运人的、运货的和干活的，我们主要为'干活的'火车——也就是轨道工程作业车提供重要零部件"，在介绍公司主营业务时，吴剑军喜欢用这种浅显易懂的方式进行科普。上海剑豪主要生产轨道工程作业车的变速箱，有了变速箱，不仅可以根据外阻力的变化，自动调整传动比和扭矩，减少换挡次数，降低司机的劳动强度，还可以延长作业车的使用寿命。

从 1997 年到 2007 年，中国铁路在十年间进行了六次大提速，在这期间，需要大量高速的、多功能的轨道工程作业车。然而在 20 世纪 90 年代，这些作业车的各种齿轮箱生产基本上全靠进口。对此，吴剑军反复思考、探索：在引进外国技术的同时，我们如何进行国产化？他带领上海剑豪的研发团队倾注大量时间和精力，数十年如一日地进行研究和实验，一干就是二十一年。其间，公司取得了"传动装置""轨道作业车动力传动换向装置""换向分动箱箱体结构"等一系列备受瞩目的行业专利，这也使得上海剑豪成为当时铁道部国产化成员单位中私营企业目录上的佼佼者。高精尖的技术要求、严格的生产标准和上乘的产品质量，使公司逐渐发展壮大，人员规模一度达到两千余人。

二十一年来，吴剑军积极参与中国铁路的提速以及中国高铁跨越式发展实践，见证了中国铁路从 0.5 公里的"展示铁路"到"八纵八横"的铁路交通网构建。这位有着赤诚家国情怀的青年党员，为擦亮中国铁路的名片作出了自己独特的贡献。时至今日，回想起当年创业的曲折艰辛，吴剑军依然慷慨激昂，俨然还是那个热血沸腾、志在必得的青年，只不过阅尽千帆，历经淘洗，他的身上多了一份岁月赋予的坦然和从容。

2013 年，45 岁的吴剑军在事业发展的高光时刻，敏锐地捕捉到时代大潮中另一股热浪，于是他又调转船头、瞄准航向，朝着又一片"蓝海"，扬帆起航。

跨界转行

机缘巧合下，一位朋友向吴剑军分析了创业投资中早期投资以及未来中国私募基金的发展前景，基金行业健康的生态环境以及对于规范性的严格要求，深深打动了吴剑军的心，宛如一阵春风吹来新的希望。特别是在亲眼目睹最近几年投资和基金市场的快速变化后，吴剑军又开始心潮涌动，继而决定转型。

从实业创业者到全新投资人，这种身份的转变，远比想象的要艰难。一边，要保证平稳有序地从原有公司及制造行业全身而退，显然这是一个复杂繁琐的过程，正如吴剑军所言"放下一件事同样需要很大的勇气"；另一边，又要凭借敏锐前瞻的眼光，善学慎思的头脑，以及多年创业经营积累的经验，在全新的投资领域悉心探索和进取。好在吴剑军善于将自己坚韧的个性与务实的作风，毫不含糊地体现到每一个环节中，从知识技巧的掌握，到行业规范的践行，样样一丝不苟，迅速进入角色。

2015 年，在杨浦区工商联的支持下，吴剑军与几位志同道合的好友共同筹建了上海瑞世财富投资管理有限公司（以下简称瑞世财富）。瑞世财富成立之初，以生物医药和智慧城市为主要投资领域。2018 年，瑞世财富进军医疗器械领域，2019 年开始布局碳中和，2020 年以后重点关注人工智能应用……每前进一步，吴剑军都准确把握了时代的脉搏，在对国家政策的深刻解析中作出适时的战略调整。历经七年多发展，瑞世财富团队规模不断壮大，成员从起初三四位到逐年增加一个合伙人。投资的公司也已经斩获几个 IPO（首次公开募股）。

"在我的第二次创业经历中，杨浦区工商联发挥了很重要的桥梁纽带作用。"吴剑军谈起自己转行投行领域时特别提到这一点。后来，吴剑军本人也担任了杨浦区总商会的副会长及连续几届政协委员。他认为，工商联和政协为民营企业家反映问题、提出诉求和解决困难提供了非常便利的通道，也在政府和民营企业之

吴剑军（左二）参加中欧国际工商学院高等教育课程时与同学合影

间搭建了沟通对话的平台，这一职能弥足珍贵，不可或缺。

三句感言

在上海打拼三十余年，从制造业到投资领域，连续创业的成功，让吴剑军对他的事业发展历程有着自己独特的感悟，归并起来，就是三句话。

第一句是"摸着石头过河"。在吴剑军开始创业的20世纪90年代，当时的中国正在经历经济体制改革的"双轨制"，这是从计划经济体向市场经济过渡时期特有的现象。由表及里的、渐进式的改革避免了中国经济快速转型的震荡，但过程中的阵痛也在所难免。"那个时候，政府对于私营经济的理解，市场对于私营企业的理解都在转变，企业刚开始起步的时候也经历了方方面面的冷暖"，叙说往事的时候，吴剑军的语气略带感伤。"还记得1998年年初在佳木斯路72号杨浦区私营经济园区注册的时候，我们是作为第一批入驻的私营企业，登记编号还是两位数的"，说到这里，吴剑军难以掩饰内心的激动。"后来企业发展有起有落，但幸运的是搭乘上了中国制造业快速发展的那20年快车。摸着石头过河，不仅要有勇气，更需要一份执着。"

第二句是"识时务者方能生存"。作为一名60后，吴剑军的第一次创业过程与中国铁路和工业大发展的二十年相互交叠。吴剑军认为，铁路的发展布局和整体规划，以及铁道部的国产化改革等一系列顶层设计，都为中国铁路的大提速和铁路网的纵横密布提供了宝贵的动力，也逐渐引领中国高铁走向飞速发展，让全世界见识了这一靓丽的新时代中国名片。从民营企业的角度考量，吴剑军认为，企业的发展要紧跟国家的战略布局，也要顺应形势，作出相应变革。吴剑军认定了民营企业今后要"在阳光下生存"，就必须坚持走规范化、制度化、法治化的道路。这也是他后来毅然决然地选择了投行和金融业的原因。他认为，这个行业在中国的发展比较严谨、合规，在法治化进程中受到的保护程度也相对较高，所以有了自己第二次的跨界转型，这一路又走了七年多。

第三句是"坚守原则与选对赛道"。"一家企业从成立开始，实现从 0 到 1 的跨越，再从 1 到 10、100、1000……在这样的发展过程中，难的不是如何做大，而是要一开始就选对赛道，找到最适合自己的那一条，而且还要坚守原则、坚定不移地走下去"。在吴剑军看来，对行业的热爱不仅需要充沛的热情支持，更需要以遵循行业规范为保障。所以，"规范"两字一直镌刻在吴剑军的心里，落实在瑞世财富的经营管理中。

筚路蓝缕三十年，吴剑军最大的感触是要"做时间的朋友"。"回头想想过去数十年经历，真是这么回事儿。"时间不仅赋予了瑞世财富锚定价值增长型项目的目光，也赋予了吴剑军坚强的意志和厚实的韧性。不论投身机械制造业还是转型成为投资人，"抬头看路，埋头做事"始终是吴剑军奉行的为人处事准则。这和吴剑军对青年创业者的殷殷寄语一脉相承："看对方向、做对事，要有耐心，品行要正，我觉得这是创业的先决条件。"作为创业者，作为投资人，吴剑军希望能够陪伴鼓励更多的同道，帮助他们尽量少走弯路，顺利抵达既定目标。

汤维维：用剧场式演讲"造就"媒体新表达

人物简介： 汤维维，女，1981年11月生，汉族，无党派人士，毕业于南京大学。上海造就教育科技有限公司首席执行官。第十四、十五届上海市杨浦区政协委员。上海市青年科技人才协会副会长、杨浦区工商联副主席。获上海市青年五四奖章。

汤维维近照

提及剧场式演讲，或许很多人会说："我知道，不就是 TED（一家美国私有非营利机构的缩写）嘛！"确实，这个源自美国、闻名于全球的机构是剧场式演讲的重要代表之一，其巨大的影响力显示出剧场式演讲作为互联网时代媒介新型表达方式的强大生命力。略显遗憾的是，中国国内却鲜少出现剧场式演讲平台。

2015 年 10 月，这一遗憾，终于被填补。

彼时，一个不到十个人的团队，开始了一场互联网时代的创新，打造了一个特别的演讲平台——造就，这是中国首个剧场式演讲平台。它在创立的近一年间举办了三十多场演讲，有两百多位嘉宾上台分享，每期节目点击量高达数十万次。而带领团队打造这个目前最具影响力的剧场式演讲平台的人，正是上海造就教育科技有限公司（以下简称"造就"）的首席执行官汤维维。

打造中国的 TED

"造就"的诞生源于一次偶然。那时候，汤维维还是《福布斯》杂志中文版副主编，一次偶然的机会，她组织了一场 20 多人的小型分享会，令人惊喜的是效果非常不错。汤维维倍受鼓舞，于是借鉴 TED 的形式，将分享活动的规模扩大到了 100 多人，只是后来由于种种限制，分享会不了了之。

但从那时起，打造一个剧场式演讲平台的想法便在汤维维的心里萌芽。

一次，汤维维和几个好友在一场聚会上谈天说地，聊天的内容也是三句话不离本行。谈到网络中甚嚣尘上的"媒体已死，新闻已死"的说法，汤维维的第一反应是："至于吗？媒体怎么就不行了？"在她看来，互联网时代的媒体确实是非变不可，但实际上依旧是"内容为王"。

话题延伸到了媒体的创新上，无意间，不知是谁提起了 TED，大家都觉得，为什么中国没有这样一个剧场式的演讲平台呢？"其实我一直在寻找一种媒体的创新形态，或者说在找一种全新的信息表达方式"。汤维维认为，媒体的下一个创新形态将是线下体验和线上互动的结合，而 TED 剧院式的演讲就正好符合这些条件。打造一个"中国的 TED"的念头在她脑海中逐渐成形。

理想化的构思与现实的距离有多远？汤维维没有多想，因为世界上有想法的人太多了，但真正改变世界的，是那些敢于去做的人。她很清楚，"做"比"想"

重要。遵循内心的渴望与执着，汤维维规划着，将设想一步步付诸实践。她先是把初步想法告诉了几个好朋友，既然中国缺少这样的平台，自己又很认可和愿意做这件事，不如就自己创业。好朋友们非常支持她的决定，成为她的后盾。汤维维决定放手去干，她向《福布斯》中文版递交了辞呈，随即宣布创业。

创业过程大都难以一帆风顺，汤维维同样遇到过许多坎坷。庆幸的是，问题最终得到解决，挫败感和成就感并存的复杂心情更是令她铭记在心。

2018 年的一个周六，上午 9 点，2000 多人齐聚同济大学大礼堂，翘首等待演讲嘉宾、原阿里巴巴首席技术官王坚博士的到来。突然，全场停电了，故障的维修需要很长时间。那一瞬间，汤维维仿佛置身于冰天雪地之中，浑身发冷，那是精心筹备了三个月的演讲，怎能毁于一旦？她极力让自己冷静下来，与团队想尽办法解决停电问题，同时与王坚博士进行沟通。王坚博士说，他可以直接用一个小型扩音器上台演讲。

就这样，一场黑暗中的演讲正式开始。台下无一人离场，所有人用手机的手电筒一起打光，所有人在一片星海中与王坚博士分享城市未来的情景。演讲结束后，王坚博士表示，这可能是他一生中最独特的演讲体验，弥足珍贵。对于汤维维来说，这段经历同样值得在记忆中反复回味。

探索新的媒介表达方式

"造就"的出现同样有它的必然性，这和汤维维的性格密切相关。

汤维维不是甘心安于一隅的人，从这些年的从业经历就可以看出，她从没停止过"折腾"。一位校友曾说过："汤维维天生就不是个安分的人。"确实，这个姑娘从小就喜欢进行尝试、探索各种开创性事物，她似乎与上海天生就契合，对于探索、融合、创新有着自己独特的领悟。

2011 年，汤维维负责了一个"30 位 30 岁以下创业者"的项目，这个项目旨在找寻"商业世界的颠覆者"和"最好的追梦者"。那时起，她逐渐发现，这一代的年轻人其实是非常渴望通过彼此之间的交流来促进自我发展的。然而现实是中国的年轻人缺少一个平台去认知并且创造理念，也缺乏一个平台为他们开启大门，看到世界的更多可能性。

十数年的媒体从业经历使她对传媒行业极具敏锐的嗅觉，同时也让她对媒体始终抱有深深的情怀。汤维维希望能够通过剧场式演讲打造一种新的媒体表达形式，于是，"造就"在她的手中被造就。"造就"以策划人的角色出现在内容创作过程中，将最前沿的知识与最具求知欲的大众连接起来，打破性别成见，让科技与人文相连通。

以专业剧场为场地虽然并非"造就"首创，但正如场景实验室创始人吴声所说："这是一个仪式感缺失的时代，所以我们强调的消费升级需要在精神层面有更多的仪式感去实现，所以'造就'创造了一种新的品类。这种新品类是基于更加优质的内容，基于我们更多的想象和生活意义所形成的一种共同的出口。"

在汤维维看来，进入剧场这一带有仪式感的行为，无论对于演讲者，还是对于聆听者，都是一种心理暗示。"当所有的灯光聚焦在演讲者身上时，他与观众之间便形成了一种契合。即演讲者愿意坦诚相对，带领观众进入自己的故事，观众也愿意默契跟随。演讲者凝视着观众的眼睛，然后去分享自己的经历、知识和体验。双方是一种完全平等的关系。"

同时，"造就"连接了多个平台，同步建立了微博、微信、PC官网、APP等渠道，拥有自己的全渠道传播阵容，覆盖用户达到千万级别。现场讲座结束后，这些演讲者的故事，又被以精心处理过的文字、视频剪辑等形式，陆续在这些新

汤维维（左）主持论坛活动

媒体渠道呈现。

显而易见的是，"造就"通过剧场式演讲打造了一种新型的媒介表达方式，致力于呈现沉浸式体验的演讲的同时，借助新媒体渠道让更多年轻人获得跨越地域和时间的知识分享体验。

我非常享受我的工作

建筑设计大师扎哈·哈迪德说过的一句话："让我一直坚持下去的动力，是我非常享受我的工作。工作非常难，但实际上让我最享受的部分恰恰是最艰难的那些时刻。"战胜困难之后，往往苦有回甘，对此，她深有体会。

在回忆起创业之初时，她说道："创业所要付出的辛苦同就业相比是指数级的增长。这里并不是单说你为此耗费了多少时间进去，而是第一，创业后事无巨细，很多事情都需要你去考虑。第二，资源上的巨大落差。自己创业后，你是在表达一个全新的东西，而这个东西是从零开始的。"然而，在这份以指数级增长的辛苦中，汤维维可以无拘无束发挥自我创造力，实现一个项目从无到有的过程，获得的是"创造"所带来的别样快乐，这种快乐其实也包括自己在众人瞩目之下登台演讲。

汤维维始终都记得自己第一次登台演讲时的紧张和兴奋——独自站在舞台上，台下一大群的听众，"无数双眼睛盯着你的感觉特别令人紧张，但是紧张中又夹杂着兴奋，因为这当中包含了别人对你的认可，所以他们才会选择前来倾听"。

她曾在一次演讲中提到，要想成为一个有影响力的人，需要迅速地迭代认知、拓展认知的边界并主动地进行学习和演绎，她也一直是如此实践的。当人们对"区块链比特币将对未来产生大影响"议论纷纷莫衷一是之时，汤维维通过"造就talk"专题帮助受众迅速认知什么是区块链，同时邀请三位嘉宾做客访谈，拓展对世界的认知。她还及时将区块链与"造就"结合，进行版权确认及授权。

到如今，"造就"已经陪伴汤维维走过了七年多。她不再是当初的创业"小白"，但她依旧时常提醒自己，这是一个飞速发展的时代，认知的更新与扩充是须臾不可放松的。她依旧是那个敢想敢做、一步一个脚印踏实向前的汤维维。

杜培河：开创"果园主"营商模式

人物简介：杜培河，男，1967年7月生，汉族，中共党员，毕业于山东经济学院。创办中钡企业管理（上海）有限公司、国色天香生物科技（上海）有限公司等十余家企业。第十三届上海市杨浦区政协委员。曾任杨浦区总商会副会长。

杜培河近照

2006年，一张火车票，一个偶然的抉择，杜培河从山东来到上海，身上只带了7万元。正是用这7万元，他注册了第一家公司——互丰投资，从此开启了创业的大门。

像种果树般办企业

"我办企业就类似当一个果园园主，我办的这些企业就好比是一棵棵果树，园子里小的果树慢慢培养，大的果树还能反哺小的果树。樱桃下来我卖樱桃，杨梅下来我卖杨梅，这样我四季有收入，四季有丰收。"杜培河这样形象地比喻他的商业模式。

目前，杜培河的"果园"里有10多家企业，涉足金融、文化、旅游、生物科技、医疗等多个领域。数量多，跨行多，但杂而有章、繁而有序。打造出创新的"现代服务平台"，杜培河这样概括自己的生意。从不良资产收购，到旅行社，再到企业管理，他做的是轻资产平台，并且是有一定准入门槛的现代服务平台。

涉猎虽广，但杜培河认为，经商之道是相通的。来上海创业之前，杜培河曾在山东枣庄工商局工作，各类型的企业都有所接触，积累了很多经验。他认为，只要诚心经营、守法经营，只要紧跟党的政策走，企业一定会发展壮大。

落到具体的各个领域，杜培河广邀良才为他打理生意。在人才市场上，他同样是一个"果园主"的身份。"你负责具体业务，我提供一个能够施展的机会和平台"，杜培河充分信任他聘用的经理人，给予他们相当的职权和自由度。在他看来，诚信是做生意最重要的品质，尤其是运作一个平台时，可能并不需要最前沿的知识，但人的品德、执行力、勤奋度是必不可少的，具备这些素质的人做生意才会稳。

2014年，在对山东菏泽的一次考察后，杜培河深刻领悟到国家振兴和发展乡村政策的重要意义，决定注册国色天香生物科技（上海）有限公司（以下简称国色天香），专做牡丹产业，孵化各种牡丹系列的产品。国花在他们手上不仅仅是观赏用的花卉，牡丹精油、牡丹籽油、牡丹化妆品、牡丹花蕊茶等一系列衍生产品都有极大的开发潜力。2015年秋，国色天香在福建福鼎收购了5万亩的茶园，决定通过"产学研"一体化的途径，深耕"牡丹"这个"IP"，为中国女性定制本土品牌，填补高端美妆市场上的国货空缺。目前，国色天香品牌和产品均已获得相当的市场认知度，一年的销售额超过千万元。国色天香成为"果园"中杜培河最喜欢、最看好的"一棵树"，实现了"牡丹"进万家的目标。

新冠肺炎疫情期间,杜培河的许多企业都受到了冲击,旅行社、物业管理、拍卖行等公司损失较为严重,现在仍在逐渐恢复的过程中。好在他的"果园"里仍有好几棵"大树",可以互相支持、互相贴补。他的医疗科技公司提供了几十万只口罩以及额温枪等物资,帮助杨浦的企业尽早复工复产。

可行可控可发展

"果园主"的"栽培"之道其实并不神秘——"可行可控可发展",七个字浓缩了杜培河的生意经,也是他认为的企业生存之本。市场上存在需求,供应端存在空缺,这样就有了可行的空间,决定了项目能否做得起来;规模不断扩大后,风险、成本、利润等方方面面能否做到可控,决定了企业能否做得稳、做得久;企业的业务基本稳定后,能不能叠加性地持续发展,推动产业链的延长,决定了生意能否真正做大做强。

说着容易,做起来难。现实中的情况总是复杂的,对于是否真的可行可控可发展,要有长远而全面的判断。

杜培河(右二)参加 2021 年中东和平日暨中东和平日 5 周年庆祝招待会

"可行可控可发展"，这七个字不仅是对企业发展的总结，也是杜培河送给青年人用以衡量自身发展的标尺。如今的 90 后、00 后进入了互联网的大时代，年轻人身上富有创新思路和创业干劲。因此，年轻人不应该执著于循规蹈矩的择业方式，不应该走别人既有的成功道路。未来不是一个人单打独斗的时代，而一定是团队作战的时代，未来不是单个专业可以造就的，而一定是多领域、多功能人才携手创造。

不变的是党员奉献精神

"果树"在"果园"里茁壮成长，与上海、与杨浦的肥沃土壤是分不开的。"工商联对我们公司的帮助是很大的，很多是从政策性、法规性的层面，从根本上为我们企业提供帮助"，杜培河说，"工商联就是我们企业的'娘家'"。

的确，"果树"越多，"果园"越大，脚下的土壤就显得越发重要。杜培河相信，只要将个人的前途、企业的愿景同国家的命运紧密相连，积极投身于实施"十四五"规划等国家战略，与之同向同行、同频共振，未来的发展就一定是良性的。

回望半生，从公务员到民营企业家，不变的是自己的党员身份和奉献精神。杜培河的企业依托上海山东商会开展党群活动，常以捐款等方式关心和帮助困难地区的群众。担任杨浦区总商会副会长、第十三届杨浦区政协委员等职务后，杜培河在关心民企、关注民生方面做了不少工作。他曾提出"亮灯工程"的提案，认为"亮灯"不在多，而在乎整体，不能有的亮有的不亮，希望杨浦区的五角场、滨江一带的灯光能形成一道风景线，这对杨浦品牌是十分形象的宣传。现在，中钡企业管理有限公司已被杨浦区政府授予"政府招商大使"称号，公司将为区域发展建设积极招引优质企业落户上海、入驻杨浦。

蒯佳祺："创造价值"是
达达集团的立身之本

    人物简介：蒯佳祺，男，1983年3月生，汉族，无党派人士，先后毕业于同济大学、美国麻省理工学院，工学学士，物流工程硕士。达达集团创始人。第十四届上海市杨浦区政协常委。入选上海市海外高层次人才、杨浦区第十批拔尖人才（经营管理类）。曾任达达集团董事长兼首席执行官、杨浦区工商联副主席。

蒯佳祺近照

39 岁的蒯佳祺，是上海最年轻的在线新经济上市企业——达达集团的掌门人。他的企业，旗下有本地即时配送平台达达快送和本地即时零售平台京东到家两大业务，分别成长为国内最大的社会化即时配送平台和最大的商超即时零售平台，同时全面承接京东的同城零售业务。

作为一名创业者和在线新经济的引领者，蒯佳祺眼中有光、心里无畏，初心坚定、脚步踏实。他以创造社会价值为己任，携手各方伙伴合作共进，努力打造最好的商业模式，力争做行业里"滚雪球的人"。

越努力越幸运

2020 年 6 月 5 日，达达集团上市的钟声在上海中心敲响，成为中国赴美上市"即时零售第一股"，这是创始人蒯佳祺的第三次成功创业。

在评价蒯佳祺时人们往往会提到"运气"这个词，纵观他的创业历程，三次创业、三次成功，很多人认为他是幸运的，每一次创业都精准踩在了时代的需求、创业的风口上。而这背后，离不开他的勤奋、拼搏、乐观和永远澎湃的商业热情，以及始终不忘的社会责任。

在美国麻省理工学院求学时，蒯佳祺每天学习到凌晨一两点，学习完拉开窗帘一看，竟还有一半宿舍亮着灯。他从来没觉得自己是学霸，但很有信心地认为自己想做的事都能通过努力做到。到现在，他的办公室里也放满了各类书籍，不断学习已经成为他的习惯。

毕业后，他曾在硅谷工作，度过了一段相对安逸的生活，但回国创业的念头始终萦绕在他的脑海中。作为一名 80 后，蒯佳祺成长在上海，求学在上海，从小见证并亲历了国家现代化建设高速发展的阶段。身处上海这样具有国际化前瞻视野的大城市，使他能够看得更远、更广，接触到更前沿、更国际化的事物。因为看到了国家创新变革的大趋势，他不想错过国内这个奔腾的大时代，也希望能学以致用，为推动物流行业的变革作出一些贡献，创造社会价值的同时实现个人价值。于是，27 岁的他毅然选择了回国创业。

回国后，他先后加入易传媒和安居客，两家公司后来分别被阿里和 58 同城收购。之后他打定主意做自己的"老本行"物流，他坚信物流本身是一个潜力巨大的赛道,也是线上到线下交易的基础设施。2014 年 6 月,他创立了众包物流企业,也就是达达快送。那一年,恰逢国家第一次提出"大众创业、万众创新",同时,4G 网络、智能手机、移动支付开始普及,机会总是留给有准备的人,他抓住了这个机会,在浦东的一家快捷酒店里开始了又一次创业。

刚开始,达达快送的兼职配送员很少,只有 10 人左右,他经常自己去跑单。"有一次雨下得特别大,有个订单距离很远,我跑单时摔了人生中印象最深刻的一跤,回来时浑身湿透、鞋子里全是水。"就这样,通过不懈的坚持和努力,达达快递在即时配送市场里跑出了名堂。

作为连续成功的创业者,蒯佳祺是睿智的。有了末端的配送履约能力,他把目光又投向源头的商流与订单。蒯佳祺评价说:"2016 年,我们与京东的合作是一个里程碑事件,又是一份幸运的开始。"

2016 年 4 月,京东集团宣布对达达进行战略投资,将旗下的即时零售平台——京东到家的所有资产和业务团队并入了达达,形成现在的达达集团。京东到家的加入,大大扩张了达达集团的业务,2019 年,达达快送的日订单峰值达到

达达集团在纳斯达克成功上市,右八为蒯佳祺

近 1000 万；京东到家快速下沉三线以下城市占比过半。2020 年，达达集团赴美上市，成为上海最年轻的在线新经济上市公司。如今，达达集团迈入第八个年头，依然保持着强劲的发展势头：全国超 15 万家全品类零售门店均入驻了京东到家，达达快送则已覆盖超过 2700 个县区市。达达快送、京东到家，两个独立开放的平台，协同相融、互促共赢，全力以赴助力实体商家数字化转型，形成了更多商业价值和业务优势，也塑造了共同的企业文化。

虽然谁也无法预料未来的商业新模式，但蒯佳祺仍然会坚守他的初心，踏实走好每一步，"越努力越幸运"。

没有路就踩出一条路来

"在此之前，并没有真正的众包物流市场，是我们把它创造出来的。"作为众包物流市场创业的先行者，达达的每一步发展都几乎无迹可寻，没有人能说得准这个市场的未来是怎样的，也没有人知道应该怎么做众包物流、即时配送。做什么、怎么做，都需要蒯佳祺和团队慢慢摸索，而摸索的过程从本质上来看就是不断学习实践、再学习再实践，持续的试错优化、再试错再优化，从无数次的试错中总结经验，不断成长，没有路就踩出一条路来。

达达创立的初衷是通过众包方式解决"最后三公里"的配送问题，搭建一个连接商家和运力的双边市场。谁来接单做配送是达达最初遇到的问题，为了找到配送员，蒯佳祺和创业伙伴们在街上设点找人聊天，拿着小喇叭在城中村、工厂等劳动力聚集的地方摆摊招人。实在人手不够了，就自己去配送，配送过程中也可以从用户角度发现产品是否好用、线路怎么规划、地图如何优化等问题。管理层配送的传统被保留至今，每隔一段时间管理团队就会出门送货，优化业务的同时，也能体验配送员的工作状态。

在解决了配送员的问题后，2014 年冬天，外卖行业迎来井喷式增长，主要外卖平台的订单量从 10 万单迅速增长至 100 万单，即时配送成了关键一环。达达抓住了机会，也迎来了快速增长。

蒯佳祺对即时零售赛道的判断同样精准，他曾公开表示："中国互联网电商在过去二十年大致经历了三个发展阶段。第一个阶段是远距电商时代，库存在千里之外，数天或一周才收到货；第二个阶段是近距电商时代，库存只有一百公里，可以实现次日达。最近几年来到第三个阶段，即三公里内的微距电商时代。从远距到近距再到微距的发展，库存离消费者越来越近，履约成本越来越低，送货越来越快，体验越来越好，这是一个大趋势。"以京东到家为例，当下业务已呈现多品类、多业态的特点：从超市生鲜拓展到包含 3C（计算机类、通信类和消费类电子产品三者的统称）、母婴、美妆、宠物、医药在内的全品类，并与除超市、大卖场外的各品类垂直店铺深度合作。达达集团和京东还携手推出了京东小时购，为京东 APP 的数亿消费者提供即时消费服务。

在这个即时零售时代，中国的线下零售业和线上零售业，共同迎来了一个历史时刻，消费者对时效性越来越高的追求，都支撑着这个行业的增长，线上线下融合成为最大的趋势和价值来源。也验证了蒯佳祺对于零售行业新业态的预判。

"这个世界最好的商业模式就是创造价值。"这是蒯佳祺对于商业的理解。"创造价值"是达达集团的立身之本，达达打造了从即时零售到即时物流的一系列数字化产品和工具，不断提升数字化赋能的能力，帮助优秀的零售企业提高数字化和电商水平，使实体零售与电商真正做到"携手共赢"，与合作伙伴齐心协力推动行业发展。

道阻且长，行则将至

作为上海数字化转型和在线新经济领军企业、"两新"组织的代表，蒯佳祺表示，达达集团一定坚持党建引领、力推党员示范，在打造党建品牌、提升组织活力、优化业务经营、促进企业发展上尽心竭力，勇往直前，利用坚实的零售和物流基础设施、领先的数字化技术服务能力，坚守数字化转型的初心，服务实体经济高质量发展，缔造即时消费下的美好生活。

达达也一直积极承担企业责任并努力回馈社会，积极参与社会慈善公益等活动。特别是利用自身的业务优势，发挥独特能力，助力特殊时期的电商扶贫、抗疫保供等一系列工作，服务国家"六稳六保"大政方针。

"创业是为了创造社会价值"，这是蒯佳祺的初心，也是达达的使命。创立之初，达达就明确致力于共享经济推动经济社会进步，通过创新的众包运力模式，让大量灵活劳动力通过自身劳动增加收入、提高生活质量、助力社会稳定，也为末端物流提供高弹性的社会化运力池。时至今日，达达集团仍在进一步探索并创造价值，为实体经济的数智化升级和高质量发展贡献力量。

初心易得，始终难守。蒯佳祺表示："大格局下的核心竞争力，来源于对认定事业的坚守，来源于对优势方向的坚持。道阻且长，行则将至。在追求实现伟大梦想的征途上，我们不会停歇。"

周靭：管理服务行业的领跑者

人物简介：周靭，男，1964 年 6 月生，汉族，无党派人士，毕业于中欧国际工商学院，工商管理硕士。正歆（香港）控股有限公司董事长兼首席执行官。杨浦区工商联常委、长海路街道商会会长。获首届中国经济百名杰出人物奖、丹麦亨里克亲王荣誉勋章。入选杨浦区第九批拔尖人才（经营管理类）。

周靭近照

20 世纪 90 年代初，改革开放的春风吹遍中国大地，在上海一家国企纺织厂工作的周靭，在纺织厂转型工贸结合后，开始从事纺织品进出口贸易。当时的纺织行业几乎撑起了上海出口创汇的半壁江山，被国内外十分看好。工作中，需要不断了解国外行业最新状况，需要经常接触国际友人，这使周靭的国际视野得以大大拓展。

从服务业起步创业

20 世纪 90 年代中期，有位澳大利亚朋友想在中国成立专业保洁服务公司，联系周靭，让他帮忙介绍上海本地资源。在他的牵线下，这家外商与上海商务中心成了上海首家中外合作的"上海商务年富保洁有限公司"。敏锐的周靭马上意识到保洁服务行业潜在的机遇，决定放弃原有的稳定工作，转行成为服务行业的职业经理人。

机会往往青睐有准备的人。1998 年一次偶然的商业机会，让周靭和他的伙伴们正式创立起自己的企业——上海鸿润保洁公司。当时，国内保洁服务已接近红海市场，行业无序且竞争激烈。幸运的是，创业前的他已经积累了国企和中外合资企业的先进管理经验，在创业过程中专注于制定标准、培训员工、建设制度，避免了传统企业管理中经常会出现的问题，使企业一开始就打下良性发展的基础。为了尽快了解保洁行业，他亲自动手从"开荒""日保"做起，一切边做边学，硬生生地从门外汉转变成专业人士。公司创立后，营业规模连续多年年增长超过50%，合同续约率近 100%。2000 年，公司被授予上海市清洗保洁业"十佳企业"称号；2003 年，周靭荣获首届中国经济百名杰出人物奖，成为清洗保洁服务行业唯一一位获奖者。

2003 年，全球最大的设施管理服务集团 ISS（欧艾斯）提出了与其合作的意向。为了让公司跨上新的台阶，并引进跨国公司在现代化管理、体系建设、可持续发展等方面的经验，周靭选择与 ISS 在沪成立合资公司，并在 2005 年到 2016 年担任 ISS 中国区总裁期间，将公司打造成集清洁、保安、配餐、物业等于一体的一站式服务方案提供者，成为行业内为数不多的在营业规模和经营利润两方面同时持续保持两位数增长的企业。周靭因此荣获丹麦亨里克亲王亲自颁发的荣誉勋章。

再次出发，重新创业

得益于国企、创业公司和跨国集团公司的丰富工作经历，年过半百的周靭已不再满足于不断为外资取得成功，他想致力于打造一家新的中国品牌的服务企业，并立志成为行业领导者，为中国客户提供高性价比的一站式服务。2018 年，已离开 ISS 中国两年的周轫再次出发，重新创业。2018 年 4 月，周轫正式出任正歆（香港）控股有限公司（以下简称正歆集团）董事长兼首席执行官，引进欧洲最大的私募基金 EQT 作为战略投资人，8 月提出《正歆服务 2025》战略——通过自身发展及收购兼并，到 2025 年实现经营规模 20 亿元，完成企业上市，跻身行业前列。

中国的设施服务行业只发展了二十多年，而国外已有一百多年的行业历史，随着中国社会的快速发展，人们对设施服务的品质和需求也会随之增长。周轫将跨国公司的管理理念与本土企业的具体实践结合起来，融入正歆集团的运营中。凭着多年为国际化设施管理服务企业工作的实战经验，以及对行业标准、客户体验的独到见解，正歆集团经营得风生水起，短短几年就实现了跨越式发展，2022 年经营规模扩大到近 8 亿元，书写了业界新的传奇。

正歆集团主营业务一览

优质的服务至关重要

一路走来，周轫可以说是"冒险不停，创业不止"，他从未安于现状，一直向未知领域探索；也可以说是"稳扎稳打，步步为营"，他把行业规律摸透学深，不干则已，干则必成。

从先前从事纺织品进出口贸易，到致力保洁服务行业，再到后来投身跨国公司的综合设施管理服务，周韧总结为"一切皆服务"，即生产性服务跟生活行为挂钩。他解释道："所谓服务行业，是致力于使人、使企业获得生活、生产便利的行业。想要获得持续发展、长久领先并成为行业领军者，优质的服务体验至关重要。因为一切有形的产品和设施都可以被超越，只有靠人员提供的服务是无法被复制的。"这是周韧对服务行业的理解，也是他在正欣集团管理中坚持的理念。

周韧期待和客户逐步发展成密切的战略合作伙伴关系，而不单是提供一项专门服务。因为服务工作和客户业务一定是紧密相关的，正欣集团必须成为一家能够真正为客户着想、关注客户价值主张的企业。周韧总结道："要把客户的非主营业务变成我们的主营业务，相辅相成，从而形成一个共赢圈。"

工商联是一座很好的桥梁

健康的行业生态离不开优良的营商环境。正欣集团也有企业在上海杨浦区注册，受益于区政府对企业的政策性支持和指导。周韧曾担任市委统战部领导的上海市中青年知识分子联谊会理事外企分会副会长，切身感受到党和政府对整个民营经济发展的支持。"工商联其实是我们民营企业的'娘家'，没有工商联的话，企业是没有组织保障的。工商联也是一座很好的桥梁，在企业跟政府、企业跟企业之间建立起沟通管道。"周韧谈到工商联时这样说。一方面工商联服务于民营经济，将政策更好地传达给企业。另外一方面，它比单家企业更宏观、更清晰知道形势和制度的变化，从而为企业进行前瞻性的指导，让企业家在这个平台互相学习。这样的促进作用是双向的，强大的企业也会让工商联这个平台更加蓬勃发展。

周韧养鱼十数年，"回到家中坐下来，静静地看着鱼游来游去，给自己的心态也来个保洁"。业余爱好，能够把个人心态中的"垃圾"排除掉，实现身心的放松和平衡。他希望正欣集团是这样一个平台：让老员工和新员工都能找到各自定位，扬己之长，享受工作，享受生活，享受自己的快意人生。

葛冬冬：国际运筹学竞技场上的赢家

人物简介：葛冬冬，男，1978 年 4 月生，汉族，群众，先后毕业于南开大学、美国斯坦福大学，管理科学与工程学博士。上海杉数网络科技有限公司首席执行官。上海财经大学交叉科学研究院院长，教授、博士生导师。获上海市育才奖。入选上海市海外高层次人才。

葛冬冬近照

本科数学系毕业，攻读博士的十年间换了三次专业，长达二十多年的求学经历，占据了葛冬冬目前人生的二分之一时间。也正因此，在葛冬冬的观念中，自己应该会按照预定的轨迹成为一名大学教授，做研究、搞学术、教书育人。接受采访时，葛冬冬思索了一下说："那时候我大概从没想过自己会开始创业。"然而，面壁十年图破壁，面对中国国内求解器的瓶颈，葛冬冬决定通过"产学研相结合"的方式进行突破，上海杉数网络科技有限公司（以下简称杉数科技）就此创立。

在斯坦福埋下创业种子

"我爷爷是我们那边的小学校长，有文化，这也影响了我的父母和我，因此我的整个家庭都非常重视教育，我从小成绩还不错，也是'别人家的孩子'。"葛冬冬笑着说。

从小，葛冬冬便表现出数学上的天赋。初中时，他因兴趣独自钻研起高中奥数，高二时以河南省奥数第四名的成绩获得了大学保送资格。大学本科他选择了南开大学的数学系。1999 年葛冬冬从南开大学毕业，前往美国攻读数学博士学位。直到十年之后的 2009 年，他才从斯坦福大学获得管理科学与工程学博士学位。

葛冬冬从南开大学毕业的 1999 年，国内还没有太多人选择出国读博，到美国去读博士似乎更是一件遥远的事。葛冬冬回忆说："那个时候可能有点像'科学狂人'，想要见识一下、接触一下更加高深的数学知识。当然在那里我很幸运，几经辗转，遇见了我的导师——叶荫宇教授。"

葛冬冬在美国读了差不多十年的博士研究生。读博期间，做了一些业界项目，不断产生新的想法，挑战新的难度。他一共换了三次专业，从自己心心念念的数学系，变成红红火火的计算机系，最后在察觉到自己对于数学在经济生活中的应用的兴趣后，葛冬冬转到了管理科学与工程学系。

在葛冬冬看来，在斯坦福大学求学最大的收获之一，便是在管理科学与工程学系当助教的经历。令他印象很深的是，当时授课的老师把每节课分为两个部分，一部分是授课，一部分是邀请许多刚开始起步的中小企业家来课堂上分享经验。此外，老师还会请三十几家企业过来，让学生组队挑选自己觉得比较有潜力的企业，每支队伍对应一家企业，学生在上课过程中一边听老师讲，一边直接对这家企业一个环节一个环节地去复盘，直接和企业的领导人沟通，对方会告诉你做得到底对不对。

当年这门课上的许多中小企业，后来都成长为美国的知名企业，例如

Nuance、Skype、特斯拉，等等。这也在专心做学问的葛冬冬心里埋下了创业的种子。

国内运筹学应用的拓荒者

博士研究生毕业时，葛冬冬三十岁。考虑到国内的家人，葛冬冬放弃了美国优越的工作条件，回国在上海交通大学安泰经管学院当了一名教师。2013 年，葛冬冬又前往上海财经大学信息工程与管理学院任教，担任管理科学与量化信息研究中心主任，这期间他一直专注于开发国内第一个开源的数学优化求解器项目。

优化求解器是运筹学的概念，是用来解决运筹建模问题的基础支撑软件。"运筹学在国内是个非常小众的学科。既精通理论、又熟稔代码的人凤毛麟角。"更为艰难的情况是，国内运筹学被看作是数学的一个分支，锁在大学的围墙里。就葛冬冬所知，全国做优化算法的杰出专家很少，分散在各个高校。

"注重理论，和工业结合不紧密，企业对于运筹学的认识普遍薄弱"，葛冬冬觉得，相比国外，国内运筹学的工业应用，特别在一些新生的商务企业里，近乎荒地。因此，推动运筹学的实际应用也是他们做求解器的目的之一。

2014 年，葛冬冬前往美国参加一场学术会议，在旧金山见到自己的博士生导师叶荫宇教授。叶教授是运筹学界中的华人领袖级人物，葛冬冬跟随他做过与运筹学相关的研究，包括理论层面和应用层面。叶教授提及，国内京东、华为、百度等互联网大企业希望通过尝试算法进行创新，然而国内的相关专家较少，他提议葛冬冬可以着手参与这个项目。

思虑良久，2015 年年末，葛冬冬与他的斯坦福师兄弟们，领着仅有几个人的团队决定与京东展开合作，为京东圣诞节自营商品定价设计算法。这其实是一个很复杂的问题，葛冬冬的团队使用运筹学、机器学习、经济学和心理学的一些理论，结合在一起，帮助京东设计了一套"人工智能辅助定价系统"。这套系统取得了喜人的成效。

这对国内企业产生了很大的影响，企业逐渐认识到运筹学的作用和价值。对于葛冬冬来说，同样具有重大意义，他对互联网算法应用的真实效果和国内巨大市场有了更深刻的认识。

为中国研制出自己的求解器

2013 年葛冬冬的导师与国家电网合作，探索全国电力的实时调度和匹配问题。解决方案中，采用的是国外公司的求解器，但是源代码被封装，很难根据国家电网的特点作针对性改良。

实际上不只是电网，几乎所有的管理优化项目都可以归结为数学规划问题并针对性求解，而求解器包含了解决问题的核心算法，决定着问题解决的效率，是优化产业链与供应链、为复杂生产场景提供智慧决策的"引擎"，也是事关国家基础设施建设能级提升、军事战略资源调度与部署的核心技术之一。

"中国不能没有自己的求解器。"国外的商业求解器代码不对外公开，且售价极高，开源求解器又不稳定，国内运筹学的发展，对求解器的诉求越来越迫切。

2016 年 7 月，杉数科技（北京）有限公司成立，由罗小渠、葛冬冬、王子卓、

杉数科技与伽蓝集团共同宣布智能供应计划平台上线，左三为葛冬冬

王曦四位斯坦福大学博士联合创立。总部位于北京市东城区 77 文创美术馆 1 号楼 3 层，并在上海市杨浦区设有独立的全资子公司——上海杉数网络科技有限公司。迄今为止，杉数科技已帮助华为、京东、小米、顺丰、商飞等二十余家中国企业在大规模升级转型中进行运筹学的实际应用。

2019 年 5 月，杉数科技发布中国首个商用线性规划单纯形法求解器 COPT 1.0。开放日即在国际第三方测评网站 Hans Mittelmann 的测试榜单上荣登世界第一。2020 年 6 月，中国首个原生数学规划与优化算法求解器 COPT 的整数规划模块闪亮登场，在运筹学竞技场上，代表国家取得令人称道的成绩。这一切意味着，这款商用求解器已经能够逼近甚至追平雄霸市场多年的传统海外寡头。2021 年 6 月，杉数科技在宣布完成 C 轮融资的同时，也重磅推出了真正达到世界一流水平的整数规划求解器，打破国际市场技术垄断，这是具有划时代意义的。

"要为中国研制出自己的求解器，我们做到了。'科技自立'，我们可以喊出这份自信了！"杉数科技创始人之一葛冬冬说。

陆晓翔：破解阿尔茨海默症
早期诊断难题

人物简介：陆晓翔，男，1985年2月生，汉族，中共党员，毕业于上海电力学院，管理学学士。上海博斯腾网络科技有限公司首席执行官。上海市养老服务协会智慧养老专委会副主任。

陆晓翔近照

陆晓翔深耕于保险行业，长期同老年群体打交道，接触到不少阿尔茨海默症患者，深切体会到这些患者及其家属的苦痛。阿尔茨海默症属于大脑认知类疾病，目前的医学技术无法做到逆转、根除，因病致死率也不断升高。

利用科学技术和互联网手段破解阿尔茨海默症早期诊治难题，这是陆晓翔创办上海博斯腾网络科技有限公司（以下简称博斯腾）的初衷。"博斯腾湖"是维吾尔语中"绿洲"的含义，陆晓翔希望自己公司提供的专业级服务，能为阿尔茨海默症患者以及潜在风险群体带去一片绿洲，为他们打一针"数字疫苗"。

尽早捕捉病症的潜在风险

陆晓翔的对面坐着一位老年人，苍老的面庞上满是褶皱。他眼神空洞，岁月在他的身体上留下无情的痕迹。他不断地问同一个问题："马上能吃饭吗？"其实，他在来之前早已用过午餐。这就是典型的阿尔茨海默症的表现，记忆力下降明显，常常刚做某件事，马上就忘得一干二净。

阿尔茨海默症俗称"老年痴呆"，多发于老年群体。通过深入走访获得的数据显示，65岁老年人中有轻度认知症风险的人群已超过50%，其中患病的人群大约在5%左右。而超过80岁的老年人患病率高达30%。可以说岁数越往上走，患病风险越大。中国已经进入老龄化社会，预计到2050年，中国65岁以上"银发一族"的人口数将超过4亿。如何尽可能降低老年人群体阿尔茨海默症的患病率，成为一个迫在眉睫的社会问题。

根据目前的医疗水平，我们缺乏有效的药物以根治阿尔茨海默症，只能在患者犯病严重时期平缓情绪，延缓疾病快速恶化。但是，如果在早期发现并及时干预，还是能取得不错的效果。

早筛查、早干预，说起来容易，做起来很难。一方面，阿尔茨海默症的早期症状易被忽视。患病初期，很多老年人只是记忆力下降，反应比以前慢一点，通常本人和家属不当回事。病症显著时，往往已经来到中晚期，错失提前干预的机会。另一方面，诊断的过程繁琐，带给家庭与社会沉重的经济负担。没有科技测量方法前，医院检测阿尔兹海默症的评估效率非常低，拍CT、做核磁、做脑脊液、做脊髓穿刺，一套检测下来，耗费数个小时，花费数万元。

如何在早期捕捉到病症的潜在风险？如何降低筛查的繁杂性，减轻患者的经济负担？这需要开发出一整套更快捷有效、更科学的检测流程，在发现症状后采取一系列干预措施，减少老年患者对此病的惧怕感，形成一个完整的闭环，破解阿尔兹海默症的困局。

陆晓翔看到未来努力的方向。这年他 30 岁，三十而立，他希望抓住青春的尾巴，为老年人群体做一点实事。他创办上海博斯腾网络科技有限公司，带着一群人为阿尔茨海默症潜在风险群体早期筛查、为确诊者康复训练而殚精竭虑。

"注射"线上"数字疫苗"

创业之路崎岖坎坷，陆晓翔记不得有多少个夜晚，办公室内的灯火彻夜长明。他和团队成员有过激烈争执，为了一个细节争得面红耳赤，逼仄的空间内充满火药味。头脑风暴结束，大家又握手言和，朝着共同的目标前进。

"反正就一个字，干！不干，光有一个想法，永远也做不出来。"双眼布满血丝、眼眶周围明显带着一圈黑影的陆晓翔，不仅嘴上这么说，实际上也是这么做。

为了让检测具备专业权威性，还需要阿尔兹海默症研究领域顶级专家的指导。上海交通大学附属第六人民医院的郭起浩教授，在业内赫赫有名，他充分认可博斯腾所提方案的可行性和科学性后，接受了博斯腾邀约。在他的专业指导下，公司技术团队迅速研发出了阿尔兹海默症的初版数字化解决方案，将筛查时间从 120 分钟缩短到了 7 分钟。

这套 BBRT 认知评估系统，将互联网技术、人工智能技术应用到阿尔兹海默症诊断中。传统医学检测都要从患者身体提取一定的物质，比如血液、排泄物等，形成所谓的"生物标志物"。这套系统不用做生物化验，而是根据患者的声音，形成数字生物标识物。采集到用户信息后，后台有一套完整的算法，用科技手段对被测试者罹患阿尔茨海默症的风险以及病情进行量化。

有了成品后，还需要足够的样本验证效果。为了更好地让产品贴合用户的实际使用习惯，公司团队决定去老人们常去的场所推广、普及。如何走向老年人多的地方？彼时正值杨浦区大力推进建设上海市数字化友好型社区，公司针对阿尔兹海默症的数字化方案恰巧为社区老年人所需要。依靠政策，陆晓翔和同事们策划开展各种活动，路演、演讲、科普宣传，公司人员全部出动，和社区老年人就认知障碍和阿尔茨海默症问题积极沟通、交流互动，并在杨浦区新江湾城街道和大桥街道开展定点早筛。

除了下沉社区接触老年人群体，陆晓翔还与更多专家以及高端研究机构"链接"。比如，他与华山、华西等国内顶级医院开展合作。最让陆晓翔自豪的，是公司团队参与了全球顶尖脑疾病的研究。

"这些年，我不是在办公室中研究公司的发展战略，就是在出差途中，与不同客户会面"，这句带有自嘲口吻的话，简单勾勒出陆晓翔艰苦创业的图景。

所有早期筛查、诊断，患者轻点手机屏幕就能完成，轻松实现线上诊断、线上康复训练。这款小程序的后台有 2000 个训练单元，每个用户都有适合自己的训练项目，用手机、PAD 等移动终端完成在线操作。为了提升用户积极性，达到一定的训练量，用户会获得一定数额的现金奖励。公司派专人对小程序中用户训练情况进行监督，会员之间还能相互监督、鼓励，提升康复训练的趣味性，增加训练的氛围感。通过早期筛查，让潜在的患者清楚并重视自己当下的身体状况，将防御阿尔茨海默症的关口前移，可以有效预防、延缓 40% 的阿尔茨海默症的发生，使该症患者的恶化率下降 27%，就好像为其打了一针"数字疫苗"。

早筛查早干预初见成效

以下两个用户，让陆晓翔记忆犹新。

第一个用户退休前是做财务的，对数字特别敏感。当记忆数字能力下降时，他意识到问题的严重性，及时进行干预。线上测评满分 30 分，25—30 分属于正常，他只得了 16 分，处于特别危险的范畴，确诊患有轻度认知障碍。他还患有主动脉瘤，只剩下一根血管给大脑供血，这样的身体状况很难进行体育锻炼。连续三年在线上进行康复训练之后，他的测评分数涨到 26 分，从一分钟只能记忆 4 个词提升到 50 个词，记忆容量明显增加。

还有一个用户已经七十多岁，经常在外面上课，法律条文背得滚瓜烂熟。但是两年前，他的记忆力下降很多，只有 10 多分。经过干预训练，他的分数提升到 25 分，重新回到三尺讲台，口若悬河地讲授多年积累的成果，那个法律条文"活字典"又回来了。

这两个用户不仅在记忆力上提升很多，整个人的精神状态也焕然一新，找回了昔日自信的状态。

　　早期筛查初见成效，可以发现社会上对这种病的认知还存在很多误区。陆晓翔带着团队成员挨家挨户上门筛查，每户测试就需要二三十分钟，寒暄一下可能又要多十几分钟，一天下来只能做七八个。筛查过程往往面临着被人误解的困境。很多人对阿尔茨海默症所知甚少，还认为是老年人正常衰老的表现。其实这是一种疾病，与正常衰老完全不同。

　　终于，在收集、研究完数千份调研材料后，陆晓翔和同事们得出结论：由于普遍存在紧张和焦虑情绪，很多老年人在测试时担心被测出阿尔茨海默症，这种心理惧怕又让错误更容易发生。不少老年人不肯承认自己患上阿尔茨海默症，只觉得单纯是记忆力下降，没大毛病。然而这种病实际上可以称作"精神癌症"，对老年人生活质量构成极大影响，发展到后期可能危及生命。

　　未来任重道远，却不妨碍陆晓翔一路披荆斩棘。2021年，博斯腾公司完成亿元人民币A轮融资，员工从5人扩展到100多人，在全国多地设立分部，预计2023年年底扩展到400人左右。团队成员中有中医学博士、神经内科博士、神经外科博士，中西医结合，内科和外科结合，多学科团队有利于碰撞出更多智慧的火花。

　　对于未来，陆晓翔有着明确的方向和规划。他希望采用更加先进的科技手段，不断提升阿尔茨海默症早期筛查、诊断的效率和准确性，并覆盖更多医疗资源不足的地区，帮助老年人群体及早预防、干预，获得更高品质的晚年生活。

博斯腾团队合影，第二排右四为陆晓翔

鲍一笑：杏林妙手的不变童心

人物简介：鲍一笑，男，1964 年 12 月生，汉族，中共党员，毕业于中国人民解放军第四军医大学，医学博士。上海童杏儿科门诊部有限公司创始人、董事长。上海交通大学医学院教授、博士生导师，国家儿童医学中心、上海儿童医学中心特聘教授。杨浦区总商会副会长。多次被评为上海交通大学优秀共产党员。

鲍一笑近照

尊崇生命，呵护健康

走进坐落于政恒路 118 号的上海童杏儿科门诊部有限公司（以下简称童杏儿科），明媚的日光透过落地玻璃洒进开阔的大堂，偶尔有年轻的医生护士快步走过。通向二楼诊区的楼梯上，用彩漆绘着橙红的太阳、淡蓝的天空、层叠的云朵、洁白的纸飞机，墙上挂着一幅书法作品"尊崇生命，呵护健康——一笑"。

鲍一笑刚刚接待完两组病人，匆匆出来打了个招呼，颇有些自豪地笑起来："这是我亲手写的。"很快，护士又喊了一声："鲍教授，病人来啦。"他摆摆手，又转身去照看下一个小病人了。

"尊崇生命，呵护健康"这筋骨皆备、笔走龙蛇的八个字，是童杏儿科的宗旨。2019年，鲍一笑从新华医院小儿内科主任的职位上离开，创立了国内第一家以儿童过敏为特色的整合门诊"童杏儿科"，希望打造一个"真正为病人服务的、更加纯粹的"门诊机构。

童杏儿科团队，左一为鲍一笑

在鲍一笑看来，哮喘、鼻炎、湿疹等过敏性疾病，"不只是'病'的问题，更是'人'的问题，会影响孩子个人的健康发展"。譬如，有孩子过敏以后，因为鼻塞睡不好觉，不仅影响长高，还导致第二天上课注意力不集中，时间一长，容易被误诊为多动症，还因为学习不好，被人歧视，家长也因此焦虑紧张。为了解决从过敏延伸出的各类问题，童杏儿科不仅整合了呼吸科、耳鼻喉科、皮肤科，还在一楼门诊部开设了营养、行为问题、心理咨询、康复等科室。在基本诊疗的基础上，进一步开展基因、过敏原检测和免疫靶向治疗。

之所以给门诊部取了"童杏"作为名字，是源于鲍一笑作为一名儿科医生的初心。"杏林"是医学界的代称，后世多以"杏林春暖""誉满杏林"等成语称颂医家的高尚品质和精良医术，而"童杏"，就是"儿童的杏林"。

投身杏林，开拓创新

实际上，投身杏林的种子，从高中时便种在了鲍一笑心里。有一次，他突然发烧，怀疑是结核，"那会儿在县里住了三个月的院，花了80多块钱，抵我父亲两个月的工资"。农村落后的医疗条件让他久病未愈，只能每天在学校旁边的卫生所打链霉素，足足半年后才重返课堂。填报高考志愿时，他把父亲填的师范类院校统统改成了医学院："医疗资源太差、生病太痛苦，为何不学医改变这一切呢？"

1985年，鲍一笑从第四军医大学毕业。当时中国人民解放军总医院（301医院）在全国四所军医大学分别挑选了40名优秀学生来院实习，鲍一笑入选其中，并留院转正。踏入临床工作后，鲍一笑迸发出极大的工作热情，却因高强度的工作导致旧病复发，被确诊为结核病。病愈后，医院的小儿科主任找到了他，向他发出了留在儿科的邀请。虽然儿科被称为各科中的"哑科"，鲍一笑却萌生了浓厚兴趣——区别于大多数科室只能专注于身体某一个或几个器官，儿科可以"从头医到脚"，丰富的病例有助于自身医术的提升。

他笑言，自己是"一入儿科深似海"。儿科门诊工作对体力和脑力来说都是双重考验，尤其是在1987年进入上海长征医院后，他值了整整一年半的夜班，几乎每个夜班都要看诊一百多个病人。但是，患儿痊愈时家属的笑容和感谢，让他对这份工作一直保持着热忱。

完成大量临床工作的同时，鲍一笑攻读了硕士、博士学位，着重在小儿哮喘与临床免疫学等领域潜心研究。2000年，为了更全面地提升医术，鲍一笑选择从部队医院转业到地方医院，进入上海交通大学医学院附属新华医院，在更新更大的平台上施展自己的特长。和原先所从事的十五年综合儿科不同，新华医院的儿科专业更加细分，鲍一笑在科室间轮转，其间还曾赴美国新墨西哥州 Lovelace 呼吸病研究所做了两年访问学者。

2008 年担任新华医院小儿内科主任后，鲍一笑在五年时间里"盘活"了科室。这个在 2006 年仅有三个人的呼吸科，经过了鲍一笑的几番创新，一跃成为全国门诊量最高的哮喘专科门诊。2006 年 6 月 1 日，他带着呼吸科另外两名医生共同成立哮喘门诊，最初的一段时间，问诊者寥寥，鲍一笑便向医院申请了一部外线电话。半年后，哮喘患儿逐渐多起来，门诊时间也从两个半天增加至三个半天。当时，他的专科门诊量达到全国最高，经过五年的努力，儿科呼吸专业成为八个国家临床重点专科之一。鲍一笑作为全国儿童哮喘协作组组长，领衔全国小儿哮喘领域的临床、研究和学术研究工作，还作为主要执笔人编写了《儿童支气管哮喘诊断与防治指南》。

永葆童心，砥砺前行

在诊疗方案上，多年的临床经历让鲍一笑在 2006 年独创了婴幼儿喘息联合降阶梯疗法。原本大量的服药加输液变成一天一次口服给药，不仅用药方便、依从性好、起效快，更为患儿家庭节省了药费。2009 年，他建立了中国哮喘儿童的基因预测模型，希望从源头上提高哮喘高危儿童检出率，确定哮喘易感个体并尽早进行干预；2014 年，他在全国建立 2000 家儿童哮喘协作点；2015 年，他开始建设儿童哮喘信息化管理平台"智呼吸"；2016 年，他提出并推行儿童哮喘标准化门诊建设，如今在全国已经建成 1384 家，线上线下联动构建成全国儿童哮喘防治的网络；2018 年，他建立 6 岁以下儿童哮喘诊断标准；2019 年，他主编《小儿呼吸系统疾病学》并由人民卫生出版社出版。总之，鲍一笑在儿童哮喘领域做了诸多创新并落地的项目，使中国儿童哮喘的防治工作提高到新的水平。

2016 年，国家卫计委发布《关于加强儿童医疗卫生服务改革与发展的意见》，引导和鼓励社会力量创办儿童医院、儿科诊所，满足多样化儿童医疗卫生服务需求。以此为背景，2019 年，55 岁的鲍一笑又一次踏上了新的征途——创办了具有特色医疗服务的"童杏儿科"诊所。

除了看诊之外，鲍一笑还协助杨浦区的医疗团队，进一步推动儿科诊疗发展。

为了完善杨浦区儿童过敏性疾病的管理网络，他刚刚完成了对杨浦区社区医生的第三期培训，第四期也即将开始。给杨浦区的孩子们做做科普讲座，则又是鲍一笑百忙之中不会忘却的工作。

他记得，刚创办童杏儿科时，"干什么都没有经验，一路跌跌撞撞的"，还不巧撞上了疫情。所幸，杨浦区相关部门和工商联都送来了关怀和慰问，"虽然很艰苦，但还是一点点过来了"。

"秉持'童心'是我成为儿科医生以来最深的感悟，作为一名儿科医生最需要的是一颗纯真的童心，有了这颗童心，就有了对这个不完美世界的天然的爱。"在童杏儿科的网页上，鲍一笑如是写道。从医三十余年，这位精诚仁爱的"杏林"妙手，仍将永葆童心，砥砺前行。

孙博文：从民警到民营企业家

人物简介：孙博文，男，1989 年 6 月生，满族，中共党员，先后毕业于南开大学、北京航空航天大学，哲学硕士。上海华义晋嘉企业发展有限公司总经理。上海市杨浦区第十七届人大代表。杨浦区总商会副会长。获 2019 年上海市杨浦区经济发展突出贡献奖。入选杨浦区第十批拔尖人才（经营管理类）。

孙博文近照

从南开大学的学士，再到北京航空航天大学的硕士，孙博文在哲学的海洋里畅游了六年。他特别推崇德国古典哲学创始人康德："康德的思想影响了我的思维方式，让我重塑了对道德、理性和自由的理解，在潜移默化中影响着我未来的工作与生活……"透过哲学的神秘面纱举目张望，那鲜活生动的外部世界对他而言似乎更有一种吸引力。获得硕士学位后，孙博文选择了考公务员，经过漫长的准备、紧张的考试以及煎熬的等待，他于 2014 年 7 月成功被录取，成为北京市公安局怀柔分局的一名人民警察。三年从警生涯，"琐碎、忙碌、充实"是主调，也正是这三年的锤打和磨砺，练就了孙博文稳重、细致、严谨的行事风格。日子一天天过去，周而复始的工作似乎在以一种"温水煮青蛙"的方式考验着这位涉世未深的年轻人：人生的意义到底是什么？生活的目标到底在哪里？哲学世界里的"理想国"就真的如同眼前一样吗？

命运之神将改变的机缘降临在了孙博文身上。

到上海杨浦创业去

2017 年年初，孙博文家族打算扩大原有企业山西华鑫煤焦化实业集团有限公司（以下简称华鑫集团）的版图，在上海设立新的公司。一方面是因为他们所从事的煤炭交易行业在山西的发展遇到了瓶颈，缺乏新的增长点；另一方面是因为传统能源行业面临转型升级，需要主动延伸产业链，拓展新的领域和服务。企业发展的关键是人才，华鑫集团决策层决定重点物色培养年轻一代企业家，而孙博文也打算从原有的状态中走出来，继续在不同的"平行世界"里探索人生。经过慎重考虑，孙博文终于下定决心，从体制内全身而退，走跨界转型之路。

近年来，上海大力推进"五个中心"建设，它独特的政策优势、基础优势、人才优势、地理优势吸引了孙博文。他认为，在上海这样一个国际化的舞台上，各路精英都会展开激烈的竞争，高手过招勇者胜，倒逼之下，企业必须走战略转型和创新发展之路。2017 年 3 月，带着家族的期盼，怀着人生的憧憬，孙博文携几个小伙伴一起来到了上海。从首都北京的人民警察变身为黄浦江畔的民营企业家，除了责任和担当，更重要的是作为领导者的团队指挥能力，在做好产业研判和战略规划外，特别要善于稳定队伍、凝聚力量，增强整体竞争力。

来沪伊始，孙博文了解到杨浦区具有优厚的工业发展历史底蕴，是科创中心人才汇聚的地方。杨浦区作为国家"双创"示范基地和上海科创中心重要承载区，跑出了从"工业杨浦"到"知识杨浦"再到"创新杨浦"的加速度，为许多创业型企业提供了更多的发展机遇。杨浦区良好的营商环境和有力的政策支持，给民营企业带来了巨大的发展潜力及纵深的发展空间。这些都坚定了孙博文扎根杨浦的决心。

在杨浦区政府和工商联的帮助下，上海华义晋嘉企业发展有限公司于 2017 年 3 月 8 日在杨浦区成立。身为总经理的孙博文和他的团队明确公司的发展路径和目标，即依托母公司华鑫集团的强劲产业优势，坚持"产业 + 金融"为主的发展模式，同时进军商业地产领域，让企业发展呈现出"三足鼎立"之势，把华义晋嘉建设成集"贸易、金融、地产"三位于一体的复合型企业。

成功打造"民营企业总部"

华义晋嘉成立后，充分发挥上海的人才和地域优势，城门立木，招兵买马，组建了一支高学历、专业化的优秀团队，陆续开展焦炭、铁矿石、金属、聚乙烯等能源化工多品种期现货基差交易业务，为集团开创了"产融结合"的业务模式。与多家资历深厚的企业建立长期战略合作伙伴关系，同时开展结算套利、期权及其衍生品、MOM 基金、资产管理等业务。

2020 年，按照"三位一体"的战略布局，华义晋嘉投资 22 亿元购置大连路核心地标 5A 甲级商务写字楼——"万硕大厦"，正式拓展商业地产板块，公司也于同年 12 月份正式入驻万硕大厦。截至 2023 年 7 月，万硕大厦的商务楼宇出租率高达 89%，跻身行业前列，这也标志着母公司华鑫集团实现了由煤转非煤产业的华丽转身。

办公环境从创业初期的 500 平方米写字楼到如今的 45000 平方米万硕大厦，团队规模从最初 4 人到现在的 53 人，华义晋嘉在上海的发展如日中天。自 2017 年开办以来，华义晋嘉在沪投资超过 40 亿元，年营业收入突破 80 亿元，资产规模达到 50 亿元，公司创办六年以来累计缴纳各项税金共计 5.4 亿元，为杨浦区的经济发展作出了突出贡献，成为行业转型路上名副其实的"黑马"，受到了业界的广泛关注。作为上海市山西商会的会长单位，华义晋嘉及时精心组织举办了三场商会论坛，为更多的山西企业提供交流沟通的渠道，积极鼓励并带动众多山西籍企业落户上海共同发展。

公司先后获得"上海市杨浦区经济发展突出贡献奖""上海市杨浦区纳税前 20

名企业"等荣誉。2018—2021 年连续 4 年荣获"上期所标准仓单平台优秀交易商"（获奖名单中唯一的民营企业）称号。2021 年被上海市商委认定为"贸易型总部"，同年又被上海市商委、市经信委、市工商联联合认定为"民营企业总部"。

华义晋嘉 2023 年春季拓展活动合影

民营企业与高质量发展

高质量发展是建设社会主义现代化强国的重大战略，民营企业作为市场主体的重要组成部分，应该如何实现高质量发展？对此，孙博文谈了自己的想法。

坚持不断创新。孙博文认为，民营企业需要转变经营理念、运行战略、管理方式，培育适应高质量发展的新特质。只有不断创新业务模式，寻找新的发展"赛道"，扩张新的业务领域，才能在基础薄弱、资源少缺的不利条件下拼出一线生机。他希望，国家能继续加大对传统中小企业的政策支持，激励和引导他们根据高质量发展和企业转型升级要求进行大胆创新，通过优化公平竞争的市场环境、构建良好的政商关系来持续改善营商环境。华义晋嘉也将通过自我加压不断提升经营和发展能力，进一步将业务做精、做大，为杨浦、为上海的经济发展作出新的贡献。

弘扬企业家精神。"企业家精神"是企业发展的"内动力"，是一种坚韧不拔的信念和品格。孙博文认为，面对复杂的外部环境，企业家要始终做到内心强大，敢于带领团队去打仗、打胜仗。"内动力"来源于自己的一份担当，一种使命，这是民营企业家的本能。孙博文说："民营企业家没有退路，你不是一个人在战斗，你的身后站着无数的员工以及他们需要支撑的家庭，一旦走上创业这条道路，你是无路可退的，只能勇往直前。"

践行社会责任。孙博文认为，企业价值等于"经济价值＋公共价值"。其中的"公共价值"主要体现为社会价值，包括对员工是否负责，对社会是否负责，对供应商、消费者是否负责，生产的过程是否对社会友好、对环境友好，等等。企业在自身建设的同时，要始终对社会抱有感恩之心。作为杨浦区人大代表的他，恪守"择善举而为，惠民生而行"的理念，带领企业热心投入公益事业，在赈灾扶贫、文化教育等多个领域积极践行社会责任，努力回报各界民众。孙博文表示，凡是利民利国的善事，华义晋嘉都将一如既往地坚持做下去。

葛群：方寸之"芯"显乾坤

人物简介：葛群，男，1976年12月生，汉族，无党派人士，毕业于上海交通大学，工学硕士。纬景储能科技有限公司董事长、新思科技全球资深副总裁、新思科技中国区董事长兼总裁、新思投资（中国）有限公司董事长。第十三届上海市政协委员、第十四届上海市政协常委、上海市杨浦区第十七届人大代表。中国外商投资企业协会副会长。获第六届上海市优秀中国特色社会主义事业建设者荣誉称号。

葛群近照

立志做一个创"芯"人

2000年，对于中国芯片产业而言，是一道历史性的分界线，对于当年24岁的葛群来说，也是人生的一个重要分水岭。当个人的选择卷入了时代的滔天巨浪，人生旅途会呈现出别样的风采。

20 世纪 90 年代，中国大陆的集成电路产业才刚刚起步，在国际分工中属于"电子组装加工"的角色，国家注意到了集成电路产业的重要地位，1996 年国务院批准的"909 工程"正式实施并落地上海，启动了中国电子工业有史以来投资规模最大、技术最先进的国家项目。2000 年，上海的芯片产业发生了一件大事，中国台湾企业家张汝京带领三百多位台湾半导体从业者和一百多位"海归"来到上海，在张江的集成电路"棋盘"上落下了重要一子——中芯国际集成电路制造有限公司，也就是大家熟知的中芯国际。从中芯国际在上海浦东打下第一根桩，到中芯国际集成电路制造（上海）有限公司正式成立，再到上海华虹 NEC、上海宏力、上海先进、上海贝岭、上海台积电等十余条 8 英寸 200 毫米集成电路生产线的诞生，这场芯片产业拉力赛在上海掀起了热潮，影响了整个中国大陆芯片产业未来的发展。

2000 年以前的葛群，身上的标签是"学霸 + 代码"。1995 年，当大多数同学还在为高考奋力拼搏的时候，他已在完成课业之余，自学编程代码为别人写软件，并以优异成绩免试入学上海交通大学电子信息学院。葛群出生于学术氛围浓厚的科技之家，父亲是一位有着超过 60 年党龄、长期从事国防科研的科技工作者。对他而言，父亲既是人生导师，也是未来榜样。在父亲的影响下，葛群从小就树立了科技报国的志向，被保送上海交通大学后，他并没有选择当时最抢手的国际金融、工业外贸等热门专业，而是决定攻读电子工程专业。

时间跳转至 2000 年。那年，24 岁的葛群给自己确立了一个阶段性目标：要自己独立设计一块芯片。"年轻的时候，就喜欢做有挑战性的事情，做芯片很酷，能在方寸之间的微观世界中，实现那么多的智能计算，觉得挺有趣，就想去尝试一下"，谈起追"芯"的初衷，葛群这样说道。有了这个念头，葛群经常一整天泡在图书馆和实验室，一边钻研硬核知识，一边着手实施芯片设计：从算法、硬件编程、仿真、验证、布图布线，再到版图制作，最后把设计交付给芯片制造厂来流片。随着研究的深入，这一目标变得越来越确定。

就在这时，机会来临。葛群在研究生导师的引荐下，加入了上海集成电路技术与产业促进中心（以下简称 ICC），并在之后的日子里，顺利实现了上述目标。当他拿到自己设计出来的芯片时，内心已毅然决定：将来要做一个创"芯"人。

对于葛群而言，实践已经证明，ICC 的确是一个可以承载"芯"梦想的平台，对于那些跟自己一样怀揣"芯"梦想的人来说，ICC 同样是协助他们圆梦的地方。

成立于 2000 年 2 月的 ICC 是由上海市科委组建、科技部授牌的国家集成电路设计产业化基地，肩负着推动上海乃至全国集成电路设计产业发展的重任。当时，很多有志之士从海外回国致力于半导体产业，但囿于资金短缺，无法承担创业初期巨大的基础研发资源投入，更有甚者连办公室租金也支付不起。"从 2000 年到 2006 年，在 ICC 工作的这 6 年时间里，我们的主要任务就是为这些有志创'芯'的个人和公司搭建孵化平台，提供技术支持、项目管理和产业帮扶。"作为技术平台总监，葛群凭借着扎实的基本功和对于市场需求的精准把握，带领团队成功引进了最先进的芯片设计技术，搭建起当时最为完整的 SoC（System on Chip 的缩写，是指将多个数字电路模块集成到一块芯片中，以实现特定的应用）及 IP 核（Intellectual Property Core 的缩写，是指预先设计好的可重复使用的模块或子系统，可以在不同的应用中重复使用）设计、测试等服务体系平台，孵化出数百个集成电路产品并进入量产。紫光展锐、晶晨半导体等一大批优秀的国内芯片设计公司，就是那个时期在 ICC 的支持下创立和成长起来的。与此同时，ICC 推出了人们期待已久的第一代"中国芯"。

"芯"火相传，生生不息

2006 年，葛群离开 ICC，加入了新思科技（Synopsys）。

谈及第二份工作，葛群说："在 ICC 工作期间，从芯片设计、晶圆制造再到封装测试，我接触到了芯片产业的所有环节和技术，这让我从一个门外汉历练为一个老兵。但在当时，我们中国芯片产业的发展还是落后于世界先进水平，于是我就很想去头部企业体验一下，看看他们是怎么做技术研发的。"经过一番深思熟虑后，葛群在 2006 年决定加入全球排名第一的 EDA（Electronic Design Automation，电子设计自动化）公司——新思科技，潜心学习国际领先的科技研发理念和企业管理经验，为中国芯片创新积蓄力量。

EDA，被誉为芯片产业"皇冠"上的"明珠"，这表明作为数字经济的赋能者，EDA 已经逐渐从幕后走到台前，成为硬核科技的代名词。葛群在介绍 EDA

时作了这样一个类比：我们现在都觉得 ChatGPT 很神奇，这主要依赖其背后强大的算法。而 EDA 背后的算法跟 ChatGPT 一样复杂，不同的是，你向 ChatGPT 输入一些语言，它会给你一个文字的答案；而你向 EDA 输入一些语言，它则会给你一个可以生产的芯片设计。可以说，EDA 就是芯片领域最好的人工智能软件，能够极大提升芯片设计效率和性能，降低生产成本，不断推动芯片产业实践和印证摩尔定律：芯片的性能每 18 个月提升一倍，产品价格降低一半。

加入新思科技之初，葛群担任战略解决方案经理，他观察到，国外成功的芯片公司之所以能很快做出最尖端的芯片，是因为他们站在了巨人的肩膀上，把过去成功的设计经验固化下来，变成一个个可以反复使用的可靠模块，重用被反复验证过的标准 IP 核，可移植到不同的半导体工艺中。因此，葛群不遗余力地向中国芯片公司推广 IP 核技术，助力中国芯片实现跨越式发展。正因为在这方面的贡献十分突出，他被任命为新思科技中国区董事长。

近几年来，随着国际竞争环境的演变，中国芯片产业的发展面临着多维度的挑战，而芯片产业的竞争，归根到底又是人才的竞争。据中国半导体协会分析，2022 年中国芯片专业人才缺口已超过 25 万人，估计到 2025 年，这一缺口将扩大到 30 万人。在实施芯片人才战略方面，葛群深感"十年树木，百年树人"这句话并不夸张，其长期性和艰难性不言而喻。"我们有幸生活在一个科技大爆发的时代，对我而言，这是最好的时代，也赋予我深重的使命感——'芯'火相传，生生不息。"葛群说。他特别强调，芯片人才的培养绝非一朝一夕之功，一定得从娃娃抓起。近年来，在他的全力推动下，新思科技率先把人才培养战略拓展至青少年阶段，深度参与到 STEAM（科学、技术、工程、艺术和数学）教育中，把芯片知识融入中小学生的兴趣培养，进而建立起完善的中小学、大学乃至技术人员的全人才培养梯队。

此外，葛群还与新思科技的中国团队制定了一揽子的行业人才培养计划，包括支持行业顶级竞赛和活动，建立联合实验室、培训中心和新思智库，举办国际会议和境外培训，联合高校开展课程适配等各类计划，把新思科技的领先技术传授给更年轻的一代，为中国芯片产业大力输送新鲜血液。

以"芯"科技助力新储能

"得数据者得天下。"大数据技术和人工智能的背后，是算法和超级算力。关于"算法和芯片"之间的关系，葛群作了一个形象的比喻："要实现这些超级算法，需要的是芯片，芯片才是施展这场数字魔法的载体和战场，没有芯片，一切都是空中楼阁。""那么我们再作进一步思考，芯片要工作，依靠的是什么？是电力，是能源。我国现在的电力系统还有接近七成是火力发电，当我们反问自己，我们还能给世界贡献什么的话，我想最好的答案就是：绿色、清洁的能源。"因此，除了致力于芯片事业，葛群的另一个身份，是绿色低碳经济的代言人。

2021 年葛群在可持续发展高峰论坛上发表主题演讲

据中国信息通信研究院测算，2017 年至 2020 年，我国数据中心耗电量年均增长 28%。2030 年，我国数据中心耗电量将超过 3800 亿度，如果不采用可再生能源，碳排放量将超过 2 亿吨。在破解电力能耗难题的过程中，葛群得出一个结论——芯片和能源行业有诸多共通或相似之处：一块芯片上集成了上百亿个晶体管，每个晶体管相当于一个用电单位。一块芯片，就是一个规模庞大的能源网络。设想一下，把这样的模型映射到国家或城市中去，就能用同样方式实现最低功耗，从而达到降能减排的目标。为此，葛群提出了"控碳不控能"理念，认为只有以数字技术来赋能新型电力和能源系统的变革，实现能源网络数字化，才能在推动经济高质量发展的同时实现"双碳"目标。

若要以数字技术赋能电力、能源系统，首先要解决的是储能问题。储能，已经成为全球技术竞速的重要领域。虽然近几年风力发电、太阳能光伏的技术不断迭代，但储能技术还远远没有跟上。在发展智慧电网、虚拟电厂，构建新型电力系统、新型能源体系的过程中，只有充足供应高安全、低成本、易部署的关键储能装置，打通关键的储能环节，才能真正推动能源转型——更清洁地生产能源，更高效地传输能源，更聪明地使用能源。

于是，葛群果断投入储能技术产业化的事业中，携手一批在科技创新领域深耕多年的同伴，共同创立纬景储能科技有限公司，专注于新型储能电池的生产、制造和研发。身为董事长的葛群，带领团队将能源领域作为"芯片＋千行百业"的率先发力方向，把在芯片领域长期积累下来的建模、运算、优化方面的能力和经验，应用到储能领域关键技术的迭代研发中去。值得一提的是，葛群及其团队坚定不移地将数字化、智能化作为储能产品产能快速部署、工艺持续改善乃至后续使用和运维的重要保障，通过大量使用数字技术提升了整体运行效率和成本效益。

立长志于心间，不畏山高水远。葛群始终坚守长期主义，以"芯"科技助力新储能，以新储能守护绿水青山，践行高质量发展、绿色发展理念，为中国"双碳"目标的实现，做着一件又一件实实在在的事。

毛方：美团要让人民生活更美好

人物简介：毛方，女，1969年5月生，汉族，中共党员，毕业于上海科学技术大学，工商管理硕士。美团副总裁，美团（上海）党委书记、工会主席。上海市第十六届人大代表、上海市杨浦区第十七届人大常委会委员。杨浦区工商联副主席。获上海市新长征突击手、上海市三八红旗手、上海市五一劳动奖章、第六届上海市优秀中国特色社会主义事业建设者等荣誉。

毛方近照

用温度传递温度

一提起美团，大家脑海里浮现的，就是骑着电动车穿梭在大街小巷的那一抹鲜艳的"黄"，一个个奔忙的骑手成为美团最具代表性的行走"名片"。毛方——

美团副总裁，美团（上海）党委书记、工会主席，每个季度也有一天要"变身"成为美团骑手。

提起当外卖员的体验，毛方感受很多："想当一个好骑手，真的挺不容易。"比如：如何根据订单内容快速、高效地接单取货，如何科学、合理地设置骑行线路，如何及时、精准地找到配送地址，并得到客户的五星好评……所有这一切无不考验着骑手的跑单能力和沟通能力。通过这样的"一线工作法"，美团得以更真实地了解一线骑手的工作现状，发现系统派单中的纰漏和需要改进的问题，更好提升美团整体的服务质量，进而提升外卖员工作的获得感、幸福感。

目前，美团配送单日完成订单量突破 6000 万，以上海为例，每天有数万名美团外卖员奔波在三街六巷。这些生活、奋斗在黄浦江畔"人民城市"的外卖员，不仅仅是一名名骑手，更是一群胸怀梦想敢拼敢闯的人。这些骑手是上海这座城市得以高速运转的重要力量，美团也一直在想如何为骑手今后的发展提供更大的舞台，帮助他们更好地融入城市。

在美团，"骑手上大学"就是这样一个温暖之举。据介绍，自 2021 年起，美团配送就开始与国家开放大学合作，为有提升学历需求的骑手提供零经济压力、便捷的就学渠道，目前这个项目共为 248 名骑手学员提供了全额奖学金。未来，他们将完成自己的专科、本科学业，走向更广阔的人生舞台。

据了解，美团的年轻骑手中，不少都是一边上学一边送外卖的，他们在起早贪黑辛苦奔走的空隙，见缝插针地抓紧时间学习，虽然每天忙于工作，却同时享受着学习的快乐，美团通过"骑手上大学"这种举措，无疑给新业态下"勤工俭学"的当代年轻人创造了更多深造的机会。

为了解决美团骑手生活方面的后顾之忧，美团还针对全行业骑手建立了 4 所"袋鼠宝贝之家"，为骑手们的子女提供一个安全成长、兴趣培养、同伴交往、城市融合的乐园。在这里，"袋鼠宝贝"除了能够学习知识、增长本领外，还可以走进他们生活的这座城市，更好地认识、熟悉、融入他们的"第二故乡"。骑手们快速、精准、温馨的配送服务，让更多消费者感受到了美团服务的温度；而"袋鼠宝贝之家"则同样使这些为城市发展努力奔跑的骑手们感受到这座城市给予他们的暖意。

此外，美团还发布了"同舟计划"，倾听骑手声音，理解骑手需求，致力提升骑手体验和建设行业生态，持续推动改善产品与服务，通过不断优化算法规则、试行餐店"出餐后派单"方案，减少骑手取餐等待时间，降低骑手配送压力。

毛方（前排左三）和美团团队合影

科技让生活更美好

在美团的展厅，有一句话特别醒目：每天前进 30 公里。这是美团企业文化的重要内容，反映在美团的经营理念上就是坚持"科技为本，持续投入"。美团自成立以来，就一直把科技研发作为重中之重，希望通过持之以恒的科技研发，最终让大家吃得更好，生活更好。

数据显示，2022 年度，美团深入实施"零售 + 科技"战略，持续加大关键领域科研费用投入，全年研发支出达到 207 亿元，同比增长 24%，创历史新高。2023 年第一季度研发投入资金为 50 亿元，同比增长 3.5%；美团的专利授权数量以每年 55.03% 的增长率节节攀升，从 2017 年的 133 件，增长到 2022 年的 1191 件。美团还参与了 150 余项校企科研合作，成立了清华大学—美团数字生活联合研究院、深圳市美团机器人研究院，以及院士专家工作站、博士后科研工作站等研究组织。国家发改委批复支持美团建设"国家企业技术中心"，科技部批复支持美团建设"智慧生活国家新一代人工智能开放创新平台"。这一系列的成果和项目，反映出美团"对未来有信心，对现在有耐心"的长期坚持，也呈现出"一个人可以走很快，一群人可以走很远"的团队力量，彰显了美团"坚持做正确的事，而不是容易的事"的决心和勇气。

在美团便捷、高效服务的背后，一直都是科技元素在默默地提供支撑，比如每天平台上有几千万个订单，如何精准分配，提升整体效率？美团的"智能决策平台"可以帮助完成这个任务。这是一套基于用户即时需求的订单分配系统，通过构建数字化配送网络，实现每天超过6000万个订单的分钟级交付服务。美团智能决策平台在兼顾骑手配送安全体验的前提下，实现了万人万单匹配的全局优化和实时决策，在数秒内完成大规模订单分配，将合适的订单匹配给合适的骑手，同时保障了用户、骑手、商家等多方体验。

针对如何更好地解决城市物流配送问题，美团注重对自动配送车、无人机等先进科技设备的建设，从而帮助本地实体零售单位提升工作效率。美团在2017年就开始探索建设城市低空物流网络，通过无人机配送真正实现"万物到家"。截至2022年年底，美团无人机已在深圳和上海落地。2023年7月5日，备受外界关注的美团无人机对外发布第四代新机型，跟前几代机型相比，新机型升级了环境适应能力，可在"零下20摄氏度至50度"的中雨、中雪、6级风、夜晚等环境中稳定飞行，能够适应97%以上国内城市的自然环境要求。新机型的面世将让美团用户享受到更高效、更便捷的配送服务。

行而不辍，未来可期

作为一家科技零售企业，美团广泛连接着实体商户和消费者，并在政府的引导下，积极履行社会责任，坚持以科技创新推进数字经济与实体经济的深度融合，大步行走在高质量发展的道路上。

在美团所打造的消费者、商家、平台这样一个良性消费生态中，美团一直努力追求三方共赢。在探索如何让本地服务商户创收方面，美团敢于先行先试，让数百万本地服务商户抓住复苏机遇，实现了收入增加。2023 年上半年，美团上线直播功能，将直播与即时零售结合起来。4 月 18 日"神券节"这一天，美团首次推行外卖直播，取得了丰硕成果。

美团面向小商户，推出"繁盛计划"，旨在建立更好的商家服务运营体系，打造可持续的外卖生态，与商家共生、共享、共荣。同时，美团持续开展小商户帮扶行动，全力帮助小商户渡过难关。自 2022 年 3 月以来，美团共为受疫情影响的 77 万家困难商户发放中小微商户返佣及定点帮扶资金近 1.6 亿元。

美团一直倡导绿色消费、节约粮食。"青山计划"是美团 2017 年发起的外卖行业首个环境保护行动。秉持"更好生活、更美自然"的意愿，"青山计划"不断更新迭代，形成了绿色包装、低碳生态、青山科技、青山公益四大板块，积极构建外卖行业全价值链绿色低碳消费生态，助力国家和社会低碳转型。在此基础上，美团成立了青山科技基金，鼓励更多科研力量投身环保研究，促进绿色低碳基础科研及技术成果转化，推动行业绿色发展，实现美丽中国愿景。

美团持续施行公益善举，帮扶乡村儿童。美团"乡村儿童操场"公益计划由美团联合慈善组织发起，旨在为欠发达地区的乡村儿童铺设多功能操场，扶助乡村儿童快乐奔跑、健康成长。截至 2023 年 6 月底，美团"乡村儿童操场"公益计划在 43.5 万家公益商家、16 万名爱心网友的共同支持下，已累计捐建 742 座操场，覆盖了贵州、云南、西藏、青海等 15 个省、自治区，11.2 万名乡村儿童直接受益。从 2023 年 6 月起，该项目已经实现每天捐两座乡村儿童操场的公益目标。

2023 年 5 月 24 日，在上海市促进民营经济高质量发展大会暨第六届上海市优秀中国特色社会主义事业建设者表彰大会上，荣获表彰的毛方表示，美团的发展得益于国家对于民营经济的政策支持，得益于国内经济基本面的韧性和国民消费的深厚潜力；美团的高质量发展离不开长期持续的科技创新和研发投入，离不开数字化转型背景下与实体经济的深度融合，也离不开全体美团人一直以来为了"让大家吃得更好，生活更好"作出的不懈努力。

既往不恋，纵情向前，这是美团的企业文化。谈到未来，毛方的话音铿锵有力：美团将继续坚持"科技 + 零售"战略，更好地践行企业的社会责任，创造更多的就业机会，投身更多的社会公益，为进一步实现上海民营经济高质量发展接续奋斗、再谱新篇。

陆雷：梦想实现再梦想

人物简介：陆雷，男，1977 年 4 月生，汉族，民建会员，先后毕业于东南大学、河北地质大学，工商管理硕士。上海市信息服务业行业协会秘书长。上海市第十六届人大代表、第六届上海市奉贤区政协委员。获上海市统一战线（工作）先进个人、第六届上海市优秀中国特色社会主义事业建设者荣誉称号。入选杨浦区第九批拔尖人才（专业技术类）。

陆雷近照

"挂"出来的第三条路

二十多年前，陆雷从来没有想过，他会来上海创业、工作、结婚、生子。那时候的陆雷，还是一名单纯的大学二年级学生，整天想的是耍帅、不要补考和玩大富翁（一款单机游戏）。十年前，陆雷也不曾料到，他会放弃自己创办的公司的股份，到上海市信息服务业行业协会（以下简称协会）来工作。那时候的他，刚刚加入民主党派，政治上有了初步的选择，女儿降生，事业蒸蒸日上，企业正常发展，专业上也小有名气。谈起当初"入伙"协会的往事，陆雷颇有感触。他说，正是一次偶然的挂职让他选择了自己做梦也没想过的"第三条路"。

故事还要从 2013 年 9 月说起。彼时还是万隆国际咨询集团总裁助理的陆雷，作为上海首批挂职的新的社会阶层人士代表，赴奉贤区科委领导岗位任职，分管科技创新服务中心（以下简称中心），开始了为期一年的挂职锻炼。初到挂职岗位，除了分管中心日常工作外，陆雷认领了两份"军令状"：完成一次奉贤全区科技政策大调研，建立奉贤第一支科技基金。同时，他还得到了一把"尚方宝剑"：凡对奉贤经济社会发展有利、合规的事，都可以做。

其实，对于陆雷来说，只要"找对方向，用好巧劲"，这两件事都占用不了太多时间，比如科技政策调研，他委托了一家知名专业咨询机构完成，自己只需做好联络管理即可；区科技基金由区长和科委领导班子重点抓，陆雷只要参与其中，做好协助工作。那剩下的时间干什么呢？陆雷动起了脑筋，既然"凡对奉贤经济社会发展有利、合规的事，都可以做"，那么，何不凭借自己的独特优势，把招商当作突破口呢？于是，陆雷马上就去区招商办报了到，决定通过招商主动服务区域经济发展。

一次走访乡村时，陆雷发现一个问题："这么好的卷心菜，为什么卖不出去？"经过调研、思考，陆雷发现，区里的干部基本素质好、有干劲、责任感也强，但专业知识素养方面略显不足；当地的一些企业家也有"小富即安"的思想，对以互联网发展为背景的新经济及其新模式不够了解。"我要为奉贤打开一扇'观念之窗'。如果这次只是帮着把卷心菜推销出去，那很容易，但是以后一定还会出现同样的问题。关键是帮助他们打开眼界，建立自己的农产品销售渠道，与电商开展有效对接，努力打造农业服务业新业态。"

于是，陆雷以中心为平台，在区委统战部、区经委、区招商办各方配合下，围绕移动互联网发展、产业经济调整、企业希望了解的政府资金政策等方面，在奉贤组织了 20 余场专题讲座和培训，听众累计超过 1000 人，为区级机关、中小企业以及经济条线干部带来一场在线新经济的知识盛宴。一年中，陆雷先后接待了到奉贤实地考察的客商 40 余批、约 200 人次，带领他们到奉贤 8 个镇参观了 30 多个园区和街镇，有 6 家企业最终注册落地，其中不仅有农业科技型企业，还有数字营销、信息服务业、漫画制作、人力资源咨询等现代服务业企业。"政府就应该服务企业，做那只'看不见的手'。"陆雷说。通过联系部分行业协会和产业链的上下游，他帮助多家奉贤企业接到了订单，建立了长期客户关系。在调研中，陆雷尤其感到引入"鲶鱼"效应的重要性，他参与筹建了一个完全市场化运作的独立的经济园区，希望以此为样板，促进奉贤经济园区服务水平和效率的提高。

"在奉贤工作的一年里，我一直游走在企业立场和政府立场之间，这令我对整个社会的综合治理有了更全面的体会和更深刻的思考。我在想，往后我还能做些什么？"挂职归来，陆雷的想法更加确定，选择也终于明晰："'企业人'做过了，'政府人'也当过了，现在要做第三个角色——'服务员'，增强自己的行业服务属性，更好参与到社会治理中去。"2014 年夏天，陆雷正式接棒上海市信息服务业行业协会秘书长一职，开启了新的人生征程。

永远追赶梦想的脚步

陆雷所在的上海市信息服务业行业协会，目前坐落在以"无边界，有生活"著称的长阳创谷。很多人对于行业协会的性质、职能不甚了解，但是一提到创谷里的"美团""小红书""得物""哈啰出行"等互联网企业，则耳熟能详。"在数字化信息铺天盖地、人工智能超速运转的今天，如何发现和培育一个优质的互联网企业？如何在他们起步的时候雪中送炭？在他们腾飞的时候助力加速？如何在企业和政府之间架起畅通、便捷的桥梁？"这是陆雷在 2014 年加入协会时所考虑的主要问题。那么，协会的地位和作用到底如何去体现呢？用陆雷的话说："政府好比是一块面包，企业也是一块面包，一块面包卖 2 元，2 块面包放在一起卖 4 元，可是如果当中加上点蔬菜，那面包就变成三明治了，再加上点牛肉和沙拉，那就成了汉堡包，价格可以卖 19.2 元。社会组织或者说行业协会，就是要在供给蔬菜、牛肉和沙拉方面大有作为。"

读大学时陆雷曾是排球运动员，深谙团队合作的重要性，他深知"一群人比一个人厉害"，深信行业的整体力量不可低估。"一定要做成全国一流的行业协会"，这是陆雷在加入协会时为自己定下的目标。2015 年的一次重大活动，让陆雷真正体会到了协会小伙伴们通力合作的神奇力量。

当时，"2015 上海国际信息消费节"活动行将举办，配套活动包括一场大赛（即众联杯"大众创业、万众创新"大赛）、两场展会（"上海国际信息消费博览会"和"2015 世界移动大会·上海"），还有六个商圈的活动等。当上海市经信委的领导联系到陆雷，想让协会作为配套活动的第一承办单位时，陆雷深感责任重大，办好活动的难度更大。但他认为，协会就应该在关键时刻挺身而出，展现专业优势，发挥应有作用，当好政府、企业和消费者之间的桥梁与纽带。于是他一口答应，保证按时保质完成任务。协会全体工作人员在陆雷的带领下，抢工抢效、加班加点，没有半句怨言。在小伙伴的倾情参与下，共计 23000 平方米展馆的参展工作量，协会一家单位就完成了近 50%。

现在，当你走进协会办公楼，映入眼帘的是两面耐人寻味的展示墙：从上海市先进社会组织到全国先进民间组织、全国信息产业系统先进集体，从上海市五星级社会组织党组织到全国创先争优先进基层党组织等，协会近些年获得的国家和市级荣誉证书、奖状占满了墙面，而对面墙上密密麻麻的牌子则是协会联系和服务会员的名录。从初创到成为标杆，从梦想到变为现实，陆雷认为，成绩的取得，离不开协会团体的共同努力，更离不开会员企业的信任和鼓励。

"要看一个人或一个组织有没有前行的动力，就要看他是'回忆多'还是'梦想多'。回忆，隐含着怀旧，回忆多往往会故步自封；梦想，憧憬着远方，梦想多则会走得更远。"对陆雷而言，真正重要的是两面展示墙之间那句醒目的口号："梦想实现再梦想！""很多时候，人们并不缺乏雄心壮志，缺的是走向目标的那些不计其数的'踱步'。"陆雷说。他的信念就是："知行足下"，从"知道"到"做到"，从"小流"到"江海"，路是在脚下一步一步走出来的。

近年来，协会依托已成立的七个专业委员会、三个基地、六个联盟，承接了大量政府项目，成功举办了各类重大会展和行业活动，如上海国际信息消费节、上海无线电宣传月、上海十大互联网创业家及新锐评选、世界人工智能大会、上海市产业青年创新大赛等，营造了良好的产业发展氛围，为上海信息服务产业发展作出了重要贡献。

2023 年 5 月 24 日，上海市促进民营经济高质量发展大会暨第六届上海市优秀中国特色社会主义事业建设者表彰大会召开，作为80位荣获表彰者之一的陆雷深有感触地说："上海的机会一直这么多，新的时代、新的征程引领着新的发展范式，上海的政策创新更将促进未来经济的高质量发展。"陆雷坚信，未来有多远，我们就能走多远。

"眉慈目善"与"金刚怒目"

大家眼里看到的陆雷，总是一身黑色中装，手持一把折扇，言谈举止温文尔雅，让人觉得颇有亲和力。但是如此"眉慈目善"的陆雷，偶尔也会变身"怒目金刚"。这还要从他所担任的其中一个社会职务说起。除了协会秘书长，陆雷还担任上海市上海新的社会阶层人士联谊会秘书长（兼任）、上海市工业经济联合会副会长、上海市现代服务业联合会副会长、上海市第十六届人大代表、第六届上海

陆雷（左三）参加第六届数字中国建设峰会与同仁合影

市奉贤区政协委员等足足 28 个社会职务。其中，陆雷对"人大代表"这个头衔最是心存敬畏。

2023 年在上海市十六届人大一次会议上，陆雷准备了一个"关于上海市十字路口的右转红灯规范设置"的建议，这个问题他已经关注了多年。他说，大部分路口车辆右转都没有交通灯，有些路口右转设置了红灯，但没有黄灯和绿灯，这可能导致车辆急停而发生交通事故，也常常让新手司机无所适从，停在路口"傻等"。右转交通灯要不要加绿灯黄灯？执法层面的交警大队认为，右转是默认有路权的，正常情况下右转不影响其他方向车辆通行，只在禁止通行的时候亮红灯，以此控制通行、避免冲突。但是，陆雷对此并不认可："这个解释的视角是从上向下，有点简单和粗疏。本着对人民群众路权的高度尊重，建议交管部门要深入体察广大驾车人的心理，多做人性化的换位思考，把管理搞得更加细致和周到。"陆雷表示，对老百姓，我们永远要"眉慈目善"，而对涉及民生大计的管理者们，必要时我们应该"金刚怒目"。

"不断提升老百姓的获得感、幸福感、安全感，让上海的城市治理更细腻、更贴心、更便利，这是我作为市人大代表所肩负的职责，既光荣又艰巨，我当为此竭尽全力，绝不能辜负老百姓的希望，绝不可愧对人民代表这个称号。"陆雷如是说。

后 记

　　近两年，杨浦区工商业联合会对从 50 后到 80 后四个年代一批杨浦民营经济代表人士进行了专题访谈，他们绝大多数为民营企业家。访谈内容精彩纷呈，耐人寻味，引人入胜。为了进一步彰显民营企业家风采，弘扬新时代沪商精神，将这些宝贵的思想财富转化为推进区域经济转型发展的"助推剂"，中共杨浦区委统一战线工作部携手杨浦区工商业联合会，决定在原有访谈稿件基础上进行再挑选、再扩展、再深化之后，精选七十八篇汇集成书，取名《不负家国——民营企业家访谈录》，公开出版。希望通过本书，深刻揭示民营经济在党的关怀下艰苦探索、砥砺前进的宏壮征程，生动展现新时代民营企业家自强不息、拼搏奋斗的先进事迹，凝聚起全社会崇尚创新创业的强大力量。

　　囿于篇幅，本书主要选择扎根杨浦、服务杨浦、奉献杨浦的代表性企业的优秀民营企业家为访谈对象，原则上以其在本区创办企业的先后为序进行编排。杨浦区七位最近荣获第六届上海市优秀中国特色社会主义事业建设者称号的非公有制经济人士一并选入。然而，杨浦区优秀民营企业家人数众多，以一书以蔽之，难免有遗珠之憾，敬请包容和理解。

　　全部稿件从前期采写到后期完善，始终是在本书编委会的直接领导下进行。反复研究之后，编委会确定了编辑指导思想、撰写要求和工作流程。为了提升稿件质量，编委会在中期挑选得力工作人员修改或重写部分稿件，编委会成员陈敏、高尚书、许丹三位同志也执笔撰写部分稿件。编委会还组织专人多次对稿件进行逐一评析、加工、核查，最后将稿件送呈各位受访人士审定，几经磨砺，终于汇成此书。

　　付梓之际，感谢百忙之中接受访谈的七十八位民营经济代表人士，感谢参与修改或重写的嵇振颉、李柯萱、周琳、戚意理、王玮、梅婕雯、窦雨琪同志，感谢做了大量联络、核对、汇总等工作的任友左、江雁、乔骥、沈哲南同志，感谢为本书顺利出版发行给予大力支持的所有单位和个人。你们的贡献值得铭记！

2023 年 10 月

图书在版编目(CIP)数据

不负家国:民营企业家访谈录/中共上海市杨浦区
委统一战线工作部,上海市杨浦区工商业联合会编. —
上海:上海人民出版社,2023
ISBN 978 - 7 - 208 - 18583 - 8

Ⅰ. ①不… Ⅱ. ①中… ②上… Ⅲ. ①民营企业-企
业家-访问记-中国-现代 Ⅳ. ①K825.38

中国国家版本馆 CIP 数据核字(2023)第 194214 号

责任编辑 冯 静 宋子莹 宋 晔
封面设计 一本好书
书名行书字体 胡问遂
封面背景照片提供 上海市杨浦区融媒体中心

不负家国
——民营企业家访谈录
中共上海市杨浦区委统一战线工作部
上海 市 杨 浦 区 工 商 业 联 合 会 编

出 版 上海人民出版社
       (201101 上海市闵行区号景路 159 弄 C 座)
发 行 上海人民出版社发行中心
印 刷 上海盛通时代印刷有限公司
开 本 720×1000 1/16
印 张 25
字 数 393,000
版 次 2023 年 10 月第 1 版
印 次 2023 年 10 月第 1 次印刷
ISBN 978 - 7 - 208 - 18583 - 8/F · 2845
定 价 140.00 元